브랜드로 남은 사람들

브랜드로 남은 사람들

세상을 바꿔놓은 기업가 22인에게 배우는
영원히 기억되는 브랜드의 비밀

추동훈
지음

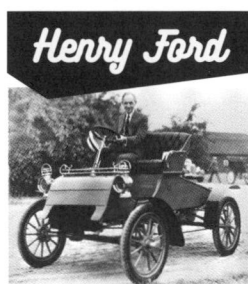

한스미디어

프롤로그

세상을 바꾼 이름들은
브랜드로 남는다

명심보감(明心寶鑑)에는 '성품을 단속하라'는 뜻의 경구를 모은 '계성편(啓聖篇)'이 있다. 여기서 유명한 구절 하나가 등장한다.

인사유명 표사유피(人死留名, 豹死留皮).

표범은 물질적 가치인 가죽을 남기지만, 사람은 정신적 가치인 이름을 남긴다는 뜻이다. 이 고사에서 '이름'은 한 사람의 명예이자 평판, 인격과 행실의 총화다. 명심보감이 강조하는 유교적 인간관 속에서 이름은 단순한 호칭을 넘어 한 사람의 삶의 결과이자 도덕적 결실이다. 이 구절은 한반도로 넘어오는 과정에서 표범 대신 호랑이로 바뀌어 우리에게 익숙한 속담으로 자리매김했다. 또 다른 예로는 '몸을 세우고 이름을 드높인다'는 뜻의 '입신양명(立身揚名)'이라는 고사성어가 있다. 여기서도 이름을 대하는 선조들의 명예관을 확인할 수 있다. 우리 선조들은 도덕적 수양을 갈고닦아 성공을 거머쥔 상황을 '이름을 떨친다'라고 표현했던 것이다.

　중국과 한국 등 유교권 국가에서 이름은 한 사람의 삶이 응축된 소중한 것이었다. 그래서 선조들은 이름을 더럽히지 않으려 애썼고, 함부로 부르지도 않았다. 유교 문화권에서는 이름을 신성하게 여겼기에 이를 함부로 내세우는 것은 교만이라 보았다. 이름은 자랑이 아니라 겸손의 대상이었기 때문이다. 그 이름을 후대에 의미 있게 남기는 것이야말로 가장 명예로운 일이었다.

　이러한 이유로 한국과 중국에서는 개인의 이름이 브랜드로 발전하기 어려웠다. 이름은 스스로 밝히는 것이 아니라, 남들이 불러줄 때 비로소 빛이 나는 것이었다. 한국과 중국에 뛰어난 기업가들이 많은데도 그들의 이름이 기업 뒤로 감춰져 있는 이유도 유교 문화권의 영향 탓이다. 세상에 알려진 것은 회사의 이름뿐이고, 그 이름을 만든 사람에 대한 이야기와 철학은 상대적으로 조명받지 못했다.

　반면 가깝지만 먼 나라 일본은 사정이 달랐다. 한국이나 중국과는 달리 일본은 이름이 곧 브랜드가 됐다. 토요타, 혼다, 스즈키, 야마하 등 일본을 대표하는 자동차 브랜드 대다수와 이세이 미야케, 겐조와 같은 패션 브랜드 역시 창업자의 이름에서 유래했다. 이는 사회 전반에

'이름을 걸고 일한다'는 장인 정신이 뿌리내린 일본 특유의 문화 덕이다. 수백 년간 한 곳에 머무르며 세대를 거쳐 전통을 이어온 문화에서 이름은 내세워야 입증되는 일종의 보증과 같은 것이었다. 이들은 이름을 더럽히지 않도록 자신의 일에 평생을 바치는 것을 미덕으로 삼았다. 이후 산업화 시기를 맞아 일본은 이름을 신용으로 삼는 서구의 문화를 수용했다.

서양에서는 자신이 이룬 성취와 성공을 보다 직접적으로 드러내기 위해 이름을 적극적으로 활용해 왔다. 발명품이나 수학 공식, 심지어는 새로운 음식에도 사람의 이름이 붙었다. 대륙과 바다, 우주와 같은 자연의 섭리와 각종 자연현상에도 모험가와 목격자의 이름이 라벨처럼 남았다. 루돌프 디젤이 만든 디젤 엔진, 피타고라스가 정립한 피타고라스의 정리, 샌드위치 백작이 만든 샌드위치가 그렇게 탄생했다. 아메리카 대륙에는 그것이 새로운 대륙임을 밝힌 아메리고 베스푸치의 이름이, 에드윈 허블이 발견한 은하 팽창 규칙은 허블 법칙이라는 이름이 붙었다.

이름은 곧 서명(署名)이자 선언이다. 동양이 덕을 쌓아 이름을 '남기는' 문화를 가졌다면, 서양은 성취를 통해 이름을 '새기는' 문화를 발전시켰다. 이처럼 이름을 남기는 방식이 달랐을 뿐 그 안에는 모두 자신의 존재를 역사 속에 각인시키려는 인간의 욕망이 스며있다.

브랜드는 인간이 성취를 드러내기 위해 이름을 활용한 대표적인 사례다. 창업자의 이름을 딴 기업과 브랜드 하면 떠오르는 게 있는

가. 수십 개를 나열하는 사람도 있겠지만 그런 브랜드가 있는지조차 모르는 사람도 있을 것이다. 하지만 상상 이상으로 이런 브랜드는 많다. 힌트는 명품과 자동차다. 루이비통, 구찌, 프라다와 같이 수백 년의 역사를 품은 유럽 명품 브랜드와 포드, 벤츠, 포르쉐, 미쉐린과 같은 자동차 브랜드에는 대부분 창업자의 이름이 쓰인다. 더 정확하게는 가문의 이름, 즉 창업자의 성을 딴다. 역사와 전통을 가진 브랜드는 개인의 성취일 뿐 아니라 한 가문의 혼이 담긴 결정체이기도 하다.

      어떤 사람들은 브랜드가 된 이름들을 보며 성공을 과시한다고 말하기도 한다. 그러나 이런 브랜드들은 한 사람이 자신의 명예를 걸고 세상에 내민 도전장 그 자체다. 그중 몇몇은 역사 속으로 사라졌고 또 다른 몇몇은 치열한 경쟁과 위기를 넘어 지금까지도 생존하고 있다. 브랜드가 세대를 넘어 살아남는다는 것은 그 이름이 시대의 기억 속에서도 여전히 의미를 지니고 있다는 뜻이다. 그렇기에 브랜드는 이름을 가장 현대적으로 남긴 예술이라 할 수 있다.

      이 책은 이름 그 자체가 브랜드가 된 위대한 창업가들의 이야기를 추적하는 여정이다. 인류를 진보시키고 삶의 패러다임을 바꾼 혁신적인 브랜드를 엄선해 그들의 탄생 서사를 담았다. 또한, 각 브랜드의 결정적 전환점과 사건, 그리고 그 속에서 피어난 창업자의 발상과 결단을 현대적으로 해석했다. 동시에 경영학과 마케팅의 관점에서 위대한 창업자들이 소비자에게 어떻게 신뢰를 전달했는지, 그 전략과 메시지가 어떻게 브랜드의 본질이 됐는지 살폈다.

이름이 브랜드가 된 창업자의 스토리뿐만 아니라 위대한 조력자와 라이벌 등 조명받지 못했던 주변인과의 관계도 입체적으로 담으려 애썼다. 브랜드에 남은 이름은 단 하나이지만 그 결과물이 탄생하기까지는 수많은 인물들의 조력과 견제, 우연과 필연이 겹겹이 쌓여있다. 이 책 역시 주로 표면에 드러난 이름들의 이야기가 되겠지만 수면 아래 잠들어 있던 이름들의 이야기까지 담으려고 노력했다.

이 책은 브랜드의 '성공담'이 아니라, 브랜드의 '탄생 이야기'로 쓰였다. 따라서 창업자 사후 회사의 흥망성쇠에 대한 세부 서술은 다소 비켜섰다. 그 대신, 한 사람의 이름이 어떻게 세상의 신뢰로 변모했는지를 담고자 했다. 이름이 브랜드가 되는 과정에는 언제나 한 인간의 용기와 통찰이 있었다. 그들의 이름이 세상에 드러난 순간, 하나의 철학이 현실에 새겨진다. 그 안에서 우리는 인간의 야망과 창조의 본능을 함께 마주할 수 있다. 이름은 그들의 유산이며, 브랜드는 그 유산이 세상에 남긴 또 하나의 생명이다. 이 책을 통해 브랜드라는 이름 뒤에 숨어있던 인간의 꿈과 의지, 그리고 그 이름이 품은 시간의 무게를 함께 느낄 수 있기를 바란다.

끝으로, 이 책이 세상에 나올 수 있도록 함께 애써주신 양영선 편집자님과 모민원 본부장님 등 한스미디어 관계자분들께 진심으로 감사드린다. 집필 기간 내내 묵묵히 응원해 준 아내와 서하, 서율, 늘 따뜻한 밥 한 끼와 격려의 말을 아끼지 않으신 장모님과 장인어른, 그리고 어머니께도 마음 깊이 고마움을 전한다. 이 책의 집필 역시 이름을 드러내지 않은 더 위대한 조력자들의 헌신 덕분에 가능했다.

이름은 한 사람의 이야기를 담는 그릇이다. 그리고 그 이야기가 세상을 바꿀 때, 그 이름은 브랜드가 된다.

2025년 11월

추동훈

차례

프롤로그   세상을 바꾼 이름들은 브랜드로 남는다   4

1장   현대적인 삶의 탄생: 기술로 문명을 바꾼 혁신가들

01   수직 공간의 시대를 연 발명가 **오티스**   16
02   에어컨으로 인류의 삶을 바꿔놓은 **캐리어**   29
03   자동차를 필수품으로 만든 **포드**   40

2장 거대한 식품 왕국: 음식으로 새로운 역사를 쓰다

04	시리얼 왕좌를 둘러싼 게임 **켈로그 형제와 포스트**	56
05	하와이에서 탄생한 파인애플 킹 **돌**	69
06	전 세계 어린이를 사로잡은 곰 젤리 **하리보**	82

3장 패션과 정체성: 옷과 신발에 담긴 창조적 영혼

07	대중문화의 패러다임을 바꾼 청바지 **리바이스**	96
08	테니스의 전통을 무너뜨린 우아한 반항가 **라코스테**	108
09	단순함으로 움직임의 철학을 전파하는 **버켄스탁**	119
10	세계 최초의 기능성 농구화를 만든 전설 **컨버스**	131

4장 외식 혁명: 프랜차이즈로 세계를 장악하다

11 패스트푸드를 탄생시킨 비운의 형제 **맥도날드**   142
12 딸을 향한 사랑을 브랜드에 담은 햄버거 가게 **웬디스**   157
13 동전 던지기로 만들어진 '31가지 맛'의 제국 **배스킨라빈스** 172

5장 거인들의 시대: 산업혁명의 문을 연 선구자들

14 아메리칸 드림의 상징이 된 **카네기 스틸**   188
15 대공황까지 해결한 미국 금융의 전설 **JP모건**   207
16 규제가 탄생시킨 월가의 공룡 **모건 스탠리**   226
17 언론에서 탄생한 미국 대표 지수 **다우존스**   241

6장 생활의 기술: 일상에 새로움을 더하다

18	화재 속에서도 살아남는 불멸의 텀블러 **스탠리**	260
19	유통의 혁신, 창고형 마트의 제왕 **코스트코**	275

7장 혁신과 모험: 기술과 기록의 개척자들

20	필름 카메라의 시대를 연 혁신가 **코닥**	290
21	숙박 시설에서 체험 공간이 된 호텔 **힐튼**	301
22	맛집 리스트를 만든 세계 1위 타이어 **미쉐린**	315

오티스
캐리어
포드
켈로그 형제와 포스트
돌
하리보
리바이스
라코스테
버켄스탁
컨버스

1장

현대적인 삶의 탄생:
기술로 문명을 바꾼 혁신가들

맥도날드
웬디스
배스킨라빈스
카네기 스틸
JP모건
모건 스탠리
다우존스
스탠리
코스트코
코닥
힐튼
미쉐린

01

수직 공간의 시대를 연 발명가
오티스

오티스 (Otis Elevator Company)	
창업자	엘리샤 그레이브스 오티스 (Elisha Graves Otis)
창업연도	1853년
본사	미국 코네티컷주 파밍턴
지점 수	전 세계 200여 개국 및 지역에 지사·서비스 네트워크 보유 (주요 시장: 북미, 유럽, 아시아, 중동 등)
직원 수	약 7만 2,000명 (2024년 기준)
매출	약 142억 달러 (2024년 기준)

뉴욕과 파리를 떠올릴 때 머릿속에 어떤 이미지가 가장 먼저 그려지는지 생각해 보자. 사람마다 다르겠지만 많은 이들이 뉴욕 하면 자유의 여신상을, 파리 하면 에펠탑을 떠올린다. 이 두 건축물에는 4가지 공통점이 있다. 먼저, 둘 다 길쭉한 형태이다. 자유의 여신상과 에펠탑 모두 곧게 뻗은 실루엣으로 도시의 하늘을 장식하고 있다. 두 번째 공통

점은 도시를 상징하는 랜드마크라는 점이다. 자유의 여신상은 뉴욕의 얼굴이고 에펠탑은 파리의 자존심이다. 두 곳 모두 관광객들이 반드시 들르는 장소로 꼽힌다. 세 번째 공통점은 두 건축물 모두 한 사람의 손에서 태어났다는 점이다. 그 주인공은 바로 프랑스의 건축가 '귀스타브 에펠'이다. 에펠탑이라는 이름 역시 그의 이름을 따서 지어졌다. 자유의 여신상은 프랑스의 한 조각가가 만들었지만 내부 철골 구조는 에펠이 설계했다. 1886년 프랑스는 미국 독립 100주년을 기념해 이 조형물을 선물했고, 이는 오늘날 미국의 자유의 여신상이 된다. 마지막 공통점은 바로 '엘리베이터'다. 수직으로 높이 솟은 구조물에는 층을 올라갈 수 있는 이동 수단이 필요한데, 두 건축물엔 같은 회사의 엘리베이터가 설치되어 있다. 바로 오티스 엘리베터다. 오티스는 세계 최초의 안전 엘리베이터

♦ 에펠탑에 설치된 오티스 엘리베이터 (출처: 오티스 홈페이지)

를 만든 회사로, 그 기술을 만든 발명가이자 사업가가 바로 엘리샤 그레이브스 오티스다.

불운의 사나이가 탄생시킨 엘리베이터

　엘리샤 오티스는 1811년 8월 3일, 미국 버몬트주 남단에 위치한 작은 마을 핼리팩스에서 태어났다. 어릴 적부터 그는 돈을 버는 데 큰 관심이 있었다. 하지만 당시 핼리팩스는 산업과 상업 활동이 매우 미미한 농촌 마을이었기 때문에 경제 활동의 기회를 얻을 수 없었다. 이러한 환경이 답답했던 그는 자연스럽게 언젠가는 대도시로 떠나겠다는 결심을 품었다.

　1830년, 19세가 되던 해에 그는 결국 고향을 떠나 뉴욕주의 트

♦ 엘리샤 그레이브스 오티스

로이에 도착했다. 이곳에서 그는 약 5년간 마차 운전사를 비롯해 다양한 허드렛일을 하며 생활비와 자금을 마련했다. 돈이 되는 일이라면 무엇이든 하겠다는 각오로 근면하게 일했다. 그러던 중 그는 수잔 휴튼과 1834년 결혼했고, 슬하에 찰스 오티스와 노턴 오티스 두 아들을 두었다.

자신의 삶에 최선을 다한 엘리샤에게는 유독 시련이 반복적으로 일어났다. 먼저 첫째 아들 찰스는 태어난 직후 폐렴에 걸려 생사의 고비를 오갔다. 당시 의학 기술이 낙후되어 있었기 때문에 폐렴은 너무나 치명적인 위협이었다. 다행히 아들 찰스는 죽을 고비를 넘겼다. 이후 엘리샤는 가족을 부양하기 위해 제분소와 제재소 등 다양한 사업에 도전했다. 하지만 사업은 영 신통치 않아 접을 수밖에 없었다. 그는 안정된 기반을 닦지 못한 채 방황을 거듭했다.

설상가상으로 아내가 병으로 세상을 떠나면서 엘리샤는 깊은 절망에 빠졌다. 불행이 끊이지 않자 스스로를 '불운의 사나이'라 여기기 시작했다. 1845년 무렵, 30대 중반이 된 그는 뉴욕주의 주도 올버니로 이주했고, 재혼과 함께 새롭게 출발하기로 다짐했다.

이후 엘리샤는 다양한 제조업체에서 기계공으로 일했다. '베드스테드'라는 침대 프레임 제조 공장에서 일하던 어느날, 그는 이 지루한 작업을 아무리 반복해도 침대 프레임을 하루에 고작 12개밖에 만들 수 없다는 사실에 환멸을 느꼈다. 이에 대한 해결책으로 회전 기계인 '터너(Turner)'를 고안해 특허를 출원했다. 이 장치를 활용하자 놀랍게도 작업 효율이 4배 이상 향상됐고, 회사는 그의 성과를 인정해 특별 보너스를 지급했다.

이 성공은 엘리샤에게 발명가로서의 자신감을 심어주었다. 이후 그는 수압을 동력원으로 하는 안전 브레이크 장치를 개발하기도 했다. 이는 비상 시 기계류와 같은 자동화 설비의 작동을 멈출 수 있는 시스템이었다. 그러나 이번에도 악재가 뒤따랐다. 그가 살던 올버니시가 급수 체계를 변경하면서 해당 장치에 필요한 수압을 안정적으로 공급받지 못하게 된 것이다. 당연히 사업은 실패로 돌아갔다.

    1851년, 40세를 앞둔 엘리샤는 일자리를 찾아 뉴욕주의 용커스로 자리를 옮겼고, 마침내 침대 공장의 공장장으로 취직했다. 공장장이 된 그는 계단을 통해 침대 자재를 옮기는 비효율적인 노동 방식에 고충을 느꼈고, 또 다시 이를 개선할 방법을 고민하기 시작했다.

    그때 머릿속을 스친 것이 바로 '안전한 승강기'였다. 사실 사람이나 화물을 수직으로 이동시키는 승강기 자체는 기원전부터 존재했다. 밧줄을 매달아 사람의 힘으로 당기거나 지렛대의 원리를 활용해 무게가 나가는 것들을 힘점으로 삼아 들어올리기도 했다. 하지만 안정적인 동력원을 확보하기 어려운 데다 특히 안전을 담보할 수 없다는 이유로 승강기는 대중화되지 못했다. 실제로 당시 산업 현장에서는 물건이나 인력을 상하로 옮기는 '리프트'가 존재했지만, 이 리프트는 줄에 매달려 위아래로 움직이는 단순한 방식이었기 때문에 로프가 끊기면 치명적인 사고로 이어지곤 했다. 엘리샤는 만약 로프가 끊겨도 곧바로 멈출 수 있도록 안전 브레이크 시스템을 결합한다면 승강기의 안정성을 획기적으로 높일 수 있을 것이라 생각했다.

    엘리샤가 누구보다 먼저 안전 승강기를 만들 수 있었던 것은 과거 무수히 실패했던 사업 경험 덕이 컸다. 과거 안전 브레이크 사업을 했던 그는 누구보다 브레이크에 대한 이해도가 높았다. 그는 엘리베이터 바닥에 특별한 브레이크를 달았다. 평소에는 정상적으로 운영되다가 줄이 끊기는 순간 장치가 좌우로 튀어나오면서 양옆 벽에 있는 톱니바퀴에 걸려 승강기를 멈추는 것이 핵심 원리였다. 이 특별한 장치 덕분에 승강기를 지탱하는 지지대가 부서지거나 로프가 풀리더라도 곧바로 멈출 수 있었고, 사고가 날 가능성은 획기적으로 줄어들었다. 이 아이디어로 그는 세계 최초의 '안전 엘리베이터'를 고안한 인물이 됐다.

처음 안전 엘리베이터를 개발했을 때 엘리샤는 해당 기술이 특별히 어려운 것도 아니라는 이유로 특허를 내거나 상사에게 보너스를 요구할 생각조차 하지 않았다. 하지만 그가 개발한 엘리베이터가 안전을 확보했다는 점에서 크게 인정받게 되자, 그는 마지막 기회란 각오로 엘리베이터 사업에 도전하기로 결심한다. 때마침 침대 공장의 경영 사정이 나빠졌고 이를 계기로 퇴사한 그는 1853년 자신의 이름을 딴 '오티스 엘리베이터'를 창업한다.

처음 개발한 엘리베이터는 화물용 엘리베이터였다. 기대와 달리 이번에도 시장의 반응은 차가웠다. 마지막 도전도 실패할 위기에 처하자 엘리샤는 목숨을 건 시연에 나섰다. 1853년 7월부터 이듬해 11월까지 뉴욕 맨해튼에 위치한 컨벤션 센터 '크리스탈 펠리스'에서는 뉴욕세계박람회가 열리고 있었다. 전 세계에서 개발된 각종 신기술과 신기한 물품들이 전시되는 가운데 엘리샤 역시 조용히 준비에 나섰다.

1854년 5월, 높이 9미터에 위치한 승강기에서 오티스가 나타나 수많은 인파 앞에서 소리치기 시작했다.

"안전합니다, 여러분. 안전해요!"

그러고는 엘리베이터를 붙잡고 있는 직원에게 고정 로프를 끊으라고 지시했다. 수많은 사람들이 공포에 떨며 그 모습을 지켜보고 있는 가운데 마침내 줄은 끊어졌다. 엘리베이터는 약 5센티미터가량 움직인

♦ 안전 엘리베이터를 시연 중인 엘리샤 오티스

뒤 곧바로 멈춰 섰다. 이를 지켜본 사람들은 박수를 치며 환호했다. 이는 오티스 엘리베이터를 전 세계에 알린 사건이었다.

엘리샤의 엘리베이터는 이후 주문이 쇄도했다. 1857년 3월 23일, 엘리샤는 최초의 승객용 안전 엘리베이터를 뉴욕 맨하튼 소호 지역에 위치한 EV 호와트 앤드 컴퍼니 백화점에 설치했다. 5층 높이의 이 건물은 고층 상업 공간에 승강기를 도입한 최초의 사례로 역사에 남았다. 이후 오티스 엘리베이터는 매년 2배씩 주문량이 늘어나면서 승승장구의 길을 걸었다. 그는 엘리베이터를 더 신속하고 안전하게 정지시킬 수 있도록 밸브 엔진 등을 개발하며 꾸준히 기술력도 발전시켰다.

안전 엘리베이터는 본격적으로 고층 빌딩의 시대를 열어준 기념비적 발명품이다. 1861년 오티스의 안전 브레이크는 뒤늦게 특허 기술로 승인받게 된다. 그러나 같은 해 엘리샤는 당시 유행병이던 디프테리아에 걸려 49세의 나이로 숨을 거두고 말았다.

시장의 신뢰를 얻어낸 '목숨을 건 시연'

목숨을 건 엘리샤의 승부수는 체험 마케팅의 정석이라고 볼 수 있다. 신제품의 신뢰성을 전달할 때, 글이나 숫자로 된 설명보다 직접적인 체험이 훨씬 더 강력한 힘을 발휘한다. 엘리샤는 복잡하고 어려운 기술을 지루하게 설명하는 대신 단 한 번의 현장 시연으로 대중에게 제품 경쟁력을 어필했다. 사람들은 기술의 안전성을 눈으로 직접 확인할 수 있었다.

이 전략은 엘리샤의 승부사적 기질이 잘 드러난 고위험 고보상 전략의 정수라고 평가할 수 있다. 발명가로서 자기 자신의 목숨을 담보로 제품의 가치를 증명했고, 그 대가로 시장의 신뢰를 얻었다. 여기에 수많은 잠재 고객들이 입소문을 내면서 오티스의 기술력과 안전성을 확산시키는 데 큰 기여를 했다. 엘리샤의

> 시연은 곧 브랜드 스토리가 됐고, 그 스토리는 경쟁자가 쉽게 복제할 수 없는 차별화된 자산으로 발전했다.

구독 서비스 모델의 조상

엘리샤 오티스가 세운 업적은 그의 두 아들, 찰스 오티스와 노턴 오티스가 이어받았다. 특히 찰스는 창업자의 발명 정신을 계승하면서도 반복 매출 기반의 안정적인 성장 구조를 구축하는 데 주력했다. 그는 승강기 산업이 단순한 '설치'에 그쳐서는 안 된다고 판단하고 세계 최초의 엘리베이터 유지·관리 서비스를 도입했다. 고객이 제품을 구매한 이후에도 정기 점검과 안전 관리 서비스를 받을 수 있도록 보장하는 장기 계약 모델이었다. 이는 제품 중심의 제조업이 서비스 기반 비즈니스로 전환하는 '서비타이제이션(Servitization)' 전략의 초창기 모델로 평가받는다. 유지·보수 계약은 장기간 브랜드와 고객을 지속적으로 연결하는 '락인(Lock-in) 효과'를 유발했다. 이는 단순히 기계를 판매하기만 하는 것을 넘어 사용자의 안전과 신뢰를 확보할 수 있는 장기적 비즈니스 모델을 세우는 계기가 되었다. 이로써 오티스 엘리베이터는 건물을 운영하는 데 필수 파트너로 위상을 굳히기 시작했다.

제조업의 구독 모델화, 서비스화는 이제 보편화된 전략이다. 오늘날 전기차 기업 테슬라는 자동차 산업에서 자율주행기술이라는 소프트웨어 기술을 구독 모델화해 새로운 수익을 창출하고 있다. 스마트폰 제조사 애플 역시 아이클라우드, 애플텔레비전, 애플뮤직 등 자사가 보유한 다양한 서비스를 구독형 모델로 발전시켜 스마트폰 판매와 별개로 꾸준한 수익을 창출해 내는 데 성공했다. 이처럼 지금은 보편화된 구독 모델의 초창기 대표 기업이 바로 오티스인 셈이다.

산업화 시대, 세계 랜드마크를 점령하다

19세기 후반부터 전 세계는 급격한 산업화의 물결 속에 들어섰다. 철강, 유리, 콘크리트 기술이 발달하면서 도심의 스카이라인은 수평에서 수직으로 방향을 틀었다. 뉴욕, 시카고, 런던, 파리 등 대도시를 중심으로 고층 건물의 시대가 본격화됐고, 그에 따라 엘리베이터의 수요도 폭발적으로 증가했다. 오티스는 이 흐름을 정확히 읽고 글로벌 시장을 확장하는 데 나섰다.

그 대표적 사례가 바로 1889년 파리만국박람회를 위해 건설된 에펠탑이다. 높이 300미터에 달하는 이 철탑은 당시 세계 최고층 건물이자 '미래 도시'의 가능성을 보여주는 상징물이었다. 이 탑의 이동 수단으로 선택된 장치가 바로 오티스 엘리베이터였다.

1887년, 에펠탑 건설 막바지에 오티스는 탑의 곡선 구조에 맞춘 수직·곡선 복합형 승강기를 설치했다. 탑의 하부 기둥 사이를 따라 경사면을 타고 올라가는 방식으로 설계된 이 엘리베이터는 기술적으로 난도가 매우 높은 구조였다. 하지만 오티스의 설계팀은 이를 성공적으로 구현해 냈다. 이 엘리베이터 덕분에 에펠탑은 인류가 기계로 하늘을 오를 수 있다는 가능성을 보여준 기념비적인 사례가 됐다.

그렇다면 한국에는 엘리베이터가 언제 도입됐을까? 놀랍게도 한국 최초의 엘리베이터 역시 오티스의 제품이었다. 1910년 일제강점기 초, 당시 조선총독부 산하에서 운영된 조선은행 본점(현 한국은행 본관 건물)에 수동식 오티스 엘리베이터가 설치됐다. 이는 일본 정부와 금융기관의 권위를 상징하는 용도에 가까웠지만, 당시 처음 엘리베이터를 접한 한국인들은 깜짝 놀랄 수밖에 없었다.

이어 1914년, 서울 소공동에 개관한 조선호텔(현 웨스틴조선호텔 서울)에는 국내 최초의 전기식 전동 엘리베이터가 설치된다. 이 또한 오티스 제품이었다. 호텔은 일본인과 서양인 고위층 손님을 위한 최고급 시설이었고, 전동 엘리베이터는 '근대 문명의 상징물'로 호텔의 격을 높이는 중요한 역할을 했다.

에펠탑, 자유의 여신상, 그리고 한국 최초의 엘리베이터까지. 이 모두를 관통하는 키워드는 바로 '오티스'다. 오티스의 전략은 브랜드 연계의 전형이다. 세계적으로 유명한 랜드마크와 브랜드를 직접 연결시켜 '세계 최고에는 반드시 오티스가 있다'는 강렬한 이미지를 남겼다. 랜드마크 건물과 협력한 사례는 그 자체로 강력한 스토리텔링 자원이 되어 새로운 시장에 진입할 때 신뢰도를 높이는 역할을 했다. 덕분에 오티스는 지역과 문화를 초월해 일관된 브랜드 이미지를 유지할 수 있었다.

인류의 공간 개념을 확장시킨 발명가

엘리베이터와 함께 현대인의 이동 패턴을 바꾼 에스컬레이터도 오티스가 세계 최초로 개발했다. 에스컬레이터에 활용된 기술은 원래 발명가 찰스 시버거가 고안했으나 그는 자신의 기술과 특허를 1899년 오티스에 매각했다. 이후 오티스는 이를 대중시설용으로 상업화하면서 자동 계단이 사람을 옮겨주는 새로운 이동 혁신을 시장에 내놓았다. 에스컬레이터는 지하철역, 백화점, 공항 등 수많은 장소에 설치됐고, 오티스는 도시의 구조 자체를 바꾼 '이동의 주역'이 됐다.

　　뉴욕주 용커스의 침대 공장에서 물건을 좀 더 쉽게 위로 옮기는 방법을 고민하며 시작된 여정은 전 세계 초고층 빌딩과 지하철역을 움직이는 세계적인 기술을 낳았다. 그의 아들들과 후계자들이 이끄는 오티스는 현재 200여 개국에 진출해 있으며, 전 세계에서 매일 20억 명 이상이 이용하고 있다.

　　자동차가 인간의 수평적 생활반경을 극적으로 넓혔다면, 엘리베

◆ 롯데월드 타워에 설치 중인 오티스 장비 (출처: 오티스 홈페이지)

이터는 높이에 대한 한계를 허물어 수직 공간이라는 새로운 차원을 열었다. 하늘로 솟구치는 도시의 풍경은 바로 작은 철제 상자의 발명에서 비롯된 것이다. 고층 아파트가 주택의 기본 단위가 된 오늘날 대한민국에서 엘리베이터 없는 삶은 상상조차 하기 어렵다. 아파트에 거주하는 사람이라면 누구나 엘리베이터 정기점검 기간에 계단을 오르내리며 문명의 혜택에 감사함을 느껴본 적 있을 것이다.

오늘 한번 집에 돌아가는 길에 회사 엘리베이터에 감사를 표해보자. 150년 전 엘리샤 오티스라는 남자가 만든 '떨어지지 않는 엘리베이터'는 우리의 일상을 편리하게 만든 대표적인 기술이 됐다. 인류의 공간 개념을 수평에서 수직으로 확장시킨 가장 위대한 창조물, 그것이 바로 엘리베이터다.

"A good invention solves a problem;
a great one changes how we live."
좋은 발명은 문제를 해결하지만, 위대한 발명은 삶의 방식을 바꾼다.

– 엘리샤 그레이브스 오티스

02

에어컨으로 인류의 삶을 바꿔놓은 캐리어

캐리어 (Carrier Global Corporation)	
창업자	윌리스 하빌랜드 캐리어 (Willis Haviland Carrier)
창업연도	1915년
본사	미국 플로리다주 팜비치가든즈
지점 수	전 세계 160여 개국 이상에 영업·서비스 네트워크 보유
직원 수	약 5만 2,000명 (2024년 기준)
매출	약 225억 달러 (2024년 기준)

    매년 여름이면 아스팔트 위로 아지랑이가 피어오르는 걸 볼 수 있다. 나무 그늘도 뜨겁게 달아오르고 바람마저 따가울 지경이다. 특히 이상기후의 여파로 전 세계는 매년 역대급 더위를 경신하고 있다.

    사람마다 한여름을 버텨내는 방법은 다양하다. 그러나 에어컨보다 강력한 해결책을 찾기란 쉽지 않을 것이다. 삼성전자와 LG전자의 제품이 우리나라 에어컨 시장을 장악하고 있는 것처럼, 일본과 중국에서도 자국의 브랜드 제품이 에어컨 시장을 이끌고 있다. 마찬가지로 미국에서는 창업자의 이름을 딴 세계 최초의 에어컨 브랜드, '캐리어'가 시장에서 막대한 영향력을 행사하고 있다. 여름이면 신이 되는 남자, 세상을 식힌 위대한 발명가, 윌리스 하빌랜드 캐리어는 어떻게 에어컨을 발명하게 된 것일까?

기계를 사랑한 문제해결사

윌리스 캐리어는 1876년 11월 26일, 미국 뉴욕주 북부의 작은 마을 앵골라에서 태어났다. 당시는 미국이 남북전쟁의 상처를 어느 정도 봉합하고 급속한 산업화의 길로 접어든 시기였다. 동시에 철강, 석유, 철

♦ 윌리스 하빌랜드 캐리어

도 등 인프라가 발전하고, 기술이 세상의 판을 바꾸고 있었다. 어린 시절 윌리스는 특별히 말을 많이 하는 아이는 아니었지만, 기계장치와 공구에 대한 호기심만큼은 남달랐다. 나사 하나, 철판 한 조각을 주워다 하루 종일 뚝딱거리는 일을 즐거워했고, 부모님은 그런 캐리어를 위해 낡은 도구와 톱, 나무를 아낌없이 내주었다. 그는 농기계를 분해하고 다시 조립해 보는 과정에서 기계의 작동 원리를 익혀갔다.

    1895년, 20세가 된 윌리스는 뉴욕주 이타카에 위치한 명문 코넬 대학교 기계공학과에 진학한다. 당시 미국에서는 교육의 기회가 제한적으로 주어졌기 때문에 농촌 출신이 대학에 진학하는 경우는 흔치 않았다. 그는 가정 형편이 넉넉하지 않아 등록금조차 감당하기 어려운 상황 속에서도 근면한 태도와 지적 호기심을 바탕으로 학업을 이어갔다. 열역학, 유체역학, 기계 설계 등 다양한 이론을 섭렵하며 전 과목에서 우수한 성적을 유지한 결과, 4년 연속 장학금을 받을 수 있었다. 당시 교수들은 윌리스를 차분하지만 예리한 눈을 가진 학생으로 평가했다.

    20세기에 막 진입한 미국에서는 산업화의 물결이 거세게 몰아치고 있었다. 1899년, 대학을 졸업한 그는 뉴욕주 버팔로에 위치한 '버팔로 포지 컴퍼니'에 입사했다. 이 회사는 주로 히터, 송풍기, 보일러 등 난방 및 송풍 기계를 제조하던 기업이었다. 공장의 자동화, 제품 대량생산이 본격화되던 시기, 회사에서는 효율성을 개선하는 일을 최우선 과제로 삼았다. 윌리스의 첫 업무 역시 난방 장치의 에너지 효율을 개선하는 일이었다. 특히 커피나 목재, 고무 등을 건조시키는 과정에서 열 손실이 심각하다는 문제를 해결해야 했다. 그는 연료 소비를 줄이는 방식으로 고온 송풍기와 배기 시스템을 재설계했고 비용을 크게 절감시키는 데 성공했다.

이 공로로 윌리스는 입사 1년 만에 이례적으로 실험 및 연구개발 부서 팀장으로 승진한다. 당시 26세의 젊은 기술자에게 주요 직책을 맡긴다는 것은 과감한 결정이었지만, 회사는 그만큼 그의 능력을 높게 평가했다. 당시 그의 주급은 지금의 물가로 환산하면 고작 300달러 정도로 상당히 짰지만 그는 개의치 않았다. 윌리스는 업무 시간 외에도 새로운 열 전달 이론을 연구하며 실험 노트를 빼곡히 채워갔다. 온도, 습도, 공기의 흐름이 인간의 활동에 어떤 영향을 미치는지 수학적으로 분석하고, 이를 장비에 어떻게 적용할 수 있을지 매일같이 고민했다.

그러던 어느 날, 뉴욕 부둣가에 위치한 한 인쇄소에서 윌리스에게 긴급히 도움을 청했다. 브루클린 지역에 위치한 이 인쇄소는 해풍의 습기로 인쇄의 품질에 상당한 타격을 받고 있었다. 그들은 윌리스에게 계절과 날씨, 주변 환경에 영향을 받지 않을 수 있는 방법을 물었다.

윌리스는 곧바로 연구에 돌입해 문제점을 파악하기 시작했다. 긴 연구 끝에 공기 중의 습도를 제어하는 시스템을 개발하는 데 성공했고, 이 시스템을 위한 설계도를 제작했다. 세계 최초의 공기조정장치가 탄생하는 순간이었다. 공기조정장치는 인쇄소를 비롯해 습도에 영향을 받는 산업 시설에서 유용하게 쓰이기 시작했다. 이에 따라 윌리스의 명성도 점차 널리 퍼져나갔다.

1906년, 이번엔 한 직물 공장에서 문의가 왔다. 작업 과정에서 발생하는 열기로 기계가 금세 고장 나는 탓에 작업 수율이 상당히 타격받고 있다는 내용이었다. 직물 공장은 작업 과정에서 온도를 조절할 수 있도록 해달라고 부탁했다. 당시 인쇄소와 직물 공장이 갖고 있던 고충은 기술의 한계로 해결하지 못할 과제라 생각됐다. 하지만 윌리스는 사람들의 일상과 산업 현장을 개선해야 한다는 사명감을 가졌다. 공기조정 장치를 개발하면서 습도에 대한 전문성을 갖추게 된 그는 이번엔 습도와 온도를 함께 조절할 수 있는 기계를 발명했다. 뉴욕의 한 기차역에서 수증기를 내뿜는 증기기관차를 본 그는 미세하고 차가운 냉매를 이용해 온도를 낮추는 원리를 활용하기로 했다. 이러한 아이디어가 기술로 구현된

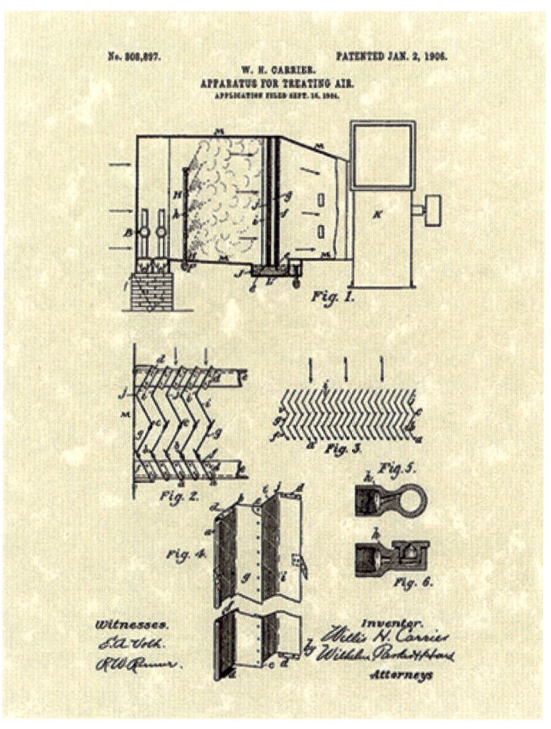

♦ 1906년 캐리어의 공기조절장치 특허

게 바로 '공기조절장치', 즉 에어컨의 효시다.

전통적 관점에서 제품과 서비스는 철저히 공급자 중심으로 제공된다. 하지만 윌리스는 고객이 원하는 바를 파악하고 이를 해결하기 위해 수요자 중심으로 접근했다. 기술을 먼저 개발한 다음 시장을 찾는 게 아니라, 시장에 존재하는 실제 문제를 해결해 주는 기술을 만든 것이다. 그리고 그 전략은 사람들의 수요와 정확히 맞아떨어졌다. 문제를 해결하는 과정에서 새로운 시장이 열렸고 기술 표준이 새롭게 탄생했다. 윌리스가 인쇄소의 습기 문제를 해결하지 않았다면, '에어컨'이라는 거대한 산업이 태동한 시점은 훨씬 뒤가 됐을지도 모른다.

1914년, 이러한 기술력을 바탕으로 에어컨 사업을 확장하려던 그때, 제1차세계대전이 발발했다. 윌리스의 창대한 계획과 달리 그가 몸담고 있던 버팔로 포지 컴퍼니는 에어컨 대신 군사물자를 생산키로 결정했다. 즉 에어컨 개발을 포기한 것이다. 이러한 전쟁의 여파는 오히려 윌리스에게 기회가 됐다. 그는 회사의 결정에 반발했고 동료 기술자 6명과 함께 회사를 떠나 창업을 결심한다. 그렇게 자본금 3만 2,600달러로 만들어진 회사가 바로 '캐리어 엔지니어링'이다. 뉴욕에서 창업한 윌리스는 본사를 뉴저지주 뉴어크로 옮겨 본격적으로 사업에 나섰다.

위기를 기회로 바꾼 전략적 변곡점

윌리스는 위기를 '전략적 변곡점'으로 전환했다. 전략적 변곡점이란 외부 환경 변화가 기존 조직의 방향성과 정면으로 충돌할 때 개인이나 조직이 기존 구조에서 이탈해 독자적 비전과 핵심 역량을 지키는 길을 선택하는 것을 말한다.

> 1914년 제1차세계대전은 윌리스의 상황을 급격히 바꿔놓았다. 소속 회사인 버팔로 포지 컴퍼니는 군수품 생산에 집중하기로 결정했고 이에 따라 냉방 사업은 보류됐다. 단기 수익을 추구하는 회사 입장에서는 합리적인 선택이었지만 장기적 기술 비전을 지닌 윌리스에게는 받아들일 수 없는 결정이었다.
>
> 그는 여기서 2가지 선택지를 두고 고민했을 것이다. 회사의 결정에 따라 안전하게 급여를 받는 대신 당분간 기술 개발을 멈출지, 자신이 개발한 기술과 비전을 지키기 위해 위험을 감수하고 회사를 떠날지, 이 두 방안을 놓고 말이다. 윌리스가 택한 것은 후자였다. 중요한 점은 그가 당장의 시장성보다 향후 수십 년간 산업 표준이 될 기술의 가치를 택했다는 것이다.
>
> 이는 많은 위대한 창업자들이 택한 '퍼스트 무버(First Mover)' 전략이다. 당시 '공기조절장치'라는 개념은 시장에 존재조차 하지 않았다. 당연히 수요도, 경쟁사도 많지 않았다. 이런 상황에서 기술을 상용화한다면 자연스럽게 그 기술은 시장의 표준이 되고 그 표준을 만든 기업은 경쟁사보다 우위를 점할 수 있다. 윌리스의 창업은 미래의 시장을 '설계'하는 행위였던 셈이다.
>
> 이러한 사례는 위대한 기업에서 쉽게 찾아볼 수 있다. 1939년 HP 창업자 빌 휴렛과 데이브 패커드는 경기 침체 속에서도 대기업에 입사하는 대신 차고에서 오디오 발진기를 개발하며 창업의 길을 선택했다. 당시 디즈니가 그들의 제품을 채택하면서 '전자 계측기'라는 새로운 시장의 표준이 탄생했다. 마크 저커버그가 창업한 페이스북 역시 당시 존재하지 않던 SNS라는 새로운 시장을 개척한 반영된 기업이다. 전 세계 1위 스트리밍 서비스 기업 넷플릭스 역시 선택권을 공급자에서 수용자로 가져오면서 글로벌 엔터테인먼트 표준을 바꿨다.

카테고리 크리에이터, 에어컨이 바꿔놓은 것들

뛰어난 기술력을 바탕으로 한 윌리스의 에어컨은 금세 시장에서 입소문을 탔다. 1920년대 들어 디트로이트 허드슨 백화점과 뉴욕 리볼리 극장 등 대형 실내 공간에 에어컨이 설치되기 시작했다. 1928년엔 미국 의회, 1929년엔 백악관에 에어컨이 공급됐다. 많은 이들은 에어컨의 놀라운 성능에 감탄했다.

    그러나 꽃길만 걸을 줄 알았던 윌리스의 앞에 또 다른 변수가 발생했다. 바로 1929년 미국 대공황이었다. 기업들의 줄도산이 이어지는 가운데, 다른 산업과 마찬가지로 에어컨의 판매량 역시 급격히 고꾸라지기 시작했다. 사람들은 에어컨을 살 여력이 없었다. 윌리스는 위기를 극복하기 위해 요크, 브런스윅-크로셀 등 경쟁사와 인수합병을 통해 '캐리어 코퍼레이션'으로 재탄생했다. 이러한 위기를 거치며 CEO였던 그는 경영 일선에서 한발 물러나 회장직을 맡았다.

    제2차세계대전을 치른 뒤, 미국의 대호황기가 본격화되면서 캐리어의 에어컨 사업은 다시 날개를 달았다. 미국 주요 거점 도시마다 경제가 살아나면서 각종 백화점, 문화시설, 대형 쇼핑몰, 호텔들이 줄지어 생겼고, 이에 따라 번화가를 중심으로 에어컨 수요가 폭증했다. 또한, 기

♦ 연구실에 앉아있는 윌리스 캐리어 (출처: 캐리어 홈페이지)

술 개발이 활발해지고 국민소득이 증가하면서 에어컨이 본격적으로 가정에 보급됐다. 에어컨은 점차 '여름철 사치품'을 넘어 각 산업의 서비스 수준을 결정하는 필수 요소로 자리 잡았다.

에어컨은 새로운 산업이 태동하는 순간에 결정적인 역할을 했다. 1950년, 텍사스주에 위치한 힐튼 호텔은 호텔 업계 최초로 전 객실에 중앙식 에어컨을 설치했다. 당시 호텔 투숙객의 가장 큰 불만 중 하나가 '더위'였기 때문이다. 투숙객들은 돈을 지불하고 쉬는 호텔에서조차 무더위에 시달리자 짜증을 냈다. 이때 에어컨을 설치하자 투숙객의 만족도는 급격히 높아졌고, 이를 본 경쟁 호텔 체인들도 앞다투어 냉방 시스템을 도입하기 시작했다. 이후 '호텔은 시원해야 한다'는 새로운 산업 표준이 생겨났다.

에어컨은 쇼핑 문화도 바꿔놓았다. 무더운 여름철에 실내 쇼핑을 꺼렸던 사람들은 에어컨이 도입되자 냉방 기능을 갖춘 백화점을 '더위를 피하는 피서지'로 인식하기 시작했다. 메이시스, 시어즈와 같은 대형 유통체인은 이를 활용해 여름철 대규모 세일을 기획했고, 점차 쇼핑은 계절 제약 없이 사람들을 끌어모으는 수단이 됐다. 에어컨이 설치된 영화관 산업도 부흥했다. 할리우드 스튜디오들은 '썸머 블록버스터' 개념을 만들어냈고, 여름 시즌은 영화 산업의 황금기로 자리 잡았다.

현재 캐리어는 세계 최대 규모의 냉동공조기계 제조 및 유통업체로 명맥을 이어가고 있다. 다만 안타깝게도 윌리스는 에어컨 산업의 성장을 목도하지 못한 채 1950년 73세의 나이로 세상을 떠났다.

국가와 대도시의 기둥, 에어컨

1965년 말레이시아 연방으로부터 독립한 싱가포르는 작고 무더운 도시국가였다. 연중 평균기온은 27~31℃, 습도는 80%에 달해 사실상 장시간 야외 활동이나 대규모 산업 생산은 불가능했다.

그러나 에어컨이 모든 걸 바꿔놓았다. 냉방 기술 덕분에 정부 청사, 금융기관, 공항, 물류센터가 24시간 운영될 수 있었기 때문이다. 글로벌 기업들은 에어컨이 도입된 이후부터 역동적으로 움직이는 동남아의 무더운 섬나라를 눈여겨보기 시작했다. 이후 싱가포르는 아시아의 금융·물류 허브로 자리 잡았다. 싱가포르의 국부 총리 리콴유(李光耀)는 도시국가 싱가포르의 탄생에 대해 이러한 말을 남겼다.

"에어컨이 없었다면 싱가포르도 없었을 것이다."

한 나라를 세우고 유지하는 데 중요한 열쇠가 되었던 에어컨은 대형컨벤션센터 등 대중이용시설, 영화관이나 공연장과 같은 문화시설 등을 개발할 때도 혁혁한 공을 세웠다. 또한, 식료품을 저장한 채 먼 거리를 이동해야 하는 유통업이나 데이터센터처럼 수많은 정보를 처리하는 기계설비가 발전하는 데에도 필수 요소로 자리 잡았다.

무더운 기후가 '경제활동의 장애물'이 아닌 '극복 가능한 환경'으로 바뀌는 순간, 도시의 산업 구조와 문화 패턴이 변한다. 연중 내내 무더운 중동 지역이나 아프리카는 에어컨이 없었다면 사람이 거주하는 것조차 힘들었을 것이다. 에어컨이 없는 두바이와 대만은 상상조차 하기 어렵다. 에어컨은 기후 제약을 받지 않는 새로운 시장을 창출했고 이제 선택이 아닌 필수 기반 시설로 자리 잡았다. 즉 에어컨은 인류가 살아갈 수 있는 도시와 국가를 탄생시킨 결정적인 요인 중 하나였다. 그리고 이러한 변화는 윌리스라는 발명가로부터 비롯됐다. 조금 과장을 보태자면 윌리스가 한 국가의 운명을 뒤바꾼 셈이다.

　이처럼 더위를 내쫓고 시원함을 가져다준 에어컨의 발명은 인류사의 발전 방향과 문명의 줄기를 뒤바꿨다고 평가받는다. 이러한 공을 인정받아 윌리스 캐리어는 《타임》이 선정한 20세기 가장 영향력 있는 인물 100인에 당당히 이름을 올렸다. 명단에는 월마트의 창업자 샘 월튼, 빌 게이츠, 월트 디즈니 등 내로라하는 창업가들이 다수 포함됐다.

　우리가 당연시하느라 잊고 있었던 위대한 발명품, 에어컨의 의미를 다시 한번 되새겨보면서 매년 여름이 무사하게 지나갈 수 있길 기원해 본다.

"Solve a problem and the world will beat a path to your door."

**문제를 해결하는 데 집중하면,
시장이 열리고 사람들이 자연스럽게 찾아온다.**

- 윌리스 하빌랜드 캐리어

03

자동차를 필수품으로 만든
포드

포드 (Ford Motor Company)	
창업자	헨리 포드 (Henry Ford)
창업연도	1903년
본사	미국 미시간주 디어
지점 수	전 세계 100여 개국 이상에 판매·서비스 네트워크 보유
직원 수	약 17만 3,000명 (2024년 기준)
매출	약 1,850억 달러 (2024년 기준)

    2020년대 내연기관 자동차에서 전기차로 한차례 시장이 전환되면서 전 세계 자동차 산업은 거대한 격랑 속에 놓여있다. 일론 머스크의 테슬라로 인해 본격적으로 개화한 전기차 시장은 미국, 유럽 등의 친환경 정책 기조 아래 속도감 있게 확장되고 있다. 전 세계 최대 자동차 시장 중 하나인 중국 역시 과감한 전기차 굴기를 선언하며 자동차 산업의 새로운 도전자로 주목받고 있다. 100년 넘게 이어져 왔던 내연차량의

시대가 언제 막이 내릴지에 대해서는 여전히 갑론을박이 이어지고 있지만, 지금이 전통적 자동차 산업의 변곡점이라는 점은 부인할 수 없는 사실이다. 전기차의 시대가 도래하면서 기술뿐만 아니라 일자리, 노동조합, 정치, 그리고 기업의 정체성까지 흔들리고 있다. 한때 모델 T를 출시해 자동차의 대중화를 이끌어내고 인류의 삶을 뒤바꿨던 기업 '포드' 역시 이러한 변화의 시험대 위에 올라있다. 한 세기 전, 헨리 포드가 컨베이어 벨트를 도입해 자동차를 '대량생산, 대중소비'의 상징으로 만든 것처럼, 다시 찾아온 산업 패러다임의 전환 속에서 포드는 변화를 주도할지 아니면 이끌려갈지 그 갈림길에 서있다.

세계 최초로 컨베이어 벨트를 활용해 자동차 대량 생산에 성공한 기업가, 생존 당시 기준 보유 재산이 10억 달러를 넘긴 부자, 현대식 자동차의 아버지라 불리는 헨리 포드는 살아있는 자동차의 역사다. 특히 그가 만들어낸 자동차 대량생산 시스템은 자동차 가격을 혁신적으로 떨어트렸고 누구든지 차를 살 수 있는 시대를 열었다. 이는 사람들의 생활권역을 넓혔다. 일을 위해 이동할 수 있는 거리가 확장됐고 주말에 여가를 보내는 방식이 다양해졌다. 현대의 시작이 바로 이 자동차의 대중화에서 비롯되었다는 말이 있을 정도로 자동차는 삶의 양태를 획기적으로 변화시켰다. 인류의 일상을 완전히 바꾼 자동차 대량생산 시스템은 어떻게 시작된 것일까?

농부의 아들, 엔지니어의 역량을 발휘하다

헨리 포드는 1863년 미국 미시간주 스프링웰스 타운십에서 4남 2녀 중 장남으로 태어났다. 아버지 윌리엄 포드는 아일랜드계 미국인이었고 어머니 메리 포드는 벨기에 이민자의 후손이었다. 농부의 아들로 태어난 헨리는 형제들과 함께 단칸방에서 지내며 자랐다. 그는 어릴 적부터 기계를 조립하는 데 남다른 소질을 보였다. 12세 무렵, 아버지에게 회중시계를 선물 받은 그는 시간이 날 때마다 친구들과 함께 시계를 분해하고 재조립하곤 했는데, '시계 수리공'이란 별명이 붙을 정도로 그 솜씨가 뛰어났다.

헨리가 14세가 되던 1876년, 그의 어머니는 갑작스레 세상을 떠났다. 당시 멀리 외출 중이었던 헨리는 마차를 타고 집으로 오느라 어머니의 임종을 끝내 지켜보지 못했다. 어머니의 마지막을 함께하지 못한

♦ 헨리 포드

일은 빠르게 움직일 수 있는 이동 수단을 만들어야겠다고 다짐한 계기가 됐다.

헨리에게 어머니를 잃은 충격은 꽤 컸다. 장남인 헨리는 농장을 이어받길 바라는 아버지의 기대를 저버렸다. 오히려 그는 농사일을 경멸했는데, 나중에 "나는 농장을 특별히 사랑한 적이 없다. 내가 사랑한 사람은 농장의 어머니였다"라고 말하기도 했다. 그는 가난에서 벗어나지 못하게 만든 농사일에 대한 환멸과 어머니에 대한 상실감으로 결국 농장을 떠나게 된다.

그의 마음을 사로잡은 건 10대 시절 우연히 접한 고철 기계였다. 특히 그중에서도 사람의 힘이 아닌 동력원으로 움직이는 증기기관차에 마음을 뺏겼다. 중학교를 졸업한 그는 고등학교에 진학하지 않고 16세의 나이에 디트로이트로 향했다.

과거 미국 산업화의 상징이었던 디트로이트의 별명은 '모터 시티'였다. 헨리는 그곳의 몇몇 제조기업에서 닥치는 대로 일하기 시작했다. 첫 직장은 '제임스 플라워 앤드 브라더스'라는 곳으로, 견습 기계공으로서 첫 사회생활을 시작한 곳이었다. 당시 헨리는 웨스팅하우스의 휴대용 증기기관을 다루며 동력원에 대한 관심을 적극적으로 키워나갔다. 잠시 쉴 틈이 생겨 고향 집으로 돌아올 때면 가업인 농장 일을 보다 수월하게 해줄 농기계를 직접 만들기도 했다. 폭발성이 있고 재사용하기까지 시간이 걸리는 증기기관의 문제점을 해결하기 위해 직접 엔진을 개발한 것이다.

25세가 되던 1887년, 헨리는 스스로 움직이는 작은 엔진을 만들어내는 데 성공한다. 이는 오늘날 자동차 엔진의 원형이라 할 수 있다.

이후 1890년에는 실린더가 2개 달린 새로운 엔진을 직접 설계했다. 2기통 엔진이 발명되는 순간이었다.

자동화 생산 시스템의 아버지

엔지니어로서의 역량이 막 피어나고 있을 무렵, 헨리는 디트로이트에 있는 에디슨 조명 회사에서 일하게 된다. 발명왕 토머스 에디슨은 헨리의 능력을 높이 평가했다. 사업가이자 발명가인 둘은 마음이 통했다. 헨리가 증기기관이 아닌 휘발유를 동력원으로 한 차를 만들겠다고 선언하자, 그의 아내를 제외하곤 에디슨만이 유일하게 박수를 보냈을 정도로 둘의 신뢰는 깊고 단단했다.

헨리는 에디슨 조명 회사에서 수석 엔지니어로 승진하며 자신의

◆ 토머스 에디슨(좌측)과 헨리 포드(우측)

업무 능력을 인정받았다. 에디슨의 전폭적인 지지를 받으며 자동차 개발에 집중한 끝에 가솔린 차량을 개발하는 데 성공한다. 이후 에디슨 조명회사에서 퇴사한 뒤 디트로이트 목재 재벌 윌리엄 머피의 지원을 받아 '디트로이트 자동차 회사'를 설립했다. 하지만 계획과 달리 그가 만든 자동차는 생각만큼 품질이 좋지 않았다. 무엇보다도 가격이 너무 비쌌던 탓에 회사는 창업 2년 만인 1901년에 문을 닫고 만다.

하지만 헨리는 다시 한 번 26마력의 힘을 낼 수 있는 자동차를 만들어낸다. 그의 능력을 높이 산 투자자들은 헨리를 수석 엔지니어로 영입해 1901년 '헨리 포드 컴퍼니'를 만든다. 하지만 그는 자신이 주도하는 회사가 아니라는 이유로 회사를 떠났다. 그때 그가 떠났던 회사의 이름은 후일 '캐딜락'으로 바뀐다.

결국 또다시 자신만의 길을 걷기로 결심한 헨리는 1903년 미시간주 디어본에 '헨리 포드 자동차'를 창업했다. 이는 오늘날 포드의 모태가 되는 회사이다. 창업 초창기에는 시행착오가 많았다. 일일이 수작업으로 만드는 자동차 공정상 시간이 너무 오래 걸렸고, 그만큼 차의 가격도 비쌀 수밖에 없었다. 제작 시간을 줄일 수 있는 방법을 고민하던 헨리는 우연히 시카고의 한 도살장에서 접한 컨베이어 벨트에서 영감을 얻는다.

당시 시카고는 미국 중서부 곡창지대와 대륙횡단철도가 만나는 교통의 요충지였다. 무엇보다도 '세계의 도축장'이라 불릴 만큼 식육 산업이 빠르게 성장하고 있었다. 끝없이 늘어선 도축 공장에서는 수많은 소와 돼지가 운반되어 들어왔고, 노동자들은 쉼 없이 고기를 해체해 가공하고 있었다. 그 중심에는 '컨베이어 벨트'가 있었다. 도살된 동물들이 벨트를 따라 한 방향으로 흘러가면 각 노동자는 정해진 자리에 서서 똑같은 부위를 잘라냈다. 헨리는 바로 이 장면에 주목했다. 만약 자동차 조립 과정에도 같은 방식을 적용한다면, 즉 부품이 노동자 앞으로 이동하고 노동자는 한 가지 작업에만 집중할 수 있게 된다면 전체 효율을 끌어올릴 수 있을 것이라고 생각했다.

그는 1910년 자동차 제작 공정을 차체 제작, 타이어 조립, 차체 페인트 작업, 나머지 부품 조립, 최종 검사, 출고 순으로 분류하고, 이 작업들이 4층에서 1층으로 내려가면서 이루어질 수 있도록 동선을 계획했다. 어지럽게 쌓인 4층의 부품들이 벨트를 따라 작업을 거치면 1층에서 완성된 차량으로 등장했다. 1913년, 모든 공정이 컨베이어 벨트로 진행되면서 작업자들은 정해진 자리에 서서 일하게 되었다.

그렇게 그는 자동화 생산 시스템, 일명 '포드 시스템'을 도입한다. 이 전략의 핵심은 분업화와 표준화 그리고 전문화다. 먼저 그는 자동차라는 복잡한 기계 장치의 생산 공정을 세분화했다. 철저히 나눠진 자동차 생산 공정에 따라 직원들은 분업화된 일을 반복수행한다. 누구는 문만 부착하고 누구는 바퀴만 설치하는 등 직원들은 철저히 분업화된 일만 수행하면서 능률을 높일 수 있게 되었다. 또한, 작업의 품질이 떨어지지 않도록 표준화했다. 표준화는 오류와 불량률을 낮추는 최적의 방법으로, 생산성을 증대시키는 효과가 있다. 더불어, 한 공장에서 단일 모델, 단일 색상만 생산함으로써 낭비되는 시간을 철저히 줄였다. 여기에 컨베이어 벨트를 이용해 정해진 시간 안에 작업이 완수될 수 있도록 했다. 이를 종합하여 포드의 작업 양식, 일명 '포디즘(Fordism)'이라고 불리는 작업 방식이 탄생했다.

포드 시스템이 도입되면서 기존 750분 정도 소요되던 자동차 제조 시간이 93분으로 줄어들었다. 1908년까지 1시간에 1대씩 생산되던 모델T는 1914년에 들어서는 24초에 1대가 생산될 정도로 제조 속도가 빨라졌다. 투입 노동과 시간 대비 생산량이 많아지면서 1대당 평균 2,000달러였던 차량 가격도 1925년 255달러까지 떨어지며 규모의 경제가 펼쳐졌다. 이러한 생산 혁신은 중산층 가정의 자동차 보급률을 크게 높이는 데 기여했고 자동차가 '자가용'이 된 시대를 열었다.

포드의 첫 전성기를 열어준 모델T는 1908년부터 1927년까지 20년간 판매된 베스트셀링카다. 모델T의 누적 판매량은 1,650만 대로,

♦ 모델T를 타고 있는 헨리 포드

차량을 통틀어 네 번째로 많이 팔린 단일 모델이다. 당시 모델T는 월급을 두 달만 모으면 살 수 있었기 때문에 1920년대 미국 도로의 절반 이상을 채울 만큼 압도적인 인기를 얻었다.

테슬라도 적용한 그 혁신, 포디즘

포드 시스템은 공장의 생산 전략이었지만, 동시에 하나의 마케팅 전략이기도 했다. 그는 복잡한 자동차 생산 과정을 잘게 나누어 표준화했고 분업화했다. 이렇게 세분화된 공정은 작업 속도를 높였을 뿐 아니라 품질의 균일성을 담보했다. 불량률은 줄고 생산성은 자연스럽게 높아졌으며 가격은 낮출 수 있었다.

소비자에게 전달되는 자동차는 언제나 똑같은 모습과 똑같은 성능을 갖추고 있었고, 이는 곧 포드라는 브랜드에 대한 신뢰로 이어졌다. 포드의 차는 늘 믿을 수 있다는 이미지는 그렇게 탄생했다. 결국 포드의 전략은 자동차를 대중의 생활 속으로 끌어들이는 전략이기도 했던 것이다.

이러한 방식은 시간이 흐른 뒤 '포디즘'이라는 이름으로 불리게 되었고, 20세기 산업사회의 상징이 되었다. 포디즘은 점차 '대량생산과 대중소비'라는 근대 자본주의의 핵심 논리를 집약한 개념으로 자리 잡았다.

21세기에 들어 이 유산을 가장 파격적인 방식으로 계승한 기업 중 하나가 바로 테슬라다. 포드의 공장을 연상시키는 테슬라의 '기가팩토리'는 그보다 훨씬 스케일이 거대하다. 테슬라는 자동차의 조립부터 배터리 생산까지 한 공장 안에서 진행되도록 통합했고, '기가프레스'라 불리는 초대형 장비를 도입해 차체의 거대한 부품을 한 번에 찍어내기 시작했다. 덕분에 조립해야 할 부품의 수가 크게 줄었고, 생산 과정은 더욱 간단해졌다. 포드가 컨베이어 벨트로 시간을 단축했다면, 테슬라는 기계와 데이터 기반의 관리 체계로 시간을 단축한 것이다.

무엇보다 테슬라의 강점은 하드웨어뿐만 아니라 소프트웨어까지 효율화한다는 것이다. 이제 자동차는 기계장치라기보다 전자장치라고 불릴 만큼 수많은 전자부품과 기술들이 적용된다. 즉 소프트웨어로 자동차가 더욱 진화하고 발전한다는 뜻이다. 테슬라를 산 소비자는 매번 새로운 차를 다시 구매할 필요 없이 업데이트 버튼 하나로 더 나은 자동차를 만날 수 있다.

> 20세기 초 포드가 모든 미국인이 탈 수 있는 자동차를 만들었다면 21세기 테슬라는 100년간의 전통을 허물고 자동차의 새로운 생산 표준을 만들어가고 있다. 두 기업의 공통점은 모두 혁신을 통해 새로운 생산 시스템을 창조했다는 점이다.

차량 판매 전략이 된 5달러 데이

1914년, 헨리는 또 하나의 파격적인 결정을 내렸다. 하루 근무 시간을 9시간에서 8시간으로 줄이고, 일당을 기존 2.34달러에서 무려 5달러로 2배 이상 올린 것이다. 노동자들은 더 짧게 일하면서도 2배의 임금을 받았다. 이 정책은 '5달러 데이'라 불렸다. 표면적으로는 노동자의 생활 안정을 도모하는 조치였지만, 그 배경에는 당시 포드가 직면한 현실적인 문제가 있었다. 높은 노동 강도와 열악한 환경 탓에 노동자들의 평균 근속 기간이 석 달 정도에 불과했던 것이다. 잦은 이직으로 인해 숙련공이 배출되기 어려운 구조였고, 이는 생산성을 저하시키고 비용은 상승시키는 핵심 요인이었다.

헨리는 이 악순환을 끊기 위해 과감하게 임금을 인상하는 해법을 선택했다. 효과는 즉각적이었다. 공장 앞에는 일자리를 얻으려는 인파가 몰렸고, 포드는 안정적으로 인력을 확보하고 숙련공을 양성하는 기반을 마련할 수 있었다. 공정이 안정되자 생산성은 눈에 띄게 향상되었고 불량률은 줄었다. 그 결과, 모델T의 가격은 더 낮아졌으며 판매량은 오히려 증가했다. 고임금 정책이 단기적으로는 비용 부담이 되지만, 장기적으로는 원가 절감과 매출 증대를 동시에 실현해 준 셈이다.

더 큰 의미는 다른 곳에 있었다. 임금이 인상되면서 노동자는 그저 공장에서 일하기만 하는 사람이 아니라, 자신이 만든 자동차를 실제로 구매할 수 있는 '소비자'가 되었다. "노동자가 곧 소비자가 된다"는 현대 산업자본주의의 원리가 본격적으로 작동하기 시작한 것이다. 이는 곧 자동차 시장의 대중화를 촉진했고, 포드에 대한 신뢰를 높였다. 당시의 5달러 정책은 복지 차원을 넘어 노동자 관리, 생산성 혁신, 소비시장 창출, 브랜드 이미지 제고가 유기적으로 연결된 경영 전략이었다.

위기 속에서 쌓은 브랜드 자산

이르게 성공을 맛본 포드에도 위기가 찾아왔다. 모델T에 지나치게 의존한 판매 전략이 GM, 크라이슬러 등 후발 주자들에게 빈틈을 내주게 된 것이다. GM은 소비자 취향을 세분화한 뒤 해마다 디자인을 바꾼 신모델을 내놓으며 시장을 공략했고, 크라이슬러는 기술 혁신과 가격 경쟁력을 무기로 빠르게 성장했다. 반면 포드는 '모델T' 하나로만 승부했기 때문에 시장 점유율이 서서히 줄어들 수밖에 없었다. 포드는 위기의식을 느끼고 1927년 모델A를 출시하며 반격에 나섰다. 세련된 디자인과 다양한 색상을 내세운 모델A는 4년 동안 400만 대 가까운 판매를 기록했다.

1930년대 들어 포드는 다시 새로운 혁신을 시도했다. 일반용 자동차 최초의 유압식 브레이크를 도입했고, 강철 지붕 등의 장치를 추가해 안전성을 높였다. 이 시기 포드는 트럭 등 상용차 부문에도 본격적으로 진출하며 제품 라인을 넓히기 시작했는데, 이에 따라 대중차, 상용차, 럭셔리카를 아우르는 포트폴리오를 갖추기 시작했다.

제2차세계대전은 포드에게 또 다른 전환점이 됐다. 포드는 민간 자동차 생산을 잠정 중단하고, 군수산업에 뛰어들어 군용 항공기를 생산하는 승부수를 던졌다. 그렇게 포드의 미시간주 윌로런 공장은 세계 최대 규모의 항공기 생산 기지로 변모했다. 기존 자동차 공장에서 활용되었던 컨베이어 시스템과 대량생산 노하우는 항공기를 제작할 때도 쓰였다. 항공기 한 대를 제작하는 데 수개월이 걸렸던 과거와 달리 포드는 공정 분업화로 하루 한 대 이상 조립하는 놀라운 성과를 거뒀다. 전쟁 기간을 통틀어 윌로런 공장에선 8,600대 가량의 B-24 폭격기가 생산됐다. 이처럼 전쟁은 포드에게 위기이자 기회였고, 이 경험은 전후 대량생산 체계를 한층 정교하게 다듬는 계기가 됐다.

제2차세계대전 당시 민간용 자동차의 생산을 멈추고 군용 폭격기를 만들었다는 포드의 일화는 전시 동원의 사례 중 하나였지만, 동시에 기업의 사회적 위상을 높이고 브랜드 정체성을 강화하는 결정적인 사건이기도 했다. '산업의 병기창'이라 불리며 미국의 전쟁 수행에 기여한 포드는 전후로 '국가와 함께한 기업, 미국인의 차'라는 이미지가 강화되었기 때문이다. 이는 오늘날까지도 포드 브랜드를 상징하는 핵심 요인이다. 포드는 생산 효율이 뛰어난 기업일 뿐만 아니라 국가적 위기 속에서 책임을 다한 기업으로 인정받은 것이다.

이러한 사례는 곳곳에서 찾아볼 수 있다. 항공기 제조사 보잉 역시 제2차세계대전 중 B-17, B-29 같은 전략 폭격기를 대량생산하며 '미공군의 날'이라는 별칭을 얻었다. 전후 민간 여객기 시장에 진출한 보잉은 이 신뢰를 바탕으로 707, 747과 같은 제트여객기를 세계적으로 보급하며 글로벌 항공 시장의 리더로 부상했다. 전쟁 속에서 쌓아올린 기술력과 국가적 상징성은 민수 시장에서의 경쟁력을 뒷받침하는 자산이 되었다. 소비자는 포드를 '국가적 정체성과 맞닿아 있는 브랜드'로 기억했고, 보잉을 '국가의 하늘을 지키던 기업'으로 기억했다. 포드와 보잉의 전시 경험은 브랜드 정체성, 사회적 책임, 시장 지배력을 동시에 구축했다. 이는 위기를 브랜드 자산을 쌓을 기회로 바꾼 대표적 사례라고 할 수 있다.

전후 포드는 다시 발 빠르게 민간용 자동차 생산에 집중했다. 그렇게 1948년, 지금까지 포드를 대표하는 모델인 포드F 시리즈 '픽업트럭'이 탄생한다. 해당 모델은 미국 산업화 시대의 상징으로 지금까지 그 역사를 이어오고 있다. 특히 1975년 등장한 F-150은 '미국인의 차'라는 명성을 얻으며 지금까지 미국에서 가장 많이 팔린 차량으로 기록되고 있다.

이후 포드는 크고 작은 인수합병을 통해 몸집을 불렸다. 하지만 2000년대 들어서는 글로벌 금융위기와 함께 무리한 인수합병의 부담이 커졌고, 결국 일부 브랜드를 매각하며 체질 개선에 나서기도 했다.

한 세기 전 컨베이어 벨트 시스템으로 자동차 산업에 혁신을 가져온 포드는 이제 전기차와 자율주행이라는 새로운 전쟁터에서 생존과 도약을 동시에 시험받고 있다. 테슬라를 필두로 한 전기차는 친환경과 혁신을 앞세워 100년 넘게 이어진 자동차 산업을 송두리째 뒤흔들고 있다. 내연기관 시대의 상징이었던 포드가 전기차 시대에도 여전히 '미국의 차'라는 정체성을 이어갈 수 있을지, 그리고 21세기 자동차 산업의 새로운 질서를 다시 주도할 수 있을지는 앞으로의 행보에 달려있다.

"Don't find fault, find a remedy."
문제를 탓하지 말고 해법을 찾아라.

- 헨리 포드

오티스
캐리어
포드
켈로그 형제와 포스트
돌
하리보
리바이스
라코스테
버켄스탁
컨버스

2장

거대한 식품 왕국:
음식으로 새로운 역사를 쓰다

맥도날드
웬디스
배스킨라빈스
카네기 스틸
JP모건
모건 스탠리
다우존스
스탠리
코스트코
코닥
힐튼
미쉐린

04

시리얼 왕좌를 둘러싼 게임 켈로그 형제와 포스트

켈로그 (WK Kellogg Company)

창업자	윌 키스 켈로그 (Will Keith Kellogg)
창업연도	1906년
본사	미국 미시간주 배틀크릭
지점 수	전 세계 180여 개국에 유통 (생산 시설은 북미, 유럽, 아시아, 중남미 등 다수 운영)
직원 수	약 3,280명 (2024년 기준)
매출	약 27억 달러 (2024년 기준)

포스트 (Post Consumer Brands)

창업자	찰스 윌리엄 포스트 (Charles William Post)
창업연도	1895년
본사	미국 미주리주 세인트루이스
지점 수	북미 및 라틴아메리카 중심 유통 (제품은 전 세계 80여 개국 이상 판매)
직원 수	약 1만 1,480명 (2024년 기준, Post Holdings 전체 기준)
매출	약 79억 달러 (2024년 Post Holdings 전체 기준)

새해가 되면 다들 취업과 승진, 결혼 등 다양한 목표를 세운다. 살을 빼고 건강을 챙기겠다는 것 역시 대표적인 신년 계획 중 하나다. 영양분을 고루 섭취하는 식단에 대한 관심은 매년 증가하는 추세다. 특히 전문가들은 아침 식사를 가볍게라도 꼭 챙기는 것이 건강에 도움이 된다고 강조한다.

간편하고 영양분까지 고루 갖춘 음식이라 했을 때 가장 먼저 생각나는 건 무엇일까? 여러 후보가 있겠지만 오랜 기간 사람들의 아침밥을 책임져준 간편식의 대명사, 시리얼을 빼놓을 순 없다. 공교롭게도 업계의 최대 라이벌이라 불리는 두 시리얼 브랜드가 모두 창업자의 이름을 딴 기업이다. 그리고 이들은 막장 드라마를 연상시킬 정도로 서로 뒤통수를 때린 경쟁자이기도 하다.

90조 원 시리얼 시장의 왕좌는 누가?

글로벌시장조사기관 FMI(퓨처마켓인사이트)에 따르면 전 세계 시리얼 시장의 규모는 2023년 기준 438억 달러, 한화로 약 58조 원에 달한다. 전 세계 시리얼 시장은 2033년엔 688억 달러까지 성장할 것으로 전망된다. 이는 매년 4.6%씩 성장을 거듭해 미래엔 90조 원 규모로 시장이 커진다는 뜻이다.

'시리얼' 하면 많은 사람들이 호랑이 기운이 솟아나는 켈로그의 '콘푸로스트'를 떠올린다. 또 어떤 사람들은 무슨 소리냐며 사자 기운이 가득한 포스트의 '콘푸라이트'를 내세운다. 켈로그와 포스트를 대표하는 이 두 제품은 주원료인 옥수수에 설탕 바름(프로스트) 처리를 한 콘플레이크 시리얼이다. 두 시리얼 모두 고소하고 달콤한 맛이 나는 플레이크(얇은 조각)로, 우유에 말아 먹거나 일반 과자처럼 먹으면 바쁜 아침에 든든한 끼니가 된다. 흥미롭게도 이 회사들을 만든 두 창업자의 운명은 복잡하게 얽힌 실타래처럼 꼬여있다.

모방에서 탄생한 의료용 간편식

켈로그의 창업자는 사실 두 명이다. 바로 존 하비 켈로그와 윌 키스 켈로그다. 이름에서 알 수 있듯 두 사람은 켈로그 집안의 아들로 태어난 형제다. 형인 존 켈로그는 1852년 미국 미시간주 타이론에서 태어났다. 그의 아버지 존 프레스턴 켈로그는 아들을 낳은 직후 미시간주에 위치한 배틀 크리크로 이주해 빗자루 공장을 열었다. 사업은 그럭저럭 운영됐다.

당시 예수재림교를 믿고 있던 켈로그 가족은 정규 교육이 불필요하다는 믿음을 갖고 있었다. 평소 병약했던 존 켈로그는 11세까지만 학교를 다니고 중퇴한 뒤 아버지의 빗자루 공장에서 일을 시작했다. 학업을 중단했지만 그는 누구보다 열정적인 독서광이었고 교육에 대한 열망이 누구보다 높았다. 그는 독학으로 공부를 이어갔고 12세가 되던 해에는 공장을 떠나 인쇄소에서 교정 및 편집 작업을 배우기도 했다.

원래 선생님이 꿈이었던 존 켈로그는 20세가 되자 미시간주립 사범학교에서 공부를 이어나갔다. 하지만 그의 가족들은 그가 종교적 신념을 바탕으로 지역 사회에 헌신하는 의사가 되길 바랐다. 결국 가족들의 설득 끝에 그는 미시간대학교의 의과대학으로 진학해 1875년 의사 면허증을 취득했다. 졸업 이듬해인 1876년 그는 가족의 소망대로 '웨스턴 헬스 리폼 인스티튜트'란 의료기관의 소장으로 부임했고, 1년 뒤인 1877년 해당 기관은 '배틀 크리크 메디컬'로 이름을 바꿨다. 향후 이 기관은 지역을 대표하는 요양원으로 자리매김했고 존 켈로그는 해당 요양원을 평생 이끌게 된다.

독실한 재림교인이었던 그는 요양원의 최고 의료책임자로 일하며 채식, 금주, 운동 요법 등 다양한 식단과 프로그램을 짜는 데 공을 들였다. 또한, 생계가 어려운 저소득층이나 환경이 좋지 않은 사람들이 건강을 회복할 수 있도록 보살핌을 제공했다. 그의 노력이 빛난 덕분에 이 의료기관은 미국 안팎에서 이름난 요양원으로 거듭났다. 윌리엄 태프트 전 대통령, 북극 탐험가 아문센, 노벨상 수상자인 조지 버나드 등 미국의 내로라하는 유명인들이 이곳에서 지내기도 했다.

존 켈로그는 환자들이 더 편안하게 머무를 수 있는 방법을 고심했다. 그중 하나가 음식이었다. 보다 건강하면서도 쉽게 먹을 수 있는 음식의 필요성을 느낀 그는 씹기 쉽고 소화가 잘되는 아침 식사를 개발하기 시작했다. 우선 밀, 귀리, 옥수수 등을 혼합해 반죽으로 만들었다. 여기에 전분 성분을 첨가한 뒤 굳혀내자 먹기 쉬운 아침 식사 메뉴가 탄생했다.

사실 이 메뉴는 일종의 모방 제품이었다. 곡물들을 한데 섞어 최초로 식사용 시리얼을 개발한 이는 따로 있었기 때문이다. 바로 뉴욕주에서 요양원을 운영하던 제임스 케일럽 잭슨이다. 그는 1869년 곡물 가루를 반죽한 뒤 굳힌 것을 '그래눌라(granula)'라고 명명한다. 다만 해당 제품은 아무런 맛도 나지 않았고 너무 딱딱해 사람들로부터 외면받았다. 존 켈로그는 처음엔 이 그래눌라를 사서 환자들에게 먹이기 시작했다. 하지만 더는 못 먹겠다는 환자들의 불만이 속출하자 꿀을 첨가하는 등 먹기 좋게 자신만의 레시피를 완성한 것이다. 이를 맛본 많은 유명인과 환자들이 입소문을 내면서 점점 그의 시리얼을 먹어보고 싶어 하는 사람들이 늘어났다.

    존 켈로그의 시리얼이 인기를 모으기 시작하자 누가 원조인지를 두고 소송전이 벌어졌다. 제임스 잭슨이 켈로그의 시리얼이 자신의 그래눌라를 베꼈다고 소송을 제기한 것이다. 그러자 존 켈로그는 1881년 재빨리 알파벳 한 글자를 바꿔 그래눌라가 아닌 '그래놀라(granola)'라는 이름으로 제품을 만들기 시작한다. 당시 저작권 보호에 대한 미국의 법적 규제가 엄격하지 않다 보니 이름을 바꾼 것만으로도 위기를 넘길 수 있었다.

'그래놀라'는 따라 했지만, '켈로그'는 달랐다

    켈로그 시리얼은 철저한 모방으로 시작했다. 이미 존재하던 아이디어를 재해석한 것이었기 때문이다. 켈로그는 기존 제품의 단점을 세밀히 분석했다. 첫째, 그래눌라는 매일 먹기에는 너무 딱딱했다. 둘째, 맛이 없으니 손이 가지 않았다. 셋째, 조리하고 섭취하는 과정이 번거로웠다.

    존 켈로그는 똑같이 따라 만들기보단 이를 발전시키고자 했다. 곡물을 플레이크 형태로 가공해 바삭한 식감을 구현했고, 적당한 단맛을 가미해 어린이부터 노인까지 부담 없이 즐길 수 있게 했다. 또, 우유나 요거트와 곁들여 간편하게 먹을 수 있도록 조리의 편의성을 높였다. 켈로그 시리얼은 제품뿐만 아니라 시장 자체에 혁신을 가져왔다. '건강한 식사'라는 속성을 유지하면서도 '맛과 편의성'을 추가해 제품의 가치 자체를 한 단계 높인 것이다.

이는 차별화와 리포지셔닝 전략이 결합된 사례다. 같은 카테고리(곡물 시리얼) 안에서 플레이크 형태, 맛, 식감, 패키징, 조리 편의성 등 여러 요소로 경쟁 우위를 확보했고, '건강식품'이라는 틈새 포지션을 '건강하고 맛있는 대중 식사'로 확장시켜 타깃 시장을 넓혔다.

또 하나 중요한 점은, 켈로그가 브랜딩을 위해 시각적으로 고도의 전략을 구사했다는 점이다. '켈로그'라는 브랜드를 곡물 시리얼의 대명사로 만들기 위해 철저히 일관된 시각·언어·패키지 아이덴티티를 구축했다. 상징적인 빨간 로고, 곡물과 우유가 어우러진 아침 식탁 이미지, 건강과 활력을 강조하는 카피는 모두 철저히 의도된 전략이었다.

타고난 사업가 동생 윌 켈로그

시리얼이 인기를 모으자 존 켈로그는 아예 이를 판매하기 위해 '사니타스 너트 푸드 회사'를 1890년 설립한다. 이 회사는 그래놀라를 조각내고 얇게 썬 플레이크로 새로운 시리얼을 개발하는 등 연구를 거듭하며 기술을 발전시켰다. 그러나 존 켈로그는 시리얼 사업 자체에는 큰 관심이 없었다. 의사이자 요양원 운영자로서 환자들의 건강을 책임지고 시설을 잘 운영하는 것이 가장 중요했기 때문이다.

여기서 바로 그의 동생 '윌 켈로그'가 등장한다. 켈로그 시리얼을 개발한 사람이 존 켈로그라면, 시리얼 사업을 발전시킨 실질적인 창업자는 그의 동업자였던 윌 켈로그다.

존 켈로그보다 8세 어린 윌 키스 켈로그는 1860년에 태어났다. 의사인 존 켈로그와 달리 그는 젊은 시절부터 아버지가 운영하던 빗자루 공장에서 일하며 사업에 눈을 떴다. 그는 여기서 익힌 세일즈 기술을 바탕으로 텍사스주 달라스에서 각종 사업 경험을 쌓아갔다. 그러던 중, 1879년 그는 형의 배틀 크리크 요양원의 관리자로 부임했다.

사실상 낙하산으로 자리를 꿰찬 그는 존 켈로그가 개발한 그래놀라 제작법을 총괄하며 사업화에 대한 연구를 이어갔다. 재료의 배합 비율을 바꿔가며 최적의 레시피를 개발하는 데 몰두했고 실제로도 영양과 맛, 두 마리 토끼를 잡는 요리법을 완성해 냈다. 그런 뒤 윌 켈로그는 사업을 더욱 확장하자며 형인 존 켈로그를 설득했다.

하지만 항상 동생을 얕잡아 보던 존 켈로그는 동생을 무시했고 둘의 동행에도 균열이 생기기 시작했다. 윌 켈로그는 시리얼의 레시피를 철저히 비밀에 부치고 싶어 했지만, 존 켈로그는 환자를 위한 일이라며 환자들에게 요리법에 대한 피드백을 받고자 했다. 사사건건 부딪치던

◆ 존 하비 켈로그

◆ 윌 키스 켈로그

그들은 결국 시리얼에 설탕을 첨가하는 문제를 두고 완전히 갈라서게 된다. 의사였던 존 켈로그는 환자들의 건강이 우선이라며 설탕을 첨가하는 것을 극구 반대했지만, 사업가였던 윌 켈로그는 대중적이고 맛있는 시리얼을 위해서는 설탕을 넣어야 한다고 주장했기 때문이다.

윌 켈로그는 결국 1906년 '배틀 크리크 토스티드 콘플레이크'라는 새로운 회사를 설립해 형과의 동업을 사실상 끝냈다. 이 회사가 켈로그의 원형이다. 현재 켈로그라 불리는 회사의 정확한 이름은 'W.K. 켈로그'로, 이는 동생인 윌 키스 켈로그의 이름이 고스란히 브랜드화된 것이다.

브랜드 철학과 시장성의 충돌

켈로그 형제의 이야기는 '브랜드 철학'과 '시장성'이 정면으로 부딪친 사례였다. 형 존 켈로그는 의사이자 건강식 운동가로, 시리얼을 '건강을 위한 대안 식사'로 정의했다. 그는 설탕 없는 순수 곡물 시리얼을 고집하며, 소비자 교육을 통해 올바른 식습관을 확산시키는 것이 브랜드의 사명이라고 믿었다. 반면 동생 윌 켈로그는 현장의 판매 데이터와 소비자 반응에 주목했다. 그는 대중의 입맛을 맞추기 위해 설탕을 첨가하고, 더 부드럽고 달콤한 플레이크를 개발해 '건강식'에서 '대중식'으로 포지션을 이동시켜야 한다고 주장했다. 이 차이는 곧 타깃 고객 인식의 차이이자, 브랜드 정체성을 결정하는 주체가 누구인가에 대한 근본적 논쟁이었다. 형은 창업자의 철학이 브랜드의 근간이라고 보았고, 동생은 소비자의 선택이 곧 브랜드의 운명을 결정한다고 보았던 것이다.

결국 시장에서 승리한 것은 '브랜드 철학'이 아니라 '고객의 입맛'이었다. 윌 켈로그의 제품은 판매량과 인지도를 동시에 끌어올리며 전 세계 식탁에 오르게 됐다. 이 갈등이 주는 교훈은 명확하다. 제품의 정체성은 창업자의 철학에서 출발하지만, 그 완성은 고객에게 달렸다. 철학은 브랜드의 뿌리가 되고, 시장성은 브랜드의 날개가 된다. 뿌리 없는 날개는 오래 버티지 못하지만, 날개 없는 뿌리는 멀리 날아가지 못한다.

발빠른 아이디어 도둑, 포스트 시리얼의 탄생

형제의 갈등을 촉발시킨 다른 주인공도 있었다. 바로 그들의 아이디어를 낚아챈 도둑, 찰스 윌리엄 포스트다. 1854년 일리노이주 출신 포스트는 실패한 사업가였다. 농기구 판매와 각종 사업을 했던 그는 손을 대는 족족 사업이 망하자 신경쇠약에 걸려 무일푼 상태로 요양원에 입원하게 됐다. 그 요양원이 다름 아닌 존 켈로그의 배틀크릭 요양원이었다. 환자로 치료받던 그는 아침 식사로 나오는 그래놀라 시리얼의 맛과 간편함을 처음 접하고 깜짝 놀라게 된다. 사업가 기질이 발동한 그는 밥값을 하겠다는 핑계로 요양원 조리실에서 일하며 몰래 시리얼 레시피를 빼돌리기 시작한다. 결국 퇴원을 앞두고는 모든 레시피와 비밀을 몽땅 가져올 수 있었고, 1895년 퇴원하자마자 살짝 변형을 가한 그래놀라 시리얼을 시장에 내놓는다.

그는 먼저 자신의 이름을 딴 '포스튬 시리얼즈 컴퍼니'라는 회사를 만들었다. 이어 시리얼 음료 '포스튬'을 출시했고, 1897년엔 포스트의 첫 시리얼 제품 '그레이프 너츠'를 출시한다. 시리얼을 먼저 개발한 사람은 켈로그 형제였지만 시장엔 포스트가 먼저 진출한 것이다. 그레이프 너츠의 인기는 가히 폭발적이었다. 이를 알게 된 켈로그 형제들은 부랴부랴 자신들의 시리얼을 시장에 내놓게 된다. 이 과정에서 동생 윌 켈로그는 타도 포스트 계획을 세웠지만 형 존 켈로그는 번번이 그 계획을 가로막았다. 은혜를 원수로 갚은 포스트는 결국 켈로그 형제간의 갈등을 촉발했다.

그러던 중, 결정적으로 켈로그의 성장을 이끈 사건이 발생했다.

바로 형제가 운영하던 요양원에 큰 화재가 발생해 건물 전체가 전소된 것이다. 사건 이후 존 켈로그가 낙담하자 윌 켈로그는 투자받은 돈으로 요양원을 재건하는 일을 도왔다. 그러나 조건을 붙였다. 바로 켈로그의 브랜드명과 레시피에 대한 권리를 전부 넘기라는 것이었다. 이렇게 형제 간의 갈등은 화재로 인해 마무리됐다. 존 켈로그는 켈로그라는 이름을 브랜드로 쓸 수 없게 되었고 경영에서도 사실상 배제됐다. 이후 동생 윌 켈로그의 뛰어난 사업 역량 덕분에 원조 기업 켈로그도 점차 시장 영향력을 늘려갔고, 이후 포스트와 켈로그간의 세기의 경쟁이 본격화된다.

사실 이 두 회사의 악연으로 인해 포스트는 미국에서도 남의 레시피를 빼앗아서 성공한 사업가란 인식이 강하다. 하지만 가만히 들여다보면 켈로그의 그래놀라 역시 그래눌라를 모방한 제품이었다. 여기서 주목할 점은 모방을 둘러싼 윤리적인 문제가 아니라 '적절한 타이밍에 선점하는 전략'이다. 선점 효과는 '제품의 완성도'를 높이는 것보다 '시장의 첫 기억'을 차지하는 것이 더 강력한 무기가 될 수 있음을 보여준다. 소비자는 '누가 만들었는가?'보다 '누가 먼저 알렸는가?'를 더 오래 기억하기 때문이다. 원조 제임스 잭슨의 그래놀라를 모방해 켈로그의 시리얼이 탄생했고, 마찬가지로 켈로그의 시리얼을 모방해 포스트가 시장을 선점했다. 이 '연속적인 모방과 변주'가 시리얼 산업 초창기의 경쟁 구도를 만들었다고 볼 수 있다. 뺏고 뺏기는 세상, 영리한 사업가의 기질은 최고의 타이밍을 잡는 역량이라고도 할 수 있다.

소비자 광고의 무기가 된 '전략적 침묵'

포스트는 현대 소비자 광고의 원형을 구축한 인물로 평가받는다. 그는 1897년부터 '그레이프 너츠'를 알리기 위해, 당시로서는 전례 없는 대규모 전면 신문광고 캠페인을 시작했다.

그가 내세운 슬로건들은 지금 봐도 강렬하다. '그레이프 너츠는 두뇌를 밝게 한다', '장수의 비결은 포스트 시리얼', '당신의 아침은 당신의 인생을 바꾼다' 등 과학적 근거를 대기보다는 의사의 조언처럼 신뢰감을 주는 문구를 활용했다. 그는 제품의 기능을 직접적으로 설명하기보다 이상적인 소비자의 삶의 모습을 제시했다. 이는 제품을 사면 그 가치를 소유하게 된다는 착각을 유도하는 전형적인 가치 판매 전략이었다.

◆ 포스트 초창기 광고

포스트는 광고를 '정보 전달'이 아니라 '가치 구축'의 도구로 활용한 것이다. 당시 경쟁사들이 주로 제품 사진, 가격, 효능을 나열하는 데 집중했던 것과 달리, 포스트의 광고는 '색다른 사고방식'을 파는 방식을 택했다. 이는 훗날 "Think Different"(애플), "Because You're Worth It"(로레알) 같은 글로벌 브랜드 슬로건의 전략과도 맞닿아 있다.

또한, 포스트는 광고에서 경쟁자인 켈로그의 이름을 거의 언급하지 않았다. 이는 '전략적 침묵'이었다. 그는 경쟁을 직접 거론하기보다 '건강식 시리얼의 원조', '두뇌에 좋은 아침 식사'라는 메시지를 소비자에게 반복적으로 주입하며 시장의 기준점이 포스트임을 분명히 했다. 이 방식은 '프레이밍 효과'를 교묘하게 활용한 것이다. 포스트의 제품을 통해 시리얼이라는 카테고리를 처음 접한 소비자들은 무의식적으로 이후 등장하는 모든 경쟁 제품들을 포스트와 비교하게 된다. 이는 시장 개념을 최초로 정의한 브랜드가 곧 프레임의 주인이 된다는 것을 보여준다.

포스트의 전략은 '간접 지배'였다. 경쟁자를 언급하지 않음으로써 소비자 인식 속에서 유일한 선택지로 자리 잡았다. 이런 상황이 되면 후발 주자가 어떤 차별점을 내세우더라도, 소비자 머릿속에서는 '포스트와 어떻게 다른가?'라는 질문부터 떠오르게 된다. 즉 프레임의 주인이 된 순간, 나머지 브랜드는 구조적으로 2등 위치에서 출발할 수밖에 없는 것이다.

한편, 켈로그는 2023년 전통적인 시리얼 사업 부문을 'WK켈로그'로, 프링글스 등 글로벌 스낵과 간편식 사업은 '켈라노바'라는 별도 브랜드로 기업을 분할했다. 시리얼 시장의 성장이 정체된 반면 스낵 시장은 급성장하고 있는 시장 추세를 고려한 판단이었다. 2024년엔 초콜릿

과자 엠앤엠즈로 유명한 미국 제과업체 마즈가 스낵 사업부 켈라노바를 359억 달러에 인수했고, 2025년엔 이탈리아 초콜릿 브랜드 페레로가 WK켈로그를 약 31억 달러에 인수했다.

포스트 역시 발 빠르게 움직이는 중이다. 포스트는 단백질바, 즉 석조리식품 영역으로 포트폴리오를 확장하며 시리얼을 비롯한 제품군 다변화에 나서고 있다. 특히 2020년대 들어 소규모 건강식과 단백질 브랜드들을 잇따라 흡수해 종합푸드그룹으로 탈바꿈하는 중이다.

아침 식탁에서 손쉽게 꺼내 드는 시리얼 한 그릇 뒤에는 이처럼 경쟁과 배신, 분사와 매각이란 냉혹하고 치열했던 드라마가 첩첩이 쌓여 있다.

"I will invest my money in people."
나는 사람들에게 내 돈을 투자할 것이다.

- 윌 키스 켈로그

"The average person is 90% governed by suggestion."
평범한 사람은 90%가 암시에 의해 움직인다.

- 찰스 윌리엄 포스트

05

하와이에서 탄생한 파인애플 킹 돌

돌 (Dole)	
창업자	제임스 드러먼드 돌 (James Drummond Dole)
창업연도	1901년 (하와이안 파인애플 컴퍼니 설립)
본사	아일랜드 더블린
지점 수	전 세계 75개국 이상에 250여 개의 제조 및 유통 거점 보유, 약 10만 9,000에이커의 농장 보유
직원 수	약 3만 5,000명 (2024년 기준)
매출	약 85억 달러 (2024년 기준)

바나나나 파인애플은 마트에서 쉽게 접할 수 있을 만큼 흔한 과일이다. 마트에 가면 일상적으로 조각 파인애플과 바나나 한 송이를 카트에 담곤 한다. 그러나 불과 몇십 년 전만 해도 이 두 과일은 귀한 존재였다. 처음 파인애플이 한국에 들어왔을 때, 사람들은 쉽게 사 먹지 못했다. 가격이 비싸 고급 과일이라는 인식이 강했기 때문이다. 파인애플은

운 좋으면 명절 선물 세트로 접하거나 부잣집에서 즐길 수 있는 과일이 었다. 바나나 역시 마찬가지였다. 1970~80년대에 바나나는 중산층 가정에서도 특별한 날에야 먹을 수 있는 과일이었다. 학교 도시락통에 바나나 하나가 들어있으면 그 학생은 반 친구들에게 부러움의 대상이 되곤 했다.

    이처럼 귀하게만 느껴졌던 열대 과일이 어느 순간 우리 일상에 깊숙이 들어왔다. 계절을 가리지 않고 판매되고, 값도 저렴해졌다. 이러한 변화를 가능케 한 주인공은 바로 과일 유통기업 '돌'이다. 이 기업은 과일 생산부터 가공, 운송, 유통까지 모든 과정을 관리한다. 지리적 한계를 넘어 바다 건너, 대륙 건너 열대 과일을 식탁 위로 옮겨온 주역이 바로 돌이다. 그리고 돌을 창업한 '파인애플 킹', 제임스 드러먼드 돌이 없

♦ 제임스 드러먼드 돌

었다면 오늘날 바나나와 파인애플이 식탁 위에 올라올 일도 없었을 것이다. 그는 하와이 오아후섬의 황무지를 파인애플 천국으로 바꿨고 세계 과일 산업의 역사를 새로 썼다. 우리가 무심코 먹는 파인애플 한 조각, 바나나 한 송이 뒤에 숨은 이야기를 따라가 보자.

하버드 농대 졸업생이 하와이로 떠난 사연

제임스 돌은 1877년 9월 27일 미국 메사추세츠주 보스턴의 자메이카 플레인에서 태어났다. 그의 집안은 17세기 영국에서 이주한 청교도 가문으로, 지역에선 이름난 명문가였다. 아버지 찰스 플레처 돌은 보스턴 근교에서 활동한 저명한 자유주의 성향의 목사였다. 제임스는 어린 시절부터 문헌과 자연과학에 대한 관심이 깊었다. 지역 명문인 록스베리 라틴스쿨에서 수학한 그는 하버드대학교로 진학해 농업경제 및 식물학 전공 과정을 밟았다. 이 시기 그는 작물 재배, 기후, 토양, 경작 기술 등에 대한 이론과 실습을 익혔다. 1899년, 그는 졸업 선물로 받은 50달러를 종잣돈 삼아 사업가의 꿈을 키우기 시작했다. 그에게는 누구나 하는 취업 대신 농장 경영을 통해 큰돈을 벌겠다는 분명한 목표가 있었다.

제임스는 집안의 도움을 받아 총 1만 6,240달러를 모았다. 당시 기준으로 중산층 가정집 한 채를 마련할 수 있는 돈이었다. 농작물을 키울 땅을 찾아다니던 22세 청년이 택한 곳은 다름 아닌 하와이였다. 1899년 11월 16일, 그는 태평양을 건너 하와이 호놀룰루에 도착한다. 왜 그는 비옥한 미국 본토를 떠나 하와이까지 오게 된 것일까?

하와이는 원래 폴리네시아인들의 삶의 터전이었다. 이들은 바다를 건너 8세기경 하와이에 터전을 잡았다. 이후 카메하메하 1세가 하와이의 여러 섬을 통일했고, 그 후손들이 왕조를 이어가면서 평화롭게 부족 문화를 꽃피워 나갔다.

하와이 땅 위에 긴장이 스며들기 시작한 건 19세기 미국인들의 주도 아래 사탕수수 산업이 득세하던 시기부터였다. 1850년대부터 미국은 하와이를 전략적·경제적 요충지로 인식하고 있었다. 그러던 중, 1875년 '미국-하와이 상호조약'이 체결되면서 하와이산 설탕은 미국에 무관세로 수출되기 시작했다. 이는 하와이의 미국계 농장주들에게는 엄청난 혜택이었다. 하와이의 설탕 수출량은 폭증했고, 농장주는 떼돈을 벌었다. 그러나 이는 하와이 원주민의 발목을 옥죄는 일이었다. 하와이 경제는 급속도로 미국 시장에 종속됐고 하와이 왕국의 주권 역시 서서히 미국 자본에 잠식되어 갔다.

1890년 미국에서 '맥킨리 관세법'이 통과됐다. 외국산 설탕에 무관세 혜택을 주는 대신, 미국 내 설탕 산업에 보조금을 지급하겠다는 것이 이 법의 핵심 내용이었다. 미국 내 설탕 산업을 보호하기 위한 조치였다. 하와이 설탕의 '무관세 특혜'가 사라지자 하와이는 경제적 타격을 입었다. 하와이에서 사탕수수 농장을 운영하던 미국인 상인들은 격분했다. 미국 상인들은 하와이 왕국을 무능하고 시대에 뒤처진 정권으로 비난하며 미국에 완전히 병합할 것을 요구하기 시작했다. 위기감을 느낀 하와이 왕국은 미국 상인들의 사탕수수 농장을 국영화하는 선택으로 맞대응했지만 1893년 미 해군의 도움을 받은 미국인들에 의해 결국 멸망하고 말았다. 하와이를 점령한 미국인들은 임시로 하와이 공화국을 수립하고 초대 대통령까지 선출했다.

이때 하와이 공화국의 초대 대통령이자 추후 하와이 준주의 초대 주지사로 임명된 사람이 샌퍼드 돌이었다. 샌퍼드 돌의 아버지 다니엘 돌은 하와이 원주민들에게 복음을 전파하고 지역 교육에 기여하기 위해 푸나호우스쿨을 세운 사람 중 한 명이었다. 그는 선교사로 하와이에서 활동하며 1844년 샌퍼드를 낳았다.

그리고 다니엘의 남동생이 바로 제임스 돌의 할아버지다. 한국식으로 정리하면 샌퍼드는 제임스의 작은 할아버지뻘이고, 제임스는 샌퍼드의 육촌 조카라고 할 수 있다. 이게 바로 제임스 돌이 하와이로 떠난 이유였다. 이미 하와이에 대한 막대한 영향력을 지닌 샌퍼드가 넓고 비옥한 농지를 구하고 있던 조카 제임스에게 하와이 이주를 권했던 것이다.

문화·역사와 브랜드 스토리텔링

제임스 돌은 하와이에서 정치·사회적 영향력을 가진 인물들과 긴밀히 연결되어 있었다. 작은 할아버지뻘인 샌퍼드는 하와이 왕국이 무너지고 공화국이 수립되는 과정에서 핵심적인 역할을 했고, 이후 미국령 하와이의 초대 주지사까지 지냈다. 이러한 가문의 배경 덕분에 제임스 돌은 다른 개인 사업가들과는 달리 하와이라는 무대를 세계와 잇는 '이야기 자본'을 가질 수 있었다.

당시 하와이는 미국 본토와 태평양을 연결하는 전략적 요충지로, 전쟁과 무역, 산업 개발의 거점으로 빠르게 성장하고 있었다. 철도, 항만, 군사기지 건설이 이어지면서 섬의 경제와 인프라가 급속히 확장됐다. 이 과정에서 농업, 특히 설탕과 파인애플 같은 고부가가치 작물이 지역의 핵심 산업으로 부상했다. 제임스 돌은 이러한 시대적 흐름 속에서 파인애플 산업을 '하와이의 대표 산업'으로 키워냈고, 그 과정 자체가 곧 하와이의 현대사가 되었다.

이처럼 한 브랜드가 국가나 지역의 역사와 함께 성장하면, 소비자에게 그 브랜드는 지역의 '문화 아이콘'으로 인식된다. 이는 '헤리티지 마케팅'이라 불리는 방식으로, 제품을 넘어서 브랜드가 지닌 역사·문화적 맥락을 소비 경험에 결합하는 전략이다. 소비자는 그 제품을 구매하면서 맛과 품질만이 아니라, 그 안에 담긴 이야기와 정체성까지 함께 소비하게 된다.

돌의 경우, 태평양 시대의 전쟁과 평화가 교차하는 역사적 배경뿐만 아니라 하와이의 정치·경제 발전사에 얽힌 가문의 이야기까지 모두 브랜드의 서사에 스며들었다. 이런 이야기는 광고 문구 몇 줄로 만들 수 있는 것이 아니다. 오랜 세월 축적된 지역사와 인물의 발자취가 있어야만 브랜드의 고유한 유산이 될 수 있다. 이는 세대를 거듭해도 변치 않는 신뢰와 상징성을 만들어냈다.

우리가 손에 든 파인애플 너머에는 태평양 바람이 스치는 농장, 황금빛 햇살 아래 펼쳐진 파인애플 밭, 그리고 하와이의 역사적 배경이 자리하고 있다. 이러한 서사는 세월이 흘러도 경쟁자들이 쉽게 모방할 수 없는 차별화 자산이 되고, 브랜드를 하나의 문화 코드로 승격시킨다.

파인애플 승부수로 성공가도를 달리다

샌퍼드의 권유로 호놀룰루에 도착한 제임스는 가장 먼저 비옥한 땅을 찾았다. 하와이섬은 지열과 햇살, 비옥한 화산토가 뒤섞인 천혜의 농업지대였다. 마침내 그는 오아후섬 중부 와히아와 지역에서 64에이커 규모의 농지를 매입한다. 사탕수수, 바나나 등 각종 작물을 심어본 그는 파인애플을 심기로 결정했다. 하와이의 햇살, 토양, 기후는 마치 파인애플을 위해 존재하는 것처럼 느껴졌기 때문이다. 그는 파인애플이 자신의 삶을 완전히 뒤바꿀 것이란 사실을 직감했다.

그리고 제임스의 선택은 옳았다. 달콤하면서 과즙이 많은 과일인 파인애플은 하와이에서 쑥쑥 자라났다. 농지는 과즙이 풍부하고 당도가 높은 파인애플이 자라기에 안성맞춤이었다. 그는 파인애플의 잠재력을 알아보고, 이 과일을 세계적으로 널리 알리기로 결심했다.

그러나 문제는 하와이에서 수확한 파인애플을 미국 본토까지 보내는 게 쉽지 않다는 점이었다. 긴 시간 배를 타고 아메리카 대륙에 도착한 파인애플은 품질이 떨어지거나 상하기 일쑤였다. 고민을 거듭한 제임스는 새로운 아이디어를 냈다. 바로 통조림 기술이었다. 파인애플의 껍질을 제거한 뒤 통조림 안에 밀봉하면 미국에 도착해서도 신선하게 과육을 맛볼 수 있었다. 그는 와히아와 마을에 통조림 공장과 포장 공장을 건설하기로 마음먹었다. 물론 시행착오를 겪으며 수차례 품질이 불안정해

♦ 파인애플 농장을 둘러보는 제임스 돌

지기도 했다. 그러나 포기하지 않았고 꾸준히 기술을 개선해 나갔다. 그 결과, 고품질 통조림 파인애플을 생산하는 데 성공했고, 1901년 '하와이안 파인애플 컴퍼니'를 설립한다. 1907년, 그는 본격적으로 파인애플 통조림을 미국으로 수출하기 시작했다. 미국 현지 잡지나 신문사에 게시한 광고는 단숨에 미국인들의 이목을 끌었다. 이는 미국 전역을 대상으로 한 최초의 과일 광고 캠페인 중 하나였다. 광고효과 역시 대단했다. 광고

♦ 하와이안 파인애플 컴퍼니의 미국 파인애플 광고

를 접한 미국 소비자들은 파인애플이라는 생소한 과일을 구입해서 맛보기 시작했다.

파인애플의 수요가 급격히 늘어나면서 공급이 이를 따라가질 못했다. 하와이에선 딱딱한 파인애플 껍질을 하나하나 벗기는 노동이 끊임없이 이어졌다. 그러던 중, 1911년 돌 회사의 기술자 헨리 지나카는 1분 만에 파인애플 100통의 껍질과 심지를 제거할 수 있는 기계를 발명했다. 이후 파인애플 캔 제조 공정에 속도가 붙었다. 이 기계에는 발명자의 이름인 '지나카'라는 이름이 붙었고 현재 파인애플 산업의 표준 기술이 됐다.

광고 효과와 기술 혁신이 결합한 결과, 제임스의 파인애플 사업은 폭발적으로 성장했다. 1922년에는 보스턴에서 투자 자금을 확보하면서 사업을 더욱 확장했다. 제임스는 하와이에 위치한 라나이섬 전체를 매입해 2만 에이커 규모의 농장을 조성했다. 전 세계 파인애플 생산량의 75%를 차지하며 세계 최대 파인애플 농장이 된 라나이섬은 '파인애플 섬'으로 불렸다. 이후 항공 산업이 발달하면서 배가 아닌 비행기로 파인애플이 공수됐고, 더 많은 파인애플이 더 빠르게 미국과 전 세계로 전해질 수 있었다.

변수는 최소화, 경쟁력은 최대화

당시 대부분의 과일 사업가들은 좋은 품질의 농산물을 재배해 시장에 내다 팔면 경쟁력을 확보할 수 있을 것이라고 생각했다. 그러나 제임스는 파인애플을 재배하는 것만으로는 시장에서 살아남기 어렵다는 사실을 간과하고 있었다.

그는 생산에서 가공, 그리고 유통까지 파인애플이라는 단일품목의 전 과정을 통합하는 '수직계열화' 전략을 선택했다. 이 전략의 핵심은 각 단계를 유기적으로 연결해 하나의 시스템으로 만드는 것이었다. 수확된 파인애플은 생산 현장에서 가공 설비로 이동하는 과정에서 신선도를 유지했고, 가공된 통조림 제품은 자체적으로 관리하는 운송망을 통해 빠르게 시장에 공급됐다. 이렇게 제임스는 외부 변수를 최소화하고, 품질·가격·납기라는 3가지 경쟁력을 동시에 확보했다.

당시 하와이에서 미국 본토로 신선 과일을 공급하는 일은 모험에 가까웠다. 바다를 가로지르는 긴 항해 동안 과일이 상하거나 품질이 떨어지는 경우가 많았기 때문이다. 대부분의 농장주는 이를 물류상의 위험으로 보고 포기했다. 하지만 제임스는 그 위험을 사업 기회로 전환했다. 그는 현지에서 수확한 파인애플을 곧바로 가공해 통조림으로 만들면 선적 후 몇 주가 지나도 품질을 유지할 수 있다는 점에 주목했다.

이를 실행하기 위해 그는 가공 공장을 농장 인근에 세워 수확과 가공 사이의 시간을 최소화했다. 동시에 대량생산 체제를 갖춰 생산량이 늘어날수록 단위당 비용을 줄이는 '규모의 경제'를 실현했다. 그는 하와이에서 배를 띄우는 데 그치지 않고, 미국 본토와 해외 주요 항구를 잇는 유통망을 직접 관리했다. 덕분에 시장의 수요에 맞춰 신속하게 물량을 조절하고, 특정 지역에서의 판매 데이터를 다음 생산 계획에 즉시 반영할 수 있었다.

결국 제임스의 수직계열화 전략은 하와이의 지리적 제약을 글로벌 경쟁 우위로 바꾸는 결정적인 전환점이 됐다. 파인애플은 이전까지 상류층이 즐기던 귀한 과일에서 전 세계 가정의 식탁에 오르는 일상 소비재로 변모했다. 제임스는 파인애플이라는 상품의 시장 범주 자체를 재정의한 셈이었다.

파인애플 킹이 된 '돌'

1920년대 말, 라나이섬 개발과 공장 확장으로 성공가도를 달리던 제임스에게도 위기가 찾아온다. 과잉생산으로 파인애플의 가격이 크게 떨어진 건 물론, 대공황이 전 세계를 강타하며 과일 소비가 급감한 것이다. 이런 상황 속에서 파인애플은 사치품처럼 여겨졌다. 결국 제임스는 무리한 사업 확장과 소비 시장 축소로 1932년 경영권을 박탈당하는 수모를 겪는다. 하와이안 파인애플 컴퍼니는 지역의 손꼽히는 대기업인 캐슬앤쿡에 지분 21%를 넘겼다. 실질적인 경영권은 넘어갔지만 '돌'이라는 브랜드의 가치는 여전히 높았다.

회사는 1933년 통조림 파인애플과 주스 캔에 'Dole'이라는 로고를 새기며 그의 이름을 브랜드로 활용했다. 이전까지 과일 통조림에는 제조사 이름이 크게 부각되지 않았기 때문에 열어보기 전까지는 그 품질을 알 수 없었다. 하지만 제임스는 이 고정관념을 바꾸고자 했다. 그는 제품 겉면에 브랜드명을 선명하게 인쇄하고, 그 로고가 곧 '품질 보증서'처럼 보이도록 디자인했다. 즉 제임스 돌은 자신의 이름을 '프리미엄 과일'과 동의어로 각인시키는 포지셔닝 전략을 실행한 것이었다. 소비자는 슈퍼마켓에서 '파인애플 통조림'을 찾는 것이 아니라 '돌 파인애플'을 찾게 되었다. 브랜드명이 제품 카테고리를 대표하는 현상이 일어났다.

돌은 생산 과정 전반에서 엄격한 품질 관리 체계를 도입했다. 농장에서 수확되는 파인애플은 크기, 색, 당도별로 선별됐고, 이 과정에서 일정 기준에 미달하는 원료는 아예 가공 단계에 들어가지 못했다. 이러한 내부 품질 규칙은 소비자가 어떤 시점, 어떤 매장에서 '돌'의 식품을 구매하더라도 동일한 맛과 식감을 경험할 수 있게 하는 브랜드 신뢰도의 핵심 자산이 되었다.

돌은 시장 커뮤니케이션에서도 '품질'을 반복적으로 강조했다. 광고, 포스터, 매장 진열대, 심지어 운송 트럭에도 로고와 파인애플 이미지를 노출시켰다. 소비자가 생활 공간 속에서 브랜드를 무의식적으로 접할 수 있게 했고, 제품을 골라야 하는 순간 '돌'이 가장 먼저 떠오르도록 만든 것이다. 창업자가 회사를 떠난 이후에도 '돌'이라는 이름은 여전히 품질과 신뢰를 상징했다. 이는 브랜드 자산이 장기간에 걸쳐 축적되고 유지되는 무형의 경쟁력임을 보여준다.

한편, 돌이라는 이름이 브랜드 전면에 나서자 샌퍼드 돌은 자신의 이름을 쓰지 말아 달라고 간곡히 부탁하기도 했다. 그가 과거 하와이 원주민들에게 했던 일들 때문이었다. 아이러

♦ 돌의 파인애플 캔

니하게도 돌은 하와이 원주민들이 가장 싫어하는 이름이면서 하와이를 대표하는 브랜드가 됐다. 시간이 흘러 제임스 돌은 1948년, 71세의 나이에 공식적으로 은퇴했다. 회사를 떠난 뒤에도 고혈압, 뇌졸중, 심장질환 등으로 고통받던 그는 1958년 자신이 일군 파인애플 왕국 하와이에서 생을 마감했다. 그가 사망한 지 3년 뒤인 1961년, 하와이안 파인애플 컴퍼니는 캐슬앤쿡과 공식적으로 합병하는 대신 '돌' 브랜드는 계속 사용하기로 결정했다.

현재 하와이 라나이섬에서는 그의 이름을 딴 '돌 파인애플 농장'이 있다. 해당 농장에서는 파인애플 수확지와 통조림 공장, 철도, 정원 등을 방문할 수 있다. 제임스 돌은 늘 말했다. "우리는 품질, 품질, 또 품질을 중요시하여 이 회사를 설립했다." 결국 '돌'은 '품질 좋은 과일을 보증하는 이름'이 되었고, 이러한 전략은 오늘날까지도 글로벌 과일 시장에서 통용되는 가치 기준으로 남아있다. 평소에 맛있게 먹는 파인애플과 바나나는 그의 결단과 노력이 우리에게 남긴 선물이다.

> "We established the company on quality, quality, and quality."
> 우리는 품질, 품질, 또 품질을 중요시하여 회사를 설립했다
>
> - 제임스 드러먼드 돌

06

전 세계 어린이를 사로잡은 곰 젤리 하리보

하리보 (Haribo)	
창업자	한스 리겔 시니어 (Hans Riegel Sr.)
창업연도	1920년
본사	독일 라인란트팔츠주 그라프샤프트
지점 수	전 세계 100여 개국 이상에 유통, 독일 내 4개, 기타 유럽에 10개 이상의 생산 공장 운영 중
직원 수	약 8,500명 (2024년 기준)
매출	연간 매출 약 20억 유로 (2024년 기준)

최근 몇 년간 물가를 가장 생생하게 체감할 때가 바로 장을 볼 때다. 마트에 들러 하나둘 담다 보면 어느새 몇만 원을 훌쩍 넘는 건 일도 아니다. 먹고사는 일에 대한 부담이 점점 커지면서 아이들 간식 하나 고르는 일도 예전처럼 쉽지만은 않다. 기업들 역시 원재료 가격과 인건비가 증가하면서 골머리를 앓고 있다. 이 때문에 기업들이 생각해낸 묘수

가 바로 제품 용량을 줄이는 '슈링크플레이션(Shrinkflation)'이다. 판매하는 가격은 유지하면서 용량을 줄이는 일종의 눈속임이다. 식품업계 전반에서 원재료 가격과 물류비가 치솟으면서 기업들이 울며 겨자 먹는 심정으로 택하는 대안이다.

하지만 아이를 둔 소비자 입장에서는 씁쓸한 뒷맛이 남는다. 아이들 간식만큼은 넉넉하게 주고 싶은 게 부모의 마음인데, 요즘처럼 가격은 오르고 용량은 줄어드는 상황에서는 그런 마음마저 부담스럽게 느껴지기 쉽다. 이번에 소개할 작은 젤리 역시 이러한 팍팍한 시기를 견디고 있을 것이다. 100년 넘게 아이들의 달콤한 간식이 되어준 주인공, 하리보는 어떻게 탄생했을까?

기쁨을 주기 위해 태어난 곰젤리

하리보의 창업자인 한스 리겔 1세는 1893년 독일 노르트라인베스트팔렌주에 위치한 본에서 태어났다. 당시 독일 제국 내 프로이센 왕국의 일부였던 본은 서부 중견 도시로 성장하고 있었다. 한스는 고등학교를 마친 후 사탕을 제조하는 제과사로 일을 시작하면서 일찌감치 사회에 나섰다. 마침 독일에선 제과와 캔디 사업이 성장하는 중이었다. 그는 5년간 본에서 도제식으로 기술을 익히며 설탕 정제, 끓이기, 몰딩, 포장까지 전 과정을 손수 배웠다.

이후 제1차세계대전이 발발하면서 그는 군대에 징집됐다. 수년간 전선을 지킨 뒤, 바이마르 공화국 초기의 불안정한 분위기 속에서 다시 일터로 복귀한다. 고향에 돌아간 그는 '하이넨'이라는 사탕 가게에서 일을 시작했다. 성실함을 인정받은 그는 비즈니스 파트너 자리에 오르게 된다. 밑바닥부터 시작해 가장 높은 곳에 올라간 그는 자신의 이름을 보태 '하이넨 앤드 리겔'이라는 사탕 가게를 운영했다. 자신감이 붙어 더 큰 꿈을 꾸고 있을 무렵, 1920년 사명을 아예 자신의 이름을 딴 '하리보'로 바꾼다.

그는 회사 이름을 짓기 위해 수없이 고민했다. 수많은 사탕 회사가 이미 시중에 있었고, 대부분은 화려한 단어를 붙여 소비자의 눈길을 끌고 있었다. 그러나 그는 달랐다. 자신의 이름과 고향이야말로 브랜드의 뿌리라고 생각했다. 그 뿌리를 세상에 각인시키는 것이야말로, 후대까지 변하지 않는 힘이 될 것이라 믿었다.

그 결과 태어난 이름이 '하리보'였다. 자신의 이름인 한스 리겔(Hans Riegel)에서 HA와 RI를, 태어난 도시인 본(Bonn)에서 BO를 따온 이름이었다. 다른 이들에게는 단순한 글자의 조합처럼 보였지만, 그에게는 자부심과 정체성을 응축한 결정체였다. 브랜드는 그가 누구이며 어디에서 왔는지를 말해주는 일종의 간판이다. 소비자가 포장을 손에 쥐었을 때, 하리

♦ 한스 리겔 1세

보는 은연중에 창업자와 그가 태어난 도시를 떠올리게 만든다. 마치 한 병의 와인이 프랑스의 보르도나 미국 캘리포니아주의 나파밸리를 떠오르게 하듯, 하리보라는 짧은 이름은 독일 본의 거리, 그곳에서 태어난 작은 공장, 그리고 창업자의 삶과 철학을 함께 상기시킨다.

하리보의 이름은 한 세기 전 만들어졌지만 지금 들어도 세련되고 경쾌하다. 시대를 초월한 이 감각은 우연이 아니라, 창업자가 의도한 '간결함 속의 정체성' 덕분이다. 복잡한 문구나 화려한 수식어 대신, 그는 가장 중요한 자신의 이름과 고향을 택했다.

브랜드 네이밍이 이렇게 개인과 지역을 드러낼 때, 소비자와의 정서적 연결고리는 훨씬 깊어진다. 브랜드와 소비자 사이에 '이름 그 이상의 이야기'를 심어주기 때문이다. 소비자는 이 세 글자를 볼 때 무의식적으로 '한 사람이 세운 전통'과 '그 땅에서 시작된 역사'를 함께 떠올리게 된다.

오늘날에도 수많은 기업이 브랜드 네이밍을 고민하고 있지만 100년이 지나도록 그 힘을 유지하는 브랜드는 드물다. 그런 의미에서 하리보는 상당히 예외적인 경우라 할 수 있다. 창업자가 선택한 이 짧은 이름은 그 어떤 화려한 광고보다 강력하게 세대와 문화를 넘어 전해지고 있다.

하리보의 시작은 소박했다. 집 뒷마당의 작은 세탁실이 첫 공장이었다. 설탕 한 자루, 구리 솥 하나, 대리석 석판, 손으로 돌리는 롤러, 그리고 화덕이 전부였다. 한스는 손수 젤리를 끓이고 굳혀서 포장까지 했다. 회사는 처음부터 빠르게 성장하진 않았다. 그는 주변 상점과 시장에 직접 물건을 팔러 다녔다. 이 시절 하리보의 첫 제품은 젤리 형태의 캔디가 아니라, 과일맛 캐러멜과 껌 같은 것들이었다.

창업 2년 차에 접어든 1921년, 한스는 인생의 중요한 파트너를 맞는다. 평생의 동반자이자 사업 동업가인 게르트루드와 결혼한 것이다. 그녀는 아내일 뿐만 아니라, 하리보의 첫 직원이자 핵심 운영자였다. 게르트루드는 손수 자전거를 몰고 배달을 했다. 고객과 소통하며 주문을 챙겼고 신제품 아이디어도 꾸준히 냈다. 제품 디자인과 포장 을 개선하는 일에도 적극적으로 참여했다. 그녀는 조수라기보다는 공동 창업자에 가까웠다.

1922년, 한스는 역사적인 제품을 개발했다. 어린이용 젤리인 '춤추는 곰(Dancing Bear)'이 그 주인공이다. 지금 우리가 아는 하리보 젤리 '골드베렌(Goldbären)'의 전신이다.

춤추는 곰은 우연히 탄생했다. 1920년대 초, 전쟁이 끝난 뒤의 독일 사회는 여전히 상처투성이였다. 경제는 불안정했고 물가는 하루가 다르게 뛰어올랐다. 주머니 사정이 가벼운 만큼 사람들의 마음속에는 웃음과 위안을 갈망하는 허기가 있었다. 어느 날, 그는 무사히 배달을 마치고 돌아오는 길에 잠깐 장터에 들렀다가 우연히 한 서커스 공연을 보게 된다. 서커스에서 재주를 넘는 곰이 많은 사람들로부터 박수갈채를 받고 있었다. 그는 동네 아이들이 서커스 공연을 보고 즐거워하는 모습을 보며 그 무대 위에서 덩실덩실 춤을 추는 곰을 기억 속에 새겼다. 서커스의 곰처럼 많은 사람들이 좋아할 만한 무언가를 만들어야겠다고 결심한 그는 연구 끝에 사탕 반죽에 젤라틴을 넣어 부드럽게 씹히는 작은 곰 모양의 젤리를 만들었다. 마치 공연하는 서커스 곰처럼 양손을 앞으로 내밀고 서 있는 금색 곰 젤리였다. 이름하여 '춤추는 곰'. 달콤하면서도 쫄깃

한 식감, 그리고 한입에 쏙 들어가는 크기는 금세 아이들의 마음을 사로잡았다.

지금의 골드베렌보다 좀 더 키가 크고 날씬했던 춤추는 곰 젤리는 제1차세계대전이 끝난 후 지치고 무기력했던 독일인들에게 큰 인기를 얻었다. 하리보의 인기는 독일 전역으로 확장되기 시작했다. 당시 패전 후 인플레이션으로 어려움을 겪던 독일인들에게 춤추는 곰 젤리는 두 봉지에 단돈 1페니라는 저렴한 가격으로 부담을 덜어주었다. 인플레이션으로 돈의 가치가 떨어지는 상황에서도, 몇 푼이면 살 수 있는 '작은 기쁨'은 사람들에게 희망을 안겨줬다.

하리보는 불안한 시대를 잠시나마 잊게 만드는 마법 같은 존재였다. '싸고 기분 좋은 간식'이라는 포지셔닝이 확고히 자리 잡게 되면서 춤추는 곰은 어느새 하리보의 얼굴이 됐다.

◆ 1922년 탄생한 춤추는 곰 젤리

전쟁에도 무너지지 않는 하리보

1923년 사업이 번창한 하리보는 아예 광고 표지를 부착한 배달 차량을 구매해 배송 서비스를 시작했다. 당시 흔하지 않은 자동차 배송 서비스는 광고 효과는 물론 빠르게 배달까지 할 수 있다는 점에서 일거양득의 효과를 가져다주었다. 덕분에 하리보의 인기는 더욱 높아졌다. 동시에 부부 사이엔 3명의 자녀도 태어났다. 1923년 장남 한스 리겔 주니어에 이어 1924년 딸 아니타, 1926년 아들 파울 리겔을 얻었다. 향후 두 아들은 창업자인 아버지를 이어 2세 경영을 성공적으로 이어나가게 된다.

한편 그가 창업을 택했던 1920년대 초기 독일의 전신인 바이마르 공화국은 제1차세계대전의 패전 후유증에 휩싸여 있었다. 승전국에 막대한 전쟁 배상금을 마련하기 위해 지폐를 무한대로 찍어냈고, 그 결과 지폐의 가치가 급격히 하락했다. 곧이어 초인플레이션이 발생했고, 이로 인한 경기 침체는 당시 독일 경제 전체를 마비시켰다.

하지만 하리보는 이런 위기 속에서도 꿋꿋이 버텨냈다. 경제가 불황일수록 제품 품질을 끝까지 지켜내며 아이들을 위해 달콤한 젤리를 지속적으로 생산했다. 원재료를 수급하기 어려워도 대체재를 사용해 품질을 낮추지 않았다. 한스는 당시 "좋은 품질이 고객을 지킨다"며 자신의 창업 철학을 되새겼다. 그는 브랜드 신뢰가 단기 수익보다 중요하다고 판단했기 때문이다.

그 덕에 사업은 나날이 번창했다. 하리보는 1925년엔 감초 뿌리에서 추출한 감초 스틱을 출시했다. 특유의 짭짤하면서도 쌉쌀한 맛은 성인 고객층을 겨냥한 제품이었다. 독일 전통 제과의 하나였던 감초는 당시에도 인기가 높았고, 하리보의 제품은 다시 한번 반향을 일으켰다.

1933년, 하리보는 또 한번 도약했다. 독일 본에 신규 생산 공장을 완공한 것이다. 이는 대량생산 체제로 나아가는 결정적인 전환점이 됐다. 같은 해, 독일에서 아돌프 히틀러가 총리로 임명되며 나치 정권이 공식 출범했다. 이 시기, 하리보는 브랜드 이미지를 강화하기 위해 상징적인 문구를 만들었다.

"Haribo macht Kinder froh - und Erwachsene ebenso!"

(하리보는 아이들을 행복하게 해줍니다. 어른도 마찬가지입니다!)

이 슬로건은 이후 수십 년간 하리보의 정체성을 대표하는 문장으로 자리 잡았다. 1930년대 중반, 하리보는 독일 제과업계의 중견 기업으로 성장했다. 직원 수는 무려 400명에 달했다. 독일 전역에 유통망을 구축했고, 동유럽 일부 국가에 수출하기 시작했다. 이에 하리보는 독일 제과업계의 신흥 강자로 주목받았다.

그러나 1939년, 제2차세계대전이 발발하며 상황은 급변했다. 독일의 폴란드 침공을 시작으로 유럽은 다시 전쟁의 불길에 휩싸였다. 제2차세계대전은 하리보에도 큰 시련을 안겼다. 전쟁 후반에 이르자 설탕과 젤라틴 같은 핵심 원자재는 배급제로 전환됐다. 독일 전역은 폭격으로 폐허가 됐고, 공장을 가동할 수 없는 상태가 됐다.

한스는 전쟁이 끝나기 직전 1945년에 52세의 나이

♦ 하리보의 제품들

로 세상을 떠났다. 이 상황 속에서 엎친 데 덮친 격으로 더 큰 충격이 닥쳤다. 회사를 물려받을 예정이었던 두 아들, 한스 리겔 주니어와 파울 리겔이 소련군에 전쟁 포로로 잡혀간 것이다. 소련은 포로에 대한 억류 기간이 길기로 악명이 높았다. 두 형제는 전쟁이 끝난 후에도 수년간 억류됐고 가족들조차 두 형제의 생사를 확인할 수 없었다.

그 사이 회사는 고사 직전까지 몰렸다. 직원 수는 전쟁 전 400명에서 30명 남짓으로 줄었다. 설탕이 없으니 젤리도 없었다. 전기는 끊겼고 기계는 멈췄다. 하리보는 사실상 문을 닫은 상태였다. 창업자는 없었고 누군가는 회사를 지켜야 했다. 그 역할을 맡은 사람은 멀리 있지 않았다. 바로 창업자 한스 리겔의 아내이자 하리보의 첫 번째 직원이었던 게르트루드 리겔이었다. 그녀는 젤리 포장부터 배달까지 함께했던 진짜 동반자였다. 경영 경험은 없었지만 책임감은 누구보다 강했다. 게르트루드는 영국 점령군 사령부를 직접 찾아가 협조를 요청했다. 그녀는 점령군에게 하리보가 단순한 사탕 제조업체가 아니라 지역 경제와 수많은 가정을 지탱하는 생계의 원천임을 설명했다. 전쟁 중에도 이어진 생산의 의미, 그리고 전후 복구에 기여할 수 있는 가능성을 설득력 있게 풀어내며 설탕과 젤라틴 등 필수 원자재의 배분을 요청했다. 당시 그녀는 "아이들에게 사탕을 줄 수 없다면, 전쟁의 상처는 더 깊어질 것"이라고 말했다고 전해진다.

오랜 설득 끝에, 영국군은 하리보의 요청을 받아들였다. 제한적으로나마 다시 원재료가 공급되기 시작했고, 전력 배분도 일부 허용됐다. 폐업 직전이었던 회사는 간신히 생산을 재개할 수 있었다. 그 순간부터 회사는 다시 숨을 쉬었고, 직원들은 자신들의 일터가 살아있다는 확신을 되찾았다. 게르트루드는 직접 회계 장부를 정리하며 직원들의 급여를 챙겼고, 자전거를 타고 거래처에 찾아가 물자와 유통망을 복구했다. 오랜 단절로 잊혀질 뻔한 브랜드는 그렇게 서서히 시장에 모습을 드러냈다. 그녀는 사실상 전시 총괄 경영자였다.

몇 년 뒤, 기적 같은 일이 일어났다. 억류됐던 두 아들이 전후 포로수용소에서 풀려난 것이다. 복귀할 당시 둘은 아직 20대 초반의 젊은 이들이었다. 그들은 폐허가 된 고향 본으로 돌아왔다. 그리고 눈앞에 생존 중인 하리보를 마주했다. 모든 건 어머니의 고군분투 덕분이었다.

전후 독일은 마셜 플랜과 1948년 통화개혁을 거치며 빠르게 회복했다. 하리보도 회복의 흐름을 탔다. 게르트루드는 이후 경영 일선에서 물러났지만, 하리보라는 브랜드에 남긴 그녀의 발자취는 컸다. 그녀는 위기에 회사를 지킨 인물로서 하리보 내부에서도 오랫동안 존경의 대상이 됐다.

전쟁 속에서 지켜낸 브랜드, 한 사람의 결단

게르트루드가 남편이 남긴 회사를 살리기 위해 적극적으로 나선 이 일화는 '대체 리더십'이 성공을 거둔 사례다. 조직의 핵심 리더가 부재한 상황에서, 예상치 못한 인물이 중심을 잡고 외부 자원과 내부 자원을 활용해 회복의 발판을 만든 것이다. 게르트루드는 점령군이라는 절대적 권한을 가진 외부 세력과 협력했고, 동시에 직원과 지역사회의 신뢰를 기반으로 조직을 유지했다. 브랜드의 존속은 이런 순간에서 결정된다. 위기 시 얼마나 신속하게, 그리고 얼마나 단호하게 움직이는지가 생존과 소멸을 가른다. 하리보가 오늘날에도 세계인의 사랑을 받는 이유는, 전쟁이라는 최악의 환경 속에서도 '브랜드를 지키겠다'는 의지를 보

> 였기 때문이다. 그 시기 게르트루드의 결단은 브랜드에 '어떤 상황에서도 무너지지 않는다'는 DNA를 심은 사건이었다. 전쟁터에서의 용기는 총을 든 병사들만의 것이 아니었다. 설탕 한 포대, 젤라틴 한 상자를 지켜낸 한 사람의 용기도 그에 못지않았다.

한 세기 동안 브랜드가 지켜온 정신

　기적적으로 생환한 두 형제는 먼저 일을 배분했다. 한스 리겔 주니어는 경영을 도맡아 마케팅와 영업을 담당했다. 파울 리겔은 기술과 생산을 담당했다. 형제는 각자의 역할을 나눠 회사를 재건했다. 이때부터 '리겔 형제 체제'가 시작됐다.

　전쟁 후 독일 사회는 물자 부족과 통화 개혁의 혼란에 휘말려 있었지만, 그들은 사람들의 마음을 사로잡는 제품과 슬로건으로 승부를 걸었다. 동생 파울 리겔은 젤리의 질감을 조절하고 새로운 원재료를 실험하면서 품질을 끌어올렸다. 두 사람의 노력은 빠르게 결실을 맺었다. 경영을 시작한 지 불과 5년 만에 직원 수는 다시 1,000명으로 늘어난 것이다. 하리보는 독일 전역의 사탕 기업과 유통망을 인수하면서 시장을 확대했고, 어느덧 중소기업을 넘어 글로벌 기업으로서 더 넓은 세계로 도약할 준비를 끝마친 상태였다.

　1967년, 하리보는 브랜드 역사상 가장 상징적인 제품을 출시했다. 바로 골드베렌이었다. 기존의 춤추는 곰 젤리를 한층 세련되게 다듬어 '골드베렌'이라는 이름으로 새롭게 선보인 것이다. 색상은 더 선명해지고, 모양은 귀엽게 다듬어졌으며, 포장은 황금빛 봉투로 변신했다. 여기에 대량생산 체제가 구축되면서 하리보는 곰 젤리를 전국 곳곳에, 그리고 국경 너머에도 빠르게 퍼뜨릴 수 있었다. 현재까지도 매일 약 2억 개가 생산되는 이 젤리는 전 세계 어린이들의 친구가 되었다.

춤추는 곰과 골드베렌, 하리보가 출시한 곰 젤리에는 트렌드를 읽고 그에 맞는 이야기를 상품에 입히는 전략이 있었다. 경제가 어려울 때는 가격 부담이 적으면서도 웃음을 주는 간식으로, 소비가 활발한 시기에는 시각적 매력과 브랜드 상징성을 강화한 제품으로 변신했다.

하리보는 아이콘 제품을 세대별로 새롭게 재탄생시키며 부모 세대가 사랑한 브랜드를 아이 세대가 또다시 경험하게 만드는 순환 구조를 만들었다. 브랜드 상징물이 세대를 건너 이어질 때, 그 브랜드는 단순한 제품이 아니라 문화적 유산이 된다. 하리보 곰 젤리가 오늘날까지 전 세계에서 사랑받는 이유는 바로 여기에 있다. 시대마다 다른 표정을 지으면서도 달콤함과 즐거움을 전해주는 본질은 그대로이기 때문이다. 하리보 곰 젤리는 시대의 변화를 읽는 감각과, 변화를 두려워하지 않는 혁신의 산물이었다.

이후 하리보는 눈부신 확장을 이어갔다. 100개 이상의 국가에 진출했고, 1,000종이 넘는 젤리를 공급했다. 2018년에는 독일 본에서 가까운 그라프샤프트로 본사를 옮기며 최첨단 생산 시설을 갖춘 신공장을 완공했다. 북미 시장에는 진출 30년 만에 첫 현지 생산공장을 세워 글로벌 경쟁력을 더욱 강화했다.

한스 리겔 주니어는 67년간 하리보를 이끌며 유럽 최장수 경영자 중 한 명으로 이름을 남겼다. 현재 하리보는 그의 조카이자 파울 리겔의 아들인 한스 귀도 리겔이 경영을 맡고 있다. 하리보는 유럽의 가족 경영 기업 중에서도 명품 브랜드에 견줄 수 있는 성공 모델로 평가받는다.

  오직 젤리 하나에 집중한 하리보가 성공할 수 있었던 이유는 단순히 뛰어난 제품 덕분만은 아니었다. 세대를 거쳐 이어진 리겔 가문의 장인정신과 책임 경영, 그리고 위기마다 스스로 나서는 리더십이 진짜 경쟁력이었다. 그들의 성공은 한 집안이 세기가 넘도록 지켜온 정신의 역사를 말하고 있다.

> "Haribo macht Kinder froh – und Erwachsene ebenso."
>
> 하리보는 아이들을 기쁘게 하고, 어른 역시 행복하게 합니다.
>
> – 하리보의 광고 슬로건

오티스
캐리어
포드
켈로그 형제와 포스트
돌
하리보
리바이스
라코스테
버켄스탁
컨버스

3장

패션과 정체성:
옷과 신발에 담긴 창조적 영혼

맥도날드
웬디스
배스킨라빈스
카네기 스틸
JP모건
모건 스탠리
다우존스
스탠리
코스트코
코닥
힐튼
미쉐린

07

대중문화의 패러다임을 바꾼 청바지 리바이스

리바이스 (Levi Strauss & Co.)	
창업자	리바이 스트라우스 (Levi Strauss)
창업연도	1853년
본사	미국 캘리포니아주 샌프란시스코
지점 수	3,400개 매장 운영 (2024년 기준)
직원 수	1만 8,700명 (2024년 기준)
매출	63억 달러 (2024년 기준)

  모처럼 맑게 갠 주말, 따사로운 햇살에 기분은 가볍지만 외출 준비를 하다 보면 옷장 앞에서 한참을 망설이게 된다. 이것저것 꺼내 입고 벗기를 반복하다 보면 어느새 약속 시간이 코앞이다. 고민은 길어지고 결정을 내리지 못한 채 시간만 흐른다. 그럴 때 이상하리만치 자주 손이 가는 옷이 있다. 바로 청바지다. 한 치수 넉넉한 루즈핏이든 몸에 착 감기는 슬림핏이든, 일단 청바지를 입고 나면 왠지 마음이 정돈되어 상의

를 고르는 일도 쉬워진다. 청바지를 기준 삼아 어울리는 셔츠나 티셔츠를 걸치면 어느새 제법 그럴싸한 코디가 완성된다. 그리고 마침내 문밖으로 나설 결심이 선다.

이처럼 청바지는 시대와 세대를 불문하고 누구나 즐겨 입는 패션의 만능 소스다. 가벼운 캐주얼 룩에서부터 디자이너 브랜드의 런웨이 룩까지 그 활용도는 실로 무궁무진하다. 청바지는 일상 속에서 나만의 스타일을 표현할 수 있는 가장 편한 수단이다. 청바지 하면 캘빈클라인, 게스, 디젤, 트루릴리전과 같은 수많은 브랜드가 떠오르지만, 청바지의 대명사로 불릴 만한 브랜드를 하나 꼽으라면 단연코 '리바이스'일 것이다.

지금 우리가 입고 있는 이 청바지를 탄생시킨 사람이 바로 '리바이 스트라우스'다. 여기서 흥미로운 사실은 패션의 아이콘인 청바지가

♦ 리바이 스트라우스

처음엔 미국 서부의 먼지 날리던 광산 앞에서 광부들을 위한 바지로 탄생했다는 점이다. 생존과 인내를 위한 물품에서 창조적이고 감각적인 패션 아이템이 된 청바지를 발명한 그는 누구일까?

골드러시 시대의 중심지로 향한 유대인 이민자

리바이 스트라우스는 1829년 2월 26일, 독일 바이에른 왕국의 부텐하임에서 유대인 가정의 아들로 태어났다. 본래 이름은 뢰브 슈트라우스(Lob Strauß)로, 리바이 스트라우스는 그가 미국으로 건너오며 불리게 된 영어식 이름이다.

그가 태어나기 이전인 18세기 후반, 프랑스 혁명과 계몽주의는 유럽의 사회 질서를 완전히 뒤바꿔 놓았다. 모든 시민이 법 앞에 평등해야 한다는 혁명적 사고가 전파되면서 그간 핍박받던 유대인들에 대한 호의적인 분위기가 조성되기도 했다. 프랑스, 독일 등지에서 '유대인 해방'을 외치거나 유대인에게 시민권을 부여해야 한다는 목소리도 커져갔다. 그러나 이 분위기는 오래가지 못했다. 1815년에 유럽을 휩쓸던 나폴레옹 시대가 막을 내리면서 국가별로 민족주의가 다시 득세했고, 이에 따라 이민족인 유대인의 목소리도 자연스레 줄어들었기 때문이다.

무엇보다 나폴레옹 전쟁 이후 독일 경제는 인플레이션과 대거 실업 사태 등 심각한 침체에 빠졌다. 삶이 팍팍해진 독일계 하층민과 중산층들은 이러한 분노의 칼날을 유대인에게 겨눴다. 유대인을 적으로 간주하고 분노를 표출할 희생양으로 삼은 것이다. 결국 1819년 독일에서 유대인 상점과 가정을 공격하는 '헵헵 폭동'이 발생했고, 이 사건 이후로 유대인 공동체의 삶은 더욱 위축됐다. 헵헵 폭동은 유럽 전역에 퍼진 유대인 혐오의 상징적 사건이었다. 이런 시대적 배경 속에서 유대인이었던 리바이는 16세가 되던 해 아버지까지 여의게 되면서 무력감과 불안으로 가득 찬 유년시절을 보내야 했다. 결국 가족은 생존을 담보로 한 모험을 단행한다. 바로 미국행이었다.

1847년, 18세가 된 그는 어머니와 여동생들과 함께 대서양을 건너 미국으로 향했다. 리바이의 두 형 조나스와 루이스는 이미 뉴욕에서 자리를 잡고 있었다. 그들은 맨하튼에서 집안의 이름을 딴 'J. 스트라우스 브라더 앤드 컴퍼니'라는 잡화상을 운영하며 천막용 천, 담요와 같은 직물을 포함해 재봉 도구, 가정용품, 주전자 등 돈이 될 만한 것이라면

♦ 리바이스 상표의 탄생 (출처: 리바이스 홈페이지)

무엇이든 팔았다. 뉴욕에 도착한 리바이는 물품을 짊어지고 다니며 행상인으로 일하기 시작했고, 이곳에서 장사의 기본을 익혔다. 그는 영어를 배우고 손님의 특성을 파악하면서 신속하게 미국 상업 문화에 적응해 나갔다. 그가 현장에서 배운 장사는 후일 창업에 큰 힘이 됐다.

이후 함께 미국으로 건너온 여동생 패니는 데이비드 스턴과 결혼하면서 미주리주에 위치한 세인트루이스에 정착했다. 리바이는 그곳과 멀지 않은 켄터키주 루이빌로 건너가 직물과 잡화를 떼다 팔았다. 그는 잡화 유통망을 넓히며 경험을 쌓아갔고, 마침내 1853년 자신의 이름을 내건 회사 '리바이 스트라우스 앤드 컴퍼니'를 세운다. 당시만 해도 리바이의 가게는 옷감, 지갑, 손수건, 빗 등 다양한 잡화를 판매하는 도매상에 불과했다. 그때의 그는 잘 몰랐다. 자신의 인생을 바꿀 기회가 다가오고 있다는 사실을.

주문 실수에서 탄생한 세계 최초의 청바지

그 무렵 미국 서부에서는 격동의 변화가 일어나고 있었다. 1848년 1월의 아침, 미국인 목수 제임스 윌슨 마셜은 캘리포니아에서 처음으로 금을 발견한다. 이 소식은 미국 전역에 퍼져나갔고, 수많은 미국인들은 금을 캐기 위해 캘리포니아로 향했다. 이른바 '캘리포니아 골드러시'가 시작되는 순간이었다. 이듬해인 1849년 본격적으로 서부 대이동에 나선 이들은 '포티나이너스(49ers)'라고 불렸다. 이는 골드러시의 해인 1849년에 금을 찾아 캘리포니아로 이주한 개척자들을 지칭하는 별칭이었다. 캘리포니아주 샌프란시스코를 연고로 하는 미국 프로풋볼(NFL) 역시 같은 이유로 팀명이 '샌프란시스코 49ers'가 됐다. 샌프란시스코가 금광을 찾아온 이주민들의 주요 집결지였기 때문이다. 골드러시는 단순한 자원 쟁탈을 넘어 새로운 도시와 산업의 탄생, 미국인들의 도전 정신과 신화를 상징하는 계기가 됐다.

리바이도 이 기회를 놓치지 않았다. 그는 1854년 3월, 증기선을 타고 파나마를 거쳐 샌프란시스코에 도착한다. 그는 동부 끝 뉴욕에 사는 형들로부터 각종 물품을 공급받아 서부의 급성장 중인 시장에 팔기 시작했다. 처남 데이비드 스턴과 함께 샌프란시스코에 연 가게는 당시 서부 개척민들에게 꼭 필요한 천막, 침낭 등 다양한 용품을 다뤘다. 당시 캘리포니아 곳곳에서 금광이 발견됐다는 소식이 퍼졌고, 소식을 들은 채굴꾼들은 금광으로 달려갔다. 금광 앞에 간이용 천막이나 텐트를 치고 잠깐 휴식을 취하거나 잠을 청하는 채굴꾼들이 많아지면서 자연스럽게 천막 텐트 수요가 크게 늘었다. 이에 따라 리바이의 가게에서도 튼튼한 천막 천 소재인 '캔버스'가 불티나게 팔리기 시작했다. 리바이는 아예 천막을 직접 손질해 텐트를 만들어 팔기도 했다. 샌프란시스코는 골드러시를 계기로 급속히 성장하고 있었고, 각국에서 모인 이민자들과 사업가, 투기꾼들이 뒤섞여 '기회의 도시'로 변모하는 중이었다. 리바이의 사업도 이 기세를 타고 번창했다.

직원의 실수가 낳은 위대한 발명품

장사가 번성하며 주문량이 급증하는 바람에 실수도 발생했다. 어느 날 한 직원이 초록색 천을 주문한 손님의 말을 잘못 알아듣고 파란색 천을 대량으로 주문하고 만 것이다. 손님은 당연히 이를 사지 않았다. 재고로 쌓여버린 파란 천은 한쪽 구석에 방치된 채 새로운 주인을 기다리는 처지가 됐다. 그러던 중, 가게 근처 호프에서 맥주를 마시던 리바이는 우연히 다른 손님의 대화를 엿듣게 된다. 광부였던 한 손님은 매일 험하고 거친 채굴 작업을 하다 보니 작업복이 너무 쉽게 닳아서 고민이라며 푸념을 늘어놓고 있었다. 리바이는 그 이야기를 놓치지 않았다. 며칠 만에 바지가 해지고 찢어진다는 하소연은 그에게 번뜩이는 아이디어를 가져다 주었다. 바로 먼지만 쌓여가는 파란 캔버스 천으로 튼튼한 바지를 만들어보자는 생각이었다. '블루진'이라고 불리는 청바지가 탄생하는 순간이었다. 천막용 소재인 캔버스로 만들어진 청색 작업복은 그 어떤 작업복보다 튼튼했고 내구성이 뛰어났다. 리바이는 캔버스보다 부드러우면서도 더 질긴 소재인 '데님'으로 청바지를 제작했고 바지의 실루엣 또한 인체에 맞게 개선하기 시작했다.

실수를 기회로 만드는 능력

한 직원의 실수로 쌓인 파란 캔버스 천과 호프에서 우연히 엿들은 광부의 푸념 한마디. 전혀 연결고리가 없어 보이는 두 사건을 연결시킨 것은 리바이의 사업 감각이었다. 그렇게 '블루진'이 탄생했다. 이 장면에서 리바이는 상품을 단지 '팔 대상'이 아니라 '해결해야 할 문제의 소재'로 바라봤다. 실수와 우연, 니즈와 통찰이 만나 새로운 스토리가 탄생했다.

> 리바이스는 이 일화를 브랜드 커뮤니케이션 전반에서 적극 활용했다. 매장 인테리어, 박물관형 전시관, 브랜드 광고 모두가 이를 재해석한 콘텐츠다. 스토리가 없는 브랜드는 기억되지 않는다. 하지만 문제 해결의 드라마가 있는 브랜드는 공유되고 전파된다. 이것이 리바이스가 지금까지 살아남은 이유다.

구리 리벳과 모델 넘버 501

사실 리바이스 전에도 청바지는 존재했다는 기록이 있다. 하지만 현대식 청바지의 기원을 리바이스로 꼽는 데는 이유가 있다. 바로 '리벳' 때문이다. 구리로 만든 자그마한 금속 덩어리인 리벳은 기존의 청색 바지와 리바이스의 청바지를 구별 짓는 결정적인 차별점이다. 리벳은 리바이의 가게 단골손님 이자 재봉사였던 제이콥 데이비스가 고안한 아이디어였다. 자주 사용하는 바지 주머니가 쉽게 찢어지자 이를 방지하기 위해 주머니 양쪽 끝에다 작은 금속 덩어리를 부착하는 것이었다.

하지만 이를 특허화하거나 제품화하기엔 제이콥의 자금이 부족했다. 그는 리바이에게 편지를 보내 협업을 제안했고 리바이는 흔쾌히 이를 받아들여 특허를 내기로 결정했다. 그렇게 1873년 5월 20일 미국 특허청은 두 사람에게 '리벳이 부착된 바지'에 대한 특허를 부여했다.

완성된 리벳은 청바지를 '다른 바지들과 구분 지을 수 있는 장치', 즉 카테고리 창출의 핵심 요소였다. 브랜딩에서 가장 강력한 전략은 경쟁을 피하고 새로운 카테고리를 만드는 것이다. 리바이스는 그 점을 정확히 짚어냈다. '리벳이 있는 작업복'이라는 새 영역을 선점하며 '청바지 = 리바이스'라는 공식을 시장에 새긴 것이다. 이는 상징적 차별화의 성공 사례로 꼽힌다.

　가장 튼튼한 소재로 만들고 리벳을 부착한 리바이스 청바지는 오래 입을 수 있었고 주머니는 쉽게 찢어지지 않았다. 광부들과 노동자들은 리바이스 청바지의 실용성과 내구성에 열광했다. 초창기 리바이스 청바지는 멜빵바지 형태의 '오버롤'로 제작되었는데, 이는 험한 채굴 작업에 최적화된 작업복이었다. 그러면서도 가격은 한 벌에 단돈 1달러에 불과했다. 이후 1890년대에 출시된 501 모델은 대중적인 청바지로 인기를 끌며 리바이스의 대표 모델로 자리매김했다.

♦ 리바이스 리벳 (출처: 리바이스 홈페이지)

이 모델 넘버는 사실 단순한 재고 번호다. 그러나 지금은 세계에서 가장 상징적인 숫자 중 하나로 자리 잡았다. 브랜드 네이밍에서 숫자를 활용한 전략은 적지 않지만, 리바이스처럼 숫자를 문화로 만든 사례는 드물다. 리바이스는 이 숫자에 스토리를 덧입히고, 영화·뮤직비디오·예술에 등장시키며 의미를 부여했기 때문이다. 그렇게 501은 라이프스타일의 상징, 세대의 기호, 그리고 정체성 코드가 됐다.

미국 노동자의 옷에서 전 세계 젊음의 상징으로

초기 리바이스 청바지는 미국 서부 지역 노동자들의 옷이라는 이미지가 강했기 때문에 미국 동부 상류층 사회에서는 리바이스 청바지를 거칠고 투박한 '서부인의 옷'으로 인식하는 사람이 많았다. 그러나 전쟁 후 1950년대를 거치며 청바지는 일종의 '문화적 코드'로 자리 잡기 시작했다. 특히 말론 브란도, 제임스 딘과 같은 당대 할리우드 배우들이 청바지를 입고 영화에 출연하면서 청바지는 젊음과 반항, 자유의 상징이 됐다. 소비자는 정체성을 드러내는 하나의 수단으로 청바지를 선택한다. 리바이스는 청바지의 정체성을 가장 먼저 정의한 프런티어 브랜드로, 그 어떤 경쟁자도 갖지 못한 상징성을 선점했다.

> ### 버즈 마케팅의 원조
>
> 제2차세계대전은 리바이스를 미국을 넘어 세계적 브랜드로 도약시킨 계기였다. 파병된 미군들이 챙긴 리바이스는 전쟁터와 휴양지를 넘나들며 '미국식 자유를 담은 청바지'로 세계 곳곳에 퍼졌다. 이는 리바이스가 전 세계에 뿌리내린 계기가 됐다.
>
> 이는 오늘날 '버즈 마케팅'의 원형이다. 광고보다 강한 건 실제 사용자의 경험이고, 그것이 곧 콘텐츠가 된다. 오늘날 인플루언서 마케팅이 있다면, 당시의 미군은 리바이스의 원조 인플루언서였던 셈이다.
>
> 또한, 리바이스는 고객의 니즈를 즉각적으로 반영했다. 브랜드를 설립했을 땐 '튼튼한 바지'를 만드는 데 집중했지만, 이후 개성 강한 소비자층을 공략하여 외연을 크게 넓혔다. 리바이스의 소비층이 개척자와 광부에서 환경 의식을 가진 사람들과 반항하는 청춘들로 확장될 수 있었던 이유는 리바이스가 시대에 따라 '소비자 페르소나'를 바꿀 줄 아는 감각이 있었기 때문이다. 소비자가 브랜드를 새롭게 해석할 때, 리바이스는 이를 수용하고 증폭시켰다. 이는 정체성과 유연성 사이에서 어떻게 균형감 있게 줄타기를 해야 하는지를 보여준다. 결국 좋은 브랜드는 그 정체성을 변화하고 가꿔나갈 줄 안다.

1902년, 리바이 스트라우스는 평생 독신으로 살다 73세의 나이로 샌프란시스코 자택에서 생을 마감했다. 그가 남긴 유산은 약 3,000만 달러로, 현재 가치로 환산하면 약 1억 5,000만 달러에 이른다. 리바이는 기업가이자 자선가로서도 존경을 받았다. 리바이는 리바이 스트라우스 재단을 통해 캘리포니아 각지의 학교와 장학사업을 지원하기도 했다. 그가 세상을 떠난 후, 회사를 물려받은 조카 제이컵 스턴은 전문경영인 체제를 도입해 170년 넘는 전통을 이어가고 있다.

리바이의 청바지는 금을 좇는 개척민들의 거칠고도 강인한 삶을 담은 상징이며, 한 유대인 이민자가 편견과 차별의 벽을 딛고 일궈낸 도전의 유산이다. 오늘날 리바이스는 패션을 넘어 시대정신과 대중문화의 아이콘으로서 남아있다. 우리가 입는 청바지 속에는, 리바이 스트라우스의 이야기와 19세기 미국의 서사가 고스란히 스며있다. 창업자 리바이 스트라우스가 남긴 정신은 21세기에도 여전히 살아 숨 쉬며 한 벌의 바지가 어떻게 세상을 바꿀 수 있는지를 증명해 내고 있다.

"Quality never goes out of style."
품질은 절대 유행을 타지 않는다

― 리바이 스트라우스

08

테니스의 전통을 무너뜨린 우아한 반항가 라코스테

라코스테 (Lacoste S.A.)	
창업자	장 르네 라코스테 (Jean René Lacoste)
창업연도	1933년
본사	프랑스 그랑테스트지방 오브주 트루아
지점 수	약 1,100개 매장 운영 (2024년 기준, 전 세계)
직원 수	약 8,500명 (2024년 기준)
매출	약 30억 유로 (2024년 기준)

한 선수가 서브 라인 앞에 섰다. 경기장은 긴장감으로 가득 찼고 관중들은 숨을 죽이고 집중한다. 땀이 손바닥을 타고 라켓 그립에 흘러내린다. 라켓과 땅에 부딪히는 공의 소리는 긴장감을 더욱 배가한다. 화려한 기술보다 치밀한 전략과 끈질긴 집념, 그리고 노력으로 이름난 그 선수의 별명은 '악어(Le Crocodile)'. 테니스 선수로서 최정상에 올랐던 그는 스포츠스타에 그치지 않고 코트 위의 도전 정신을 확장해 새로운 브

랜드를 탄생시킨다. 한 시대를 풍미한 테니스 선수의 철학이 담긴 초록색 악어, 라코스테에는 경쟁과 열정, 우아함과 실용성, 그리고 변화를 두려워하지 않는 정신이 담겨있다. 테니스 영웅에서 브랜드의 창업자로 이름을 남긴 '장 르네 라코스테'는 어떻게 전설이 됐을까?

파리의 소년, 테니스와 첫 만남

1904년 7월 2일, 프랑스 파리의 부유한 가정에서 태어난 장 르네 라코스테는 어린 시절부터 남다른 호기심과 도전 정신을 지니고 있었다. 아버지 장 질 라코스테는 프랑스의 유명한 발명가이자 사업가였다. 장의 가족은 교육을 중시했고 스포츠를 사랑했기 때문에 그는 어린 시절부

♦ 장 르네 라코스테 (출처: 라코스테 홈페이지)

터 펜싱, 조정, 럭비 등 다양한 스포츠를 접할 수 있는 환경에서 자랐다. 그리고 15세가 되던 해, 아버지와 함께 떠난 영국 여행에서 테니스를 처음 접하게 된다. 그리고 이 만남은 그의 인생을 송두리째 바꿔놓았다.

    현대 테니스는 19세기 후반 영국 런던에서 본격화했다. 세계 최초의 테니스 대회 역시 1877년 영국 런던에서 열린 윔블던 챔피언십이다. 물론 구체적으로 테니스의 기원을 파고들면 12세기 프랑스 수도원에서 손으로 공을 주고받는 '쥬드폼(Jeu de Paume)'이란 게임으로 거슬러 올라간다. 이 쥬드폼은 귀족과 성직자 사이에서 인기를 얻으며 라켓을 이용하는 형태로 발전했고, 이후 영국에서 경기장의 규격, 규칙 등 기본적인 틀을 갖추며 점차 오늘날 테니스의 형식이 되었다.

    장이 10대였던 시절, 당시에도 테니스는 주로 프랑스 상류층이 즐기는 스포츠였다. 테니스가 엄격한 예절과 복장 규정을 두는 이유 역시 귀족 스포츠라는 점에서 기인한다. 장은 처음 라켓을 잡았을 때부터 이 스포츠에 매료됐고, 곧바로 열정적으로 연습에 몰두했다. 아버지는 아들의 열정을 존중해 최고 수준의 코치와 장비를 물심양면으로 지원했다. 이러한 지원에 힘 입어 라코스테는 하루도 빠짐없이 연습에 매진할 수 있었다.

패배를 딛고, 세계 정상에 오르다

    테니스를 시작한 지 불과 1년 만인 1922년, 장은 프랑스 주니어 챔피언십에서 두각을 드러내며 윔블던 챔피언십에 출전하게 된다. 하지만 세계의 벽은 높았고 그는 1라운드에서 탈락의 고배를 마신다. 이 좌절은 오히려 그에게 불굴의 집념을 심어주었다. 그는 '패배는 나를 더 강하게 만든다'는 신념으로 더욱 혹독한 훈련을 이어갔다.

다음 해인 1923년, 그는 윔블던 4라운드에 진출하며 프랑스 테니스계의 신성으로 떠오른다. 아쉽게도 세실 캠벨이란 선수에게 패하며 우승하진 못했지만, 전 세계의 테니스계는 그를 주목하기 시작했다. 1924년에는 파리에서 열린 제8회 하계 올림픽에 프랑스 대표로 출전하여 복식 동메달을 차지하기도 했다.

이듬해 1925년, 마침내 우승의 기회가 찾아온다. 장은 자국인 프랑스에서 열린 프랑스오픈 단식 대회에서 첫 우승을 차지하며 전성기를 맞았다. 같은 해 윔블던 대회에서도 우승한 그는 프랑스인 최초로 메이저 대회 두 곳을 동시에 제패한 선수가 되었고, 결국 1926년 세계 랭킹 1위에 올랐다. 1926년부터는 2년 연속 US오픈 테니스 대회에서 우승하면서 1920년대를 대표하는 테니스 스타로 군림했다. 특히 1927년 국가대항전이었던 데이비스컵 대회에서는 프랑스 대표팀의 주축으로 활약해 미국을 꺾고 프랑스팀에 첫 우승을 안겨주기도 했다. 실제 그는 은퇴할 때까지 총 일곱 개의 메이저 대회 타이틀을 따내며 화려한 전성기를 보냈다.

실력이 뛰어났던 장은 코트 위의 혁신가로 불렸다. 당시 테니스는 주로 베이스라인에서 긴 랠리를 주고받는 지루하고 반복적인 게임이었다. 하지만 그는 공격적인 서브와 발리, 로빙, 드롭샷 등 현대 테니스의 핵심 기술을 체계적으로 발전시켰다. 특히 그의 분석력은 전설로 남아있는데, 경기 전 상대 선수의 습관, 서브 방향, 포핸드와 백핸드의 강약 등 모든 데이터를 꼼꼼히 기록해 전략을 세운 것으로 유명했다. 다만 그의 화려했던 전성기에 비해 선수로서의 활동 기간은 짧았다. 호흡기 질환 등으로 건강이 악화된 탓에 1929년 프랑스 오픈 테니스 대회 우승을 끝으로 25세의 젊은 나이에 은퇴를 선언했다.

집념의 악어가 보인 우아한 반항

장의 별명 '악어'는 그의 경기 스타일과 집념에서 비롯했다. 1923년 장은 미국에서 열린 데이비스컵 대회에 참가하기 위해 보스턴을 방문한다. 호주와의 시합을 나흘 정도 앞둔 그는 가볍게 몸을 풀기 위해 산책을 하던 중 한 가게 앞에 멈춰 선다. 악어가죽으로 만들어진 커다란 여행가방이 한눈에 들어왔기 때문이다. 그는 프랑스팀 주장과 내기를 한다. 만약 호주와의 경기에서 라코스테가 승리한다면 저 가방을 사달라는 것이었다. 이후 열린 경기에서 끝까지 상대방을 집요하게 물고 늘어졌다. 끝내 패배하여 가방을 받지는 못했지만, 최선을 다한 장의 모습을 본 미국 현지 언론은 포기하지 않고 끝까지 경기에 임한 모습에 찬사를 아끼지 않았다. 그리고 악어가죽 가방 내기 에피소드를 들은 기자들은 그를 '악어'라고 불렀다. 한번 물면 놓지 않는 끈질긴 경기 스타일이 꼭 악어 같았던 탓이다.

그러던 1927년, 장의 절친이자 디자이너인 로버트 조지는 그를 떠올리며 한 마리의 악어 그림을 스케치해 선물했다. 그 악어는 장의 마음을 사로잡았다. 그는 아예 그 악어 그림에 '크록'이라는 이름을 지어주고 애정을 표했다.

　1928년 프랑스 오픈 테니스 대회 결승전이 있던 날, 스포츠스타장 르네 라코스테는 관중들과 경기 관계자들을 깜짝 놀래켰다. 테니스 복장의 불문율이었던 긴소매 셔츠를 입는 대신 반소매 카라 셔츠를 입고 나타났기 때문이다. 초창기 테니스 선수들은 예의와 격식을 중시했던 테니스 문화로 인해 흰색 긴소매 카라 셔츠를 입고 경기에 나섰다. 이는 쉴 틈 없이 달리고 움직여야 하는 선수들에게 여간 불편한 일이 아니었다. 이에 혁신가 장은 고정관념을 깨고 과감하게 반소매 카라 셔츠를 입은

♦ 라코스테 재킷을 입은 르네 라코스테 (출처: 라코스테 홈페이지)

것이다. 실력으로 정상에 오른 장이었기에 가능했던 시도였다. 이는 라코스테를 대표하는 옷이 탄생한 순간이다.

장이 테니스 스타를 넘어 브랜드 창업자가 될 수 있었던 결정적인 전환점이 바로 이 시점이다. 긴소매 셔츠만 허용되던 엄격한 테니스 복장 규정에 반기를 들고 반소매 셔츠를 입은 채 경기장에 등장한 사건은 파격 그 자체였다. 귀족 스포츠의 규범에 정면으로 도전한 셈이었기 때문이다. 특히 이 충격적인 사건은 오히려 그의 정체성을 규정하는 계기가 되었다. '우아한 반항', 그것이 장이 세상에 던진 메시지였다.

로고로 집념의 철학을 말하다

라코스테가 브랜드로서 첫걸음을 내디딘 순간, 가장 먼저 시선을 사로잡은 것은 다름 아닌 로고였다. 그것도 단순한 그래픽이 아닌 '실존 인물의 서사'가 담긴 로고였다. 한번 물면 놓지 않는 경기 스타일에서 비롯된 별명인 '악어'를 장이 블레이저에 수놓아 입고 등장한 것이 그 시작이었다. 스포츠 역사상 최초로 로고를 새긴 경기복을 입은 선수, 르네 라코스테. 그의 악어는 더 이상 별명이 아니라 철학의 상징이자 브랜드의 얼굴이다.

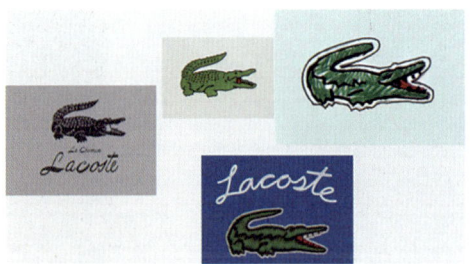

♦ 초창기 라코스테의 로고 (출처: 라코스테 홈페이지)

> 종종 업계 종사자들은 '브랜드 로고는 무엇을 상징해야 하는가'라는 질문에 직면한다. 장은 그 질문에 이렇게 답한다. "로고는 철학의 압축이다." 라코스테의 상징인 초록색 악어는 철저한 분석과 불굴의 전략, 끈질긴 승부욕을 무기로 승리했던 한 테니스 스타의 철학 그 자체였다. 브랜드가 소비자와 정서적으로 연결될 수 있는 이유는 바로 이런 상징이 있기 때문이다. 라코스테는 집념과 품격, 혁신과 우아함이 공존하는 삶의 방식을 제안하는 브랜드였고, 이런 철학은 수십 년이 지난 오늘날에도 여전히 세계인의 옷깃 위에서 살아 숨 쉬고 있다.

라코스테 브랜드의 탄생

이른 은퇴 후, 장은 여전히 테니스계와 깊은 인연을 이어갔다. 1932년에는 프랑스 테니스 연맹의 부회장으로 선임되어 프랑스 테니스의 발전에 기여했다. 또한, 자신의 경험을 바탕으로 테니스 장비와 복장에 혁신을 시도했다. 그는 메탈 프레임 라켓, 자동 공 공급기(로빙 머신), 새로운 그립 방식 등 30여 개의 특허를 획득하는 등 발명가로서의 면모를 드러냈다. 그의 메탈 라켓은 1960, 70년대 테니스계에 큰 혁신을 가져왔고, 이후 지미 코너스, 빌리 진 킹 등 세계적인 선수들이 애용하는 라켓이 됐다.

1933년, 장은 프랑스 최대 니트웨어 기업가 앙드레 질리에와 손을 잡고 자신의 이름을 딴 브랜드 '라코스테'를 설립했다. 선수 시절 파격적인 반소매 셔츠를 선보였던 그는 테니스복 규범에 대한 반항을 일회적인 일탈로 끝내지 않고, '쁘띠 피케(petit pique)' 소재를 개발해 스포츠웨어의 실용성과 격식을 모두 만족시키는 제품을 완성했다. '피케티'라는 말도 이 소재에서 따온 것이다. 이 셔츠는 카라가 있어 격식을 중시하는 테니스 문화에 어울리면서도 통기성과 활동성이 뛰어나 스포츠 경기에서 쾌적함을 제공했다. 이때부터 라코스테는 운동성과 기품이 공존하는 새로운 복장 문화를 만드는 브랜드가 됐다.

　라코스테의 첫 번째 반소매 셔츠의 모델 이름은 'L.12.12'였는데, L은 라코스테, 1은 피케 소재, 2는 반소매, 12는 열두 번째 시제품을 의미했다. 특허받은 3가지 신기술이 적용된 라코스테의 옷은 곧바로 프랑스 상류층과 스포츠계에서 큰 인기를 끌었고 곧 전 세계적인 유행으로 이어졌다.

　1951년 라코스테는 세계 최초로 컬러 카라 셔츠를 출시해 흰색이 전부였던 테니스 복장에 혁명을 일으켰다. 이듬해인 1952년에는 미국 시장에 진출하며 글로벌 브랜드로 성장했다. 1963년, 장의 아들 베르나르 라코스테가 경영을 이어받았다. 베르나르는 브랜드의 세계화에 박차를 가해 1970년대에는 연간 30만 장의 폴로셔츠를 110개국에 수출했다. 1980년대에는 스포츠웨어, 신발, 향수, 액세서리 등으로 라인업을 확장하며 라이프스타일 브랜드로 거듭났다.

　테니스의 전설이자, 혁신가, 발명가, 그리고 패션 기업가였던 장 르네 라코스테는 1996년 92세의 나이로 세상을 떠났다. 그는 스포츠와 패션의 경계를 허문 혁신과 도전 정신의 아이콘으로 남았다. 오늘날까지도 라코스테의 악어 로고는 전 세계적으로 연간 1억 개 이상의 제품에 새겨지고 있다.

성공할 수밖에 없는 삶의 철학

생전에 장은 무엇보다도 브랜드 품질을 최우선으로 삼았다. 그는 '내 이름이 새겨진 제품은 반드시 최고여야 한다'는 철학을 고수했다. 브랜드 이름이 곧 품질의 보증이 되기 위한 집요한 노력, 그것이 라코스테가 지켜온 본질이었다. 간결한 로고, 절제된 이미지, 고급스러운 색감, 품질 중심의 제품 철학. 브랜드가 대중과 진심으로 연결되기 위해선 단지 유명세만 좇기보단 먼저 자사 제품의 존재 이유를 말할 수 있어야 한다. 그리고 그것이 로고가 되었든, 셔츠 한 벌이 되었든, 브랜드는 철학을 담을 '그릇'을 반드시 가져야 한다. 라코스테의 악어는 그 철학의 가장 정교하게 형상화할 수 있는 수단이었다.

라코스테 브랜드의 또 다른 마케팅 자산은 창업자 장 르네 라코스테 그 자체였다. 그는 세계적인 운동선수였을 뿐만 아니라, 발명가이자 전략가였다. 경기 중 상대 선수의 습관과 약점을 수천 권의 노트에 기록하고 분석하던 습관은 나중에 그를 메탈 라켓, 로빙 머신, 자동 공급기 등 30여 개 특허를 보유한 스포츠 과학자로 만들었다. 그가 선수 시절 경기에 승리하기 위해 상대방을 분석해 작성한 기록 노트는 무려 1,928권에 달한다. 그는 "승리는 우연이 아니라 준비된 자의 몫"이라고 강조했다.

이 지적이고 실용적인 이미지야말로 라코스테가 스포츠 브랜드를 넘어 '생각하는 스포츠 브랜드', 즉 지성과 스타일을 겸비한 브랜드로 자리매김할 수 있었던 결정적인 이유다. 라코스테의 슬로건 'Life is a beautiful sport'은 스포츠 정신일 뿐만 아니라 삶 전체를 품격 있게 살아가는 라코스테의 태도를 뜻한다.

"Without elegance, playing & winning are not enough."
우아함 없는 게임과 승리는 충분하지 않다.

- 장 르네 라코스테

BIRKENSTOCK

09

단순함으로 움직임의 철학을 전파하는 버켄스탁

버켄스탁 (Birkenstock Holding plc)	
창업자	요한 아담 버켄스탁 (Johann Adam Birkenstock)
창업연도	1774년
본사	독일 라인란트팔츠주 노이슈타트안데어바인슈트라세
지점 수	약 6,000개 유통 채널 운영 (전 세계 100여 개국 이상 판매)
직원 수	약 6,200명 (2024년 기준)
매출	약 18억 유로 (2024년 기준)

  2023년 개봉한 영화 〈바비〉에서 주인공 바비는 인생을 건 선택의 순간을 마주한다. 그녀 앞에는 두 켤레의 신발, 하이힐과 샌들이 놓여 있다. 하이힐은 반짝이는 바비랜드를 상징하는 신발로, 여성의 권력과 아름다움을 뜻하지만 동시에 평생 불편하게 까치발로 살아야 하는 '새장 속 삶'을 은유한다. 반면 샌들은 현실 세계를 상징하며 겉보기엔 소박해 보이지만 그 안에는 진정한 자유와 편안함이 담겨있다. 바비가 어떤 선

택을 하는지는 영화 말미에 나온다. 그리고 이 장면에서 현실의 편안함과 자유로움을 상징하는 신발로 등장한 것이 바로 분홍색 버켄스탁 샌들이다. 영화 개봉 후 이 샌들은 관객들의 관심을 모으며 뜨거운 인기를 끌었다.

독일을 대표하는 브랜드인 버켄스탁은 무려 250년이 넘는 역사를 자랑한다. 어떻게 이 오래된 브랜드는 수백 년간 사랑받으면서 '편안함의 아이콘'이 될 수 있었을까. 버켄스탁의 이야기는 신발에 대한 설명보다도 삶에 대한 태도와 철학을 말하는 여정이다.

버켄스탁 하면 특유의 코르크 재질 밑창이 가장 먼저 떠오른다. 버켄스탁의 샌들을 신어본 사람이라면 누구나 발 모양대로 시커멓게 변한 바닥을 보며 부끄러웠던 적이 있었을 것이다. 버켄스탁은 2000년대 초반 당시 톱배우 귀네스 팰트로등 여러 스타들이 착용하면서 크게 유행한 바 있다. 이후 할리우드 배우를 비롯해 여러 셀럽들이 사랑하는 아이템이 됐다.

또, 버켄스탁은 혁신의 아이콘 스티브 잡스가 사랑한 샌들로도 유명하다. 실제 잡스는 애플 창업 초창기부터 버켄스탁을 자주 신었다. 잡스가 애플을 설립해 활동했던 1970~1980년대 착용했던 버켄스탁 샌들은 2022년 21만 9,750달러, 한화 약 3억 원에 낙찰되기도 했다. 검은색 터틀넥 스웨터로 익숙한 그의 패션에는 버켄스탁 샌들도 함께 포함돼 있었던 것이다. 이처럼 200년이 넘는 역사를 자랑하는 버켄스탁은 대중적으로도 가장 유명한 샌들 브랜드이기도 하다.

타고난 발명가, 구두 장인이 완성한 인체공학적 깔창

버켄스탁의 시작은 1774년 구두 장인 요한 아담 버켄스탁으로 거슬러 올라간다. 그는 가족의 생계를 유지하기 위해 이른 나이에 구두를 수선하고 제작하는 일을 시작했다. 그는 필요한 가죽을 구해 구두 골에 맞춰 재단하고 안창을 붙이며 두 손으로 직접 구두를 완성해 나갔다. 당시만 해도 구두 한 켤레를 만드는 게 쉬운 일이 아니었기 때문에 한번 만든 신발은 수년간 수선하고 고쳐가며 신었다. 어떤 집은 한번 산 신발을 대대손손 물려주며 신기도 했다. 유구한 역사를 가진 기업이 그러하듯, 제화공으로 시작한 그의 삶은 아들에게, 그리고 손자에게로 이어졌다. 그 결과, 창업자의 증손자이자 지금의 버켄스탁 왕국을 완성한 주인공 '콘래드 버켄스탁'이 등장한다.

4세대 경영자였던 콘래드는 1873년 6월 4일 독일 프랑크푸르트 암마인 북서쪽의 작은 마을에서 태어났다. 그때까지만 해도 버켄스탁 가문은 지역에서 조그마한 제화점을 운영하고 있었다. 콘래드는 그 안에서 자신의 역량을 한껏 뽐내며 사업가이자 발명가로서 전 세계에 이름을 알릴 기반을 닦는다.

콘래드가 가업을 이어갈 무렵, 유럽은 산업혁명의 물결 속에서 증기기관차, 철도, 전기의 보급으로 삶의 양식이 완전히 뒤바뀌고 있었다. 중산층이 늘어났고 상거래 시스템도 발전했으며 재화의 성격도 달라졌다. 컨베이어 벨트로 대표되는 대량생산 시스템이 신발에도 적용되면서 수제 구두를 만들던 구두 장인들의 일자리는 사라질 운명에 처했다. 콘래드의 가업도 마찬가지였다. 하지만 콘래드에게 신발은 숙명이었다.

할아버지와 아버지가 그랬듯, 그 역시 가업으로 이어온 제화공으로서의 삶을 고스란히 받아들였다. 그러나 다른 점이 있다면, 그는 뛰어난 사업가이면서 발명가였다는 점이다.

    콘래드는 100여 년간 가문이 거주했던 랑겐-베르그하임을 떠나 가까운 대도시 프랑크푸르트로 옮겨갔다. 그는 이곳에서 신발 개혁이라 불리는 사회운동에 동참해 '신발골'을 설계하는 데 앞장섰다. 신발골은 완성된 신발의 크기와 모양을 잡아주는 틀이다. 당시 인체공학적인 신발골을 만들기 위해 해부학 지식이 총동원됐고, 놀랍게도 20세기 초입에서야 신발의 왼쪽과 오른쪽이 완전히 구분되기 시작했다. 이는 신발 대량생산의 신호탄이었지만 구두 장인의 후계자인 콘래드의 위기이

♦ 콘래드 버켄스탁 (출처: 버켄스탁 홈페이지)

기도 했다.

　　물질문명과 도시화가 급속도로 퍼져가던 20세기 초 아이러니하게도 유럽 곳곳에서는 이에 대한 반발심으로 '자연으로 돌아가자'는 목소리가 커져가고 있었다. 인간 본연의 리듬과 자연의 흐름에 조화를 이루려는 이 새로운 감수성은 '신발'이라는 일상적인 도구에도 영향을 미쳤다. 위기의 중심에 있던 콘래드 역시 이러한 흐름을 놓치지 않았다. 그는 신발이 단순히 껍질처럼 발을 덮는 게 아니라 걷는 행위 자체를 더 자유롭고 건강하게 만들어야 한다고 믿었다.

　　특히 그는 발의 자연스러운 움직임, 즉 체중이 발뒤꿈치에서 발끝으로 부드럽게 전이되는 '롤링(rolling)' 과정에 주목했다. 기존 신발은 이를 제한하거나 차단했고 인솔(깔창) 역시 예외가 아니었다. 당시 휘거나 손상된 발을 치료하는 방법으로 금속 인솔이 이용되었는데, 다친 발을 차가운 금속 깔창에 올려 움직이지 못하도록 고정하는 것이었다. 사람마다 발 모양은 제각기였기 때문에 금속 틀 위에 발을 고정시키는 일은 무척이나 고생스러웠다.

　　콘래드는 그런 기존 방법에 반기를 들었다. 그는 인솔이 단순히 수정과 고정의 도구가 아닌 예방과 편안함을 확보할 수 있는 보조기구가 되어야 한다고 생각했다. 그는 '움직이는 발' 자체를 건강의 핵심으로 보고 그에 걸맞은 유연하고 기능적인 인솔을 구상하기 시작했다. 1902년 콘래드는 금속이 아닌 재료로 만든 인솔을 제작하기 시작했다. 이때 인체공학적 신발을 만들기 위해 프랑크푸르트 암 마인 대학의 해부학 교수 헤르만 폰 마이어가 발의 구조와 형태에 맞는 신발의 필요성을 강조하면서 이론적 토대를 제공했다. 콘래드는 10년이 넘는 긴 시간 동안 다양한 소재를 활용하고 개발해 인솔을 발전시켰다. 그리고 1913년 그는 획기적인 설계와 코르크와 라텍스를 조합해 버켄스탁만의 인솔을 완성했다. '풋베드(Fussbett)'라고 불리는 새로운 인솔이 탄생했다.

이 풋베드는 발의 아치를 지지하고 체중을 분산시켜 건강한 보행을 돕는 인솔이었다. 이 풋베드는 버켄스탁 가문의 철학과 기술의 전환점이 되었고, 발 건강에 대한 새로운 패러다임을 보여줬다. 콘래드가 개발한 인솔은 인근 지역에서부터 차츰 인지도를 쌓아가기 시작했다.

풋베드의 인기가 상승하면서 우려한 대로 구두를 찾는 이들이 현저히 줄어들기 시작했다. 콘래드의 수제 구두도 판매가 부진해졌다. 고심 끝에 콘래드는 풋베드에 과감하게 투자하기로 결정했다. 콘래드는 독일뿐만 아니라 스위스, 오스트리아 등을 다니며 그가 만든 인체공학적 신발골과 풋베드를 갖춘 수제화의 제작 노하우를 널리 전수하고 다녔다. 그는 해당 노하우를 '시스템 버켄스탁'이라고 명명했다. 그는 유럽 전역

♦ 버켄스탁 초창기 풋베드 (출처: 버켄스탁 홈페이지)

을 다니면서 신발 제작자들과 판매처에서 시스템 버켄스탁을 교육하고, 각 매장에서 이러한 시스템을 적용한 신발을 제작할 수 있도록 풋베드를 팔았다. 많은 이들이 콘래드의 풋베드에 관심을 가졌고 이는 곧 매출 증대로 이어졌다. 콘래드는 구두 산업의 위기를 인솔 혁신을 통해 정면돌파한 셈이다.

기회를 놓치지 않은 구두 장인

때마침 전쟁의 공포가 유럽을 덮쳤다. 1914년 제1차세계대전이 터진 것이다. 전쟁에 참전했던 수백만 명의 군인들은 공통적인 문제에 직면했다. 다름 아닌 발 문제였다. 딱딱한 군화를 오래 착용해야 했던 군인들 중에서는 발이 아파 걸을 수조차 없는 사람들이 많았다. 군인들은 너나 할 것 없이 버켄스탁의 풋베드를 찾아 나섰고, 덕분에 풋베드의 인기는 치솟았다. 결국 콘래드는 1925년 프리드버그에 공장을 증설해 풋베드의 생산량을 대폭 늘리며 도약의 기회를 잡았다. 연이어 터진 제2차 세계대전에서도 수많은 군인들이 발 통증을 호소했고 이를 해결한 버켄스탁의 신뢰도는 더욱 높아졌다.

이 시기, 사세를 더욱 키워줄 든든한 지원군이 등장한다. 바로 그의 아들 칼 버켄스탁이다. 아들 역시 수완이 뛰어난 사업가였다. 그는 풋베드를 판매했을 뿐만 아니라 신발 판매원, 제화공, 정형외과 의사 등을 상대로 족학 트레이닝 코스를 개설해 교육 프로그램까지 진행했다. 심지어 그는 족학 전문서적까지 출간해 공전의 히트를 달성하는 등 돈벌이에 재능을 보였다.

　　1930~1940년대 버켄스탁은 물리치료사들과 협업하며 정형외과용 신발 시장에 진입했다. 이어 1954년 칼은 아버지와 할아버지의 기술력을 바탕으로 혁신적인 신발을 직접 개발하기로 결심했다. 바로 버켄스탁 샌들을 만들기로 한 것이다. 그렇게 1963년 버켄스탁은 간단하게 조절할 수 있는 스트랩이 달린 샌들 '마드리드'를 선보인다. 버켄스탁의 첫 샌들이다. 당시 화려하고 복잡했던 신발 트렌드와 달리 아치형의 단순한 마드리드는 출시 초기에만 해도 외면받았다. 하지만 편안하고 가벼운 착용감과 그 단순함의 매력 덕분에 금방 인기를 얻기 시작한다. 이 샌들은 착용자가 신을 때 발끝에 꽉 힘을 줘야 하는 구조로 만들어졌고 이로 인해 종아리 근육이 단련되다 보니 체조 등을 하는 운동선수들도 애용했다.

　　1966년, 버켄스탁은 다시 한번 기회를 잡는다. 평소 발에 통증이 있던 미국인 마고 프레이저는 독일 방문 중 발을 다쳤다가 주변의 추천으로 마드리드 샌들을 신어보았다. 그는 곧 버켄스탁 샌들의 매력에 빠졌다. 그는 아예 버켄스탁의 미국 진출을 도모했고, 이는 글로벌 브랜드로서 버켄스탁이 새롭게 출발하는 순간이 됐다.

　　1970년대 미국에서는 '자연으로 돌아가기' 철학이 히피들 사이에서 유행처럼 번지고 있었는데, 이때 버켄스탁이 자유로움과 젊음을 상징하는 브랜드로 큰 인기를 모았다. 1973년 출시했던 '아리조나'는 현재까지도 버켄스탁을 대표하는 샌들로 불린다.

◆ 버켄스탁의 아리조나 모델

> **단순함과 정직함의 힘**
>
> 　버켄스탁은 유행을 좇지 않고 원칙을 지켜온 브랜드다. 단순한 외형은 기능성과 정직함, 그리고 자연주의 철학이 구현된 결과다. 복잡한 장식 없이도 제품의 본질만으로 소비자에게 신뢰를 얻은 버켄스탁은, '디자인의 미니멀리즘'이 곧 마케팅의 힘이 될 수 있음을 입증한 사례다.
> 　핵심 전략은 명확하다. 트렌드를 따르기보다 철학을 지킨다. 버켄스탁은 기능 중심 디자인과 천연 소재, 발 건강이라는 실용적 가치를 전면에 내세우며 '실천하는 철학'을 보여준다. 그 결과, 광고보다 제품 자체가 메시지가 되었고, 버켄스탁은 브랜드 철학에 동의하는 소비자 커뮤니티 중심으로 확산되면서 자연스럽게 성장했다. 정직한 제품과 일관된 철학은 때때로 가장 강력한 마케팅이다.

건강한 보행을 보장하는 클래식 브랜드

　현재 버켄스탁은 전 세계 6,000여 명의 직원이 근무하고 있는 6세대 가족기업으로, 250의 전통을 현대적으로 계승하고 있다. 독일 바이에른, 라인란트팔츠를 비롯해 전국 16개 지역에 걸쳐 생산 거점을 운영하며 '메이드 인 저머니'의 품질 철학을 견고히 지켜나가는 중이다. 최근에는 약 1억 2,000만 유로를 투입해 새로운 제조시설을 건설하고 있다. 전통과 기술을 결합하여 생산 효율성과 품질을 동시에 높이는 방향으로 나아가고 있다.

그리고 2021년, 버켄스탁은 오랜 가족 경영 체제에 변화를 가져올 과감한 결정을 내렸다. 루이비통 모회사 LVMH의 사모펀드인 '엘 캐터튼'과 LVMH 회장 베르나르 아르노의 개인 투자 회사인 '피낭시에르 아가슈'에 지분을 매각한 것이다. 이 결정은 단기 수익을 노리기보다 장기 비전을 공유하고 세계 시장에서 더 크게 도약하기 위한 전략적 결정이었다. 버켄스탁은 이를 계기로 LVMH 그룹과의 전략적 파트너십을 더욱 공고히 하고 미국 및 아시아 시장에서 브랜드의 영향력을 확장하는 기반으로 삼았다.

프리미엄 브랜드가 직면하는 가장 큰 딜레마는 더 많은 사람들에게 다가갈수록 '희소성'이 무너진다는 점이다. 제품이 팔릴수록 브랜드의 정체성은 흔들릴 위험에 처한다. 그래서 명품은 성장과 보존 사이에서 늘 아슬아슬한 줄타기를 한다.

그런 점에서 LVMH에 합류하기로 한 버켄스탁의 결정은 단순히 기업의 몸집을 불리는 작업이 아니라 확장은 하되 가치는 희석하지 않겠다는 정교한 브랜드 마케팅 전략이다. 우선 LVMH는 다양한 브랜드를 인수하면서도 각 브랜드의 오리지널리티를 훼손하지 않는 전략을 고수한다. 루이비통, 디올, 티파니 등 각자의 스토리와 문법을 유지한 채 서로 다른 타깃층을 사로잡는다. 따라서 희소성을 포기하지 않으면서도 브랜드의 정통성을 계승해 균형 있는 전략을 추구할 수 있다. 이를 통해 브랜드를 단지 소비재가 아닌 하나의 문화적 아이콘으로 승격시킨다.

버켄스탁은 오랜 세월 동안 기능성 신발의 대표 브랜드였지만, 패션 시장에서는 실용적이지만 촌스럽다는 이미지도 있었다. 그러나 이번 인수 후 버켄스탁은 디올, 발렌시아가 등과 협업하며 브랜드 가치를 높였고 스타일을 더했다. 글로벌 럭셔리 유통 인프라는 버켄스탁에 있어 매우 큰 자산이 되었다.

또, 버켄스탁은 자연스럽게 MZ세대, 밀레니얼 세대 등 새로운 세대에 노출될 기회를 얻었다. 협업 마케팅, SNS 비주얼 브랜딩, 틱톡과 인스타그램 등을 통한 브랜드 확산 전략이 가능해졌다. 버켄스탁은 오랜 시간 '불변'이라는 가치를 자산으로 삼아왔다. 그러나 이제는 변화하지 않으면서도 시대를 이해하는 법을 배웠다. LVMH 산하의 투자, 브랜드 자문, 그리고 마케팅 역량은 버켄스탁에게 자금뿐만 아니라 관점의 전환을 가져다 주었다. 이제 버켄스탁은 편안한 신발이면서 동시에 패션, 철학, 지속가능성, 정체성을 담은 브랜드가 되었다.

현재는 버켄스탁의 6대손인 알렉스 버켄스탁과 크리스천 버켄스탁 형제가 생산관리 전반을 책임지고 있으며, 장인 정신과 혁신 사이에서 균형을 유지하는 데 힘을 쏟는다. 콘래드 버켄스탁 탄생 150주년이 되는 해인 2023년 10월, 버켄스탁은 뉴욕증권거래소(NYSE)에 상장하며 글로벌 라이프스타일 브랜드로서의 도약을 공식화했다.

250년 가까운 유산을 품은 버켄스탁은 이제 다음 250년을 설계하고 있다. 신발만 만드는 기업이 아닌, 인간의 건강한 보행과 삶의 질을 높이는 '움직임의 철학'을 전파하는 브랜드로 자리매김하기 위해 원대한 그림을 그리고 있다.

"Healthy living starts from the ground up."

건강한 삶은 발에서부터 시작한다.

– 버켄스탁 광고 슬로건

10

세계 최초의 기능성 농구화를 만든 전설 컨버스

컨버스 (Converse, Inc.)	
창업자	마퀴스 밀스 컨버스 (Marquis Mills Converse)
창업연도	1908년
본사	미국 메사추세츠주 보스턴
지점 수	약 3,500여 개 유통 채널 운영 (전 세계 160여 개국 이상 판매)
직원 수	약 5,300명 (2024년 기준)
매출	약 21억 달러 (2024년 기준)

전통적으로 미국은 야구를 농구보다 인기 있는 스포츠로 인식해왔다. 하지만 농구는 글로벌 팬덤을 등에 업고 최근 그 위상을 크게 높이고 있다. 선수들의 연봉, 경기 중계권 가격 등을 살펴봤을 때 미국프로농구(NBA)는 파죽지세로 성장하는 중이다. 그리고 NBA 무대에서 뛰고 있는 슈퍼스타들은 제각기 자신의 이름을 딴, 이른바 시그니처 농구화를 신고 코트를 누비고 있다.

오늘날 농구화는 패션, 기술, 브랜드 파워가 집약된 하나의 아이콘이다. 나이키의 르브론 제임스, 아디다스의 데미안 릴라드, 언더아머의 스테판 커리처럼 슈퍼스타들이 하나의 브랜드를 상징하면서 전 세계 농구 팬과 소비자들을 사로잡고 있다. 특히 지금의 나이키 제국을 만드는 데 가장 큰 공을 세웠다는 평가를 받는 조던 브랜드 역시 농구의 황제 마이클 조던의 작품이다.

하지만 이 모든 농구화의 역사에는 '기능성'이라는 개념을 처음으로 등장시킨 신발이 존재한다. 하이테크 소재도, 탄성 있는 쿠셔닝도 없던 시절, 농구를 위해 특별히 설계되었던 첫 농구화 '논 스키드'가 그 주인공이다. 의외로 이 농구화를 탄생시킨 브랜드는 나이키나 아디다스와 같은 유명한 스포츠 브랜드가 아니다. 다름 아닌 스트리트 패션 브랜드로 유명한 '컨버스'다. 10대 시절 누구나 한 번쯤 신어봤을 납작한 단화로 유명한 그 브랜드가 맞다. 기능성 농구화에서 시작한 컨버스는 어떻게 스트리트 패션의 상징으로 변신했을까? 그리고 컨버스를 탄생시키고 브랜드로 남아버린 '마퀴스 밀스 컨버스'는 과연 누구일까?

고무 밑창 신발의 시대를 예견한 컨버스

잉글랜드 혈통을 가진 마퀴스 컨버스는 1861년 10월 미국 뉴햄프셔주 라임이란 도시에서 피터 밀스 컨버스의 아들로 태어난 것으로 추정된다. 사실 미국에서 컨버스는 굉장히 미스터리한 인물이다. 컨버스를 창업하기 전 그의 생애에 대해서 알려진 게 없기 때문이다. 실제로 그가 학창시절과 창업 전에 했던 일에 대해 알려진 이야기는 대부분 '카더라'에 불과하다. 그의 출생 정보도 1861년 10월인지 8월인지, 뉴햄프셔주인지 메사추세츠주인지 이야기가 분분할 정도다.

그의 아버지는 신발을 만들고 제작하는 제화공이었다. 아버지의 장인 정신과 직업의식을 보고 자란 마퀴스는 그 당시 대부분의 장인들이 그랬듯 어깨 넘어 신발을 만드는 것을 배웠다. 신발을 대량생산하는 공장에서 일하는 등 신발 관련 다양한 경험을 쌓기도 했다. 마퀴스보다 10여 년 늦게 태어난 콘래드 버켄스탁이 그랬던 것처럼 마퀴스 역시 신발 생산 방식의 변화를 정면으로 마주하고 있었다. 전통적 관점에서 신발은 가죽을 오리고 한땀 한땀 바느질해 만들어내는 수제화의 개념이었

♦ 마퀴스 밀스 컨버스

다. 하지만 산업혁명기를 맞아 기계를 활용한 대량생산, 표준화, 공정화 과정이 당연해졌고, 신발 역시 이러한 변화의 바람을 피하지 못했다. 신발 생산 방식의 변화는 마퀴스에게도 새로운 혁신의 필요성을 인식하게 만든 계기가 됐다.

산업혁명은 생산기술뿐만 아니라 사람들의 라이프스타일도 변화시켰다. 과거엔 직접 걸어가거나 동물의 힘을 빌려 이동해야 했지만, 기계를 조립해 만든 자동차가 등장하면서 마음만 먹으면 어디로든 여행을 떠나거나 여가생활을 즐길 수 있게 되었다. 여가활동이 풍부해진 만큼 자연스럽게 사람들은 더 많이 걷고 더 많이 달렸다. 자연스럽게 딱딱하고 불편하던 기존의 신발도 변화하기 시작했다.

그렇게 등장한 것이 폭신폭신한 소재를 활용해 오랜 시간 신어도 발이 덜 아픈 고무 밑창 신발이었다. 자전거와 자동차의 발전에 고무가 큰 혁신을 가져왔던 것처럼 신발의 발전에도 고무는 큰 역할을 했다. 세계 최초의 고무 밑창 신발은 1876년 영국 '뉴 리버풀 러버'가 만든 샌드슈즈로 알려져 있는데, 이 신발은 크로켓 게임을 위해 제작된 운동화였다. 지금의 고무는 저렴한 가격에 대량생산이 가능한 소재지만, 고무 밑창 신발이 탄생했을 때만 해도 고무는 비싸고 제작하기 어려운 소재였다. 그렇다 보니 고무 밑창을 단 운동화는 상류층과 부자들의 전유물로 취급됐다. 반대로 가죽으로 제작한 신발은 상대적으로 저렴한 신발로 분류됐다. 그렇게 당시 대다수의 신발은 대량생산 시스템 속에서 가죽을 이용해 제작하는 게 일반적이었다. 하지만 마퀴스는 본능적으로 인식하고 있었다. 고무 밑창 신발의 시대가 온다는 것을.

그의 예상대로 산업혁명은 고무 밑창이 대중화되는 데 큰 영향을 미쳤다. 1844년 고무의 아버지라 할 수 있는 찰스 굿이어가 가황공법을 개발해 튼튼하고 대량생산이 가능한 고무의 시대를 열었다. 가황공법을 응용하면 가황고무를 고열에 녹여 캔버스 소재의 천에 붙일 수 있었는데, 이 공법 덕분에 영구적으로 이용할 수 있는 고무 밑창 신발을 만들 수 있었다. 두꺼운 고무 밑창을 단 신발은 신었을 때 조용하고 민첩하게 이동할 수 있었다. 사람들은 살금살금 움직인다는 뜻을 가진 단어 'sneak'에서 이름을 따와 스니커즈(Sneakers)라고 불렀다. 본격적으로 고무 밑창 신발의 대량생산이 가능해지자 마퀴스는 이러한 시대적 변화를 곧바로 자신의 기회로 바꿨다.

그가 40대 후반의 나이에 접어든 1908년, 마퀴스는 수십 년간 축적한 대량생산 노하우, 고무 밑창 신발에 대한 전문성 등을 결합해 자신의 이름을 건 신발회사 '컨버스'를 세운다. 그는 부자들의 전유물이던 고무 밑창 신발을 남녀노소 누구나 신을 수 있는 신발로 제작하고자 했다. 그리고 그의 계획은 정확히 시장의 수요를 자극했다. 컨버스는 2년 만에 초대박을 터뜨려 매일 4,000켤레의 신발을 생산했다. 당시 스니커즈의 인기는 대단했다. 컨버스뿐만 아니라 케즈, 리복, 다슬러 브라더스(현재의 아디다스와 푸마)와 같은 회사도 고무 밑창을 단 스니커즈를 생산하기 위해 앞다투어 뛰어들었다.

컨버스는 치열한 스니커즈 시장 경쟁에서 앞서 나가기 위해 디자인과 마케팅의 차별화를 꾀했다. 성별, 세대별, 나이별 제품군을 나누어 생산했고 추운 겨울에 적합한 방한용 신발을 만드는 등 기능성 제품군도 만들었다. 특히 컨버스는 테니스용 신발을 만들었는데, 이 제품이 선수들 사이에서 입소문을 타며 스포츠 산업에서도 인지도를 크게 높였다. 결국 컨버스의 테니스화 매출은 급성장했고 자연스레 주요 사업부로 자리매김한다.

컨버스를 대표하는 제품 '논 스키드'는 1917년에 탄생한다. 당시만 해도 기술력 하면 컨버스인 시대였기 때문에 세계 최초의 기능성 농구화인 논 스키드는 시장의 관심을 불러일으켰다. 컨버스는 몇몇 농구선수들에게 논 스키드를 후원하며 본격적인 마케팅 활동에 나선다. 그렇게 후원한 선수 중 한 명이 바로 척 테일러였다. 컨버스를 좋아하는 사람이라면 이 척 테일러라는 이름이 익숙할 것이다. 척 테일러는 컨버스의 대표 모델 중 한 명이기 때문이다.

♦ 컨버스를 신은 척 테일러

논 스키드를 직접 신어본 척 테일러는 불편한 부분에 대해 적극적으로 개선을 요청하면서 컨버스와 가까운 사이가 됐다. 이후 컨버스는 척 테일러와 직접 제휴를 맺고 그를 홍보모델로 기용한다. 1923년 컨버스는 논 스키드 농구화에 '올스타 패치' 로고와 척 테일러의 서명을 새겨 넣었다. 논 스키드는 척 테일러가 검증한 기능성 농구화임을 공표한 셈이다. 이렇게 논 스키드 제품은 척 테일러의 시그니처 농구화가 됐다.

> **세계 최초의 기능성 농구화, 시그니처 마케팅의 등장**
>
> 세계 최초의 기능성 농구화 '논 스키드'의 등장은 스포츠 브랜딩에 혁신을 가져왔다. 척 테일러의 피드백으로 탄생한 이 농구화는 오늘날 운동선수의 이름을 딴 '시그니처 신발'의 원조라고 볼 수 있다. 컨버스는 제품에 실제 사용자의 경험과 이름을 새겼다.
>
> 이는 제품 그 자체보다도 경험과 신뢰를 브랜딩한 사례다. 검증된 사람이 선택한 제품이라는 메시지는 오늘날까지도 시그니처 마케팅의 기본 공식으로 남아있다. 이처럼 컨버스는 기능성과 인물 내러티브를 결합해 브랜드 신뢰도를 문화로 정착시켰다.

이후 척 테일러는 선수 생활 내내 논 스키드 제품을 착용했고 은퇴 이후 1969년 숨을 거두기 전까지 컨버스의 홍보대사 자격으로 전 세계를 누볐다. 컨버스는 1936년 베를린 올림픽부터 1968년 멕시코시티 올림픽까지 공식 올림픽 신발 스폰서로 자리매김했다. 1950~1970년대 NBA에서 컨버스의 시장 점유율은 무려 80~90%에 육박했다.

또, 지금은 나이키에 자신의 이름을 딴 브랜드를 갖고 있는 마이클 조던 역시 자신의 시그니처 농구화를 출시하기 전까지는 컨버스 농구화를 신었다. 1984년 LA 올림픽에서 마이클

♦ 컨버스 올스타 로고

조던이 착용했던 컨버스 농구화는 2017년 경매가 2억 1,000만 원에 판매되기도 했다.

1960년대까지 기능성 농구화의 대명사로 활약하던 컨버스는 1970년대 들어서자 패션 아이콘으로의 변신을 꾀했다. 믹스앤매치 스타일이 유행하면서 캐주얼 청바지와 컨버스 농구화의 조합이 금세 유행처럼 번졌다. 당시 유명 록밴드 AC/DC, 라몬즈 등 스타일을 중시하던 락스타들이 컨버스를 신기 시작하면서 컨버스는 스포츠를 넘어 대중문화의 중심에 선다.

기능적 정체성이 새로운 세대에게는 스타일로 받아들여졌고, 이 변화는 컨버스만의 매력이 됐다. 특히 록스타들이 즐겨 신은 스니커즈는 '반항, 자유, 개성'이라는 핵심 가치를 드러내며 당대를 대표하는 문화적 가치로 자리 잡았다. 이는 '무엇을 만들었는지'보다, '누가 신었는지'가 더 중요하다는 것을 증명한 또 하나의 사례다.

올드스쿨의 아이콘으로 재탄생하다

화려한 전성기를 누렸던 컨버스는 1980년대 이후 빠르게 변화하는 트렌드를 따라잡지 못하며 고전했다. 컨버스는 한때 미국 농구 선수의 90%가 착용했을 정도로 시대를 대표한 농구화 '척 테일러 올스타'를 보유하고 있었지만, 이후 눈에 띄는 히트제품 없이 정체기를 맞는다. 반면 나이키, 아디다스, 리복 등 경쟁 브랜드들은 기술력과 마케팅을 앞세워 스포츠 시장을 장악해 나갔고, 컨버스는 올스타의 유산에만 의존한 채 주류에서 점점 밀려났다. 스포츠뿐만 아니라 패션 시장에서도 존재감이 희미해진 컨버스는 결국 2001년 파산 보호 신청을 하며 미국 메사추세츠주 노스앤도버에 위치한 공장까지 문을 닫아야 하는 지경에 이르렀다. 브랜드 역사상 최대 위기였다.

그러나 위기는 곧 전환점이 됐다. 2003년 컨버스보다 훨씬 늦게 농구화 시장에 진입했던 나이키가 3억 5,000만 달러에 컨버스를 인수하면서 새로운 시대를 연 것이다. 컨버스 입장에선 자존심이 상하는 일이었지만 방법이 없었다. 나이키는 자사의 글로벌 마케팅 역량과 스트리트 패션 트렌드를 접목해 컨버스를 '레트로 아이콘'으로 재탄생시켰다. 2010년대에는 타일러 더 크리에이터, 꼼데가르송, 오프화이트 등 프리미엄 패션 브랜드와 협업한 컬래버레이션 제품이 패션계에서 폭발적인 반응을 얻었다. 현대적인 디자인에 올드스쿨 감성을 절묘하게 결합한 컨버스는 밀레니얼과 Z세대를 동시에 사로잡으며 다시금 문화의 중심에 섰다.

2020년대에 들어선 이후에도 컨버스는 끊임없는 진화를 거듭하고 있다. 지속 가능한 소재를 활용한 친환경 라인 런칭, 커스텀 디자인 플랫폼 도입, NFT 및 디지털 아바타와 연동하는 가상 패션 실험 등을 시도하며 기술과 트렌드를 이끌고 있다. 특히 레트로 무드와 Y2K 패션이 재조명되는 현재 트렌드 속에서 컨버스는 과거의 유산을 자산으로 승화시켜 여전히 '쿨한 브랜드'로 자리매김하고 있다.

110년이 넘는 역사를 자랑하는 컨버스는 시대정신과 대중문화의 상징이 됐다. 첨단 기술이나 화려한 광고 없이도 '가장 단순한 디자인

이 가장 오랫동안 살아남는다'는 철학은 21세기에도 유효하다. 고무 밑창에서 가능성을 본 마퀴스의 혜안과 척 테일러의 이름을 새긴 마케팅 감각은 오늘날까지 브랜드의 근간으로 남아있다.

  1931년 생을 마감할 때까지 컨버스를 이끌었던 마퀴스. 오늘날 전 세계 청년들이 척 테일러를 신은 채 거리를 걷는다거나, 심지어 패션위크 런웨이 모델과 메타버스 속 아바타가 컨버스를 신는 모습을 그는 상상이나 했을까? 마퀴스의 창업 정신은 새로운 세대의 발끝에서 조용히 살아 숨 쉬고 있다.

"Shoes are boring. Wear sneakers."
구두는 지루하다. 스니커즈를 신어라.

- 컨버스 브랜드 슬로건

하리보
리바이스
라코스테
버켄스탁
컨버스

4장

외식 혁명: 프랜차이즈로 세계를 장악하다

맥도날드
웬디스
배스킨라빈스
카네기 스틸
JP모건
모건 스탠리
다우존스
스탠리
코스트코
코닥
힐튼
미쉐린

11

패스트푸드를 탄생시킨 비운의 형제 맥도날드

맥도날드 (McDonald's)	
창업자	리처드 맥도날드 (Richard McDonald), 모리스 맥도날드 (Maurice McDonald)
창업연도	1940년
본사	미국 일리노이주 시카고
지점 수	약 4만 2,000개 매장 운영 (전 세계 100여 개국 이상)
직원 수	약 15만 명 (2024년 본사 및 직영 기준, 전 세계 매장 포함 시 약 200만 명 이상)
매출	약 259억 달러 (2024년 기준)

한국에서 햄버거는 독특한 음식이다. 가장 미국적인 음식이면서도 가장 한국적인 방법으로 소비하기 때문이다. 미국의 햄버거 브랜드들은 국내에 진출할 때마다 뜨거운 반응을 일으켜 전 세계를 놀라게 한다. 2016년엔 '쉐이크쉑'이, 2023년엔 '파이브가이즈'가 기다란 대기 줄과 수많은 후기를 낳으며 한국에서 환대받았다. 그러나 이 치열한 햄버거 전쟁에서 이 모든 브랜드들이 넘어야 할 거대한 산이 있다. 그 이름은 바로

햄버거의 대명사 '맥도날드'다.

전 세계 1위 패스트푸드 기업 맥도날드의 창립 연도는 2개로 나뉜다. 바로 리처드 맥도날드와 모리스 맥도날드 형제가 첫 가게를 연 1940년과 패스트푸드 프랜차이즈 맥도날드 1호점이 개장한 1955년이다. 맥도날드는 맥도날드 형제가 탄생시켰지만 사실 맥도날드를 글로벌 프랜차이즈 브랜드로 만든 주인공은 따로 있다. 맥도날드의 황금 아치를 만들고 마스코트인 로널드 맥도날드를 탄생시킨 사람은 레이 크록(Ray Kroc)이란 인물이다. 얽히고설킨 그들의 맥도날드 제국 이야기는 범상치 않다.

맥도날드의 탄생

아일랜드계 미국인인 맥도날드 형제는 1900년대 초반 미국 동부 뉴햄프셔주에서 태어났다. 1902년에 태어난 형 모리스는 1909년생 동생 리처드보다 일곱 살이 많았다. 이들은 미국 북동부에 정착한 아일랜드 이민자 공동체 속에서 성장했다. 당시 미 동북부 지역은 제화업과 방직업이 발달해 많은 이민자들이 공장노동자로 일하고 있었다. 이들의 아버지 패트릭 맥도날드 역시 한 신발 공장의 매니저였다.

그러나 1920년대 말 미국의 산업구조가 서서히 전환되면서 노동조합에 소속되지 못한 이민자 출신 중간관리자들은 불안한 고용 환경에 내몰렸다. 아버지 패트릭 역시 40대에 실직한 뒤 오랜 시간 재취업에 실패한 탓에 가족 전체가 생활고에 시달려야 했다. 끊임없는 생계 불안 속에서 자란 맥도날드 형제는 10대 시절부터 가난에서 벗어나고자 하는 강한 의지를 품었다. 많은 미국인들이 '기회의 땅'으로 여겼던 서부 캘리포니아로 눈을 돌린 것도 그런 이유에서였다. 캘리포니아는 1920~1930년대부터 인구 유입과 도시화가 빠르게 진행되고 있었다. 특히 로스앤젤레스는 영화 산업을 중심으로 신흥 산업지로 급부상하고 있었다. 형제는 아버지와 함께 미 동부를 떠나 서부로 이주하며 새로운 삶을 도모하게 된다.

그들이 관심을 가진 첫 사업 아이템은 놀랍게도 음식점이 아닌 영화였다. 화려한 LA에서 꽃피는 엔터테인먼트 산업에서 미래를 꿈꿨다. 스스로 영화를 만들어 제작하기도 하고 무성영화 촬영 스튜디오에서 일하며 꿈을 키우기도 했다. 형제는 아껴가며 모은 돈으로 LA에서 30km가량 떨어진 외곽 지역에 750석 규모의 공연장을 사들였다. 이곳의 이름은 '더 비콘'이라 지었다. 두 형제는 극장을 열어 더 큰 성공을 향해 나아갔다. 하지만 1930년대 미국을 덮친 대공황은 이내 두 형제의 꿈을 앗아갔고, 남은 것이라곤 빚뿐이었다. 고심 끝에 형제는 극장을 처분하기로 한다. 그리고 새로운 사업에 도전키로 하는데, 그게 바로 외식업이었다.

맥도날드 형제는 실직한 아버지 패트릭과 함께 1937년 캘리포니아 몬로비아 공항 근처에 조그만 핫도그 매점을 연다. 이 매점의 이름은 '디 에어드롬'으로, 비행기를 타러 오가는 손님들과 자동차 여행자들이 지나치는 도로변에 위치해 있었다.

당시 미국은 자동차가 대중화되던 시기였다. 그 영향으로 도로변에 주유소와 함께 간단한 음식을 제공하는 스탠드형 매점들이 속속 등장하고 있었다. 일종의 고속도로 간이 휴게소였다. 특히 자동차 문화가 발전하며 차에서 내리지 않고 음식을 주문한 뒤 이를 받는 '드라이브-인(drive-in)' 서비스가 퍼지기 시작했다. 당시 가게들이 그러하듯, 에어드롬 역시 처음엔 핫도그, 주스, 밀크셰이크 등을 판매하는 단출한 구성의 매점이었다. 성실하고 근면한 태도와 괜찮은 맛 덕에 장사가 제법 잘 되면서 두 형제는 다시 꿈을 키우기 시작했다.

그렇게 창업 3년 만인 1940년 5월, 형제는 캘리포니아주의 내륙 도시인 샌버너디노에 새로운 식당을 열게 된다. 이곳은 교통의 요지라 불리는 국도 66번(Route 66)와 인접해 있는 곳으로 나름 명당이었다. 내친김에 가게 이름도 바꿨다. 새로 개업한 가게의 이름은 '맥도날드 페이머스 바비큐'였다. 이름에서 알 수 있듯이 이 가게는 패스트푸드가 아닌 '슬로우푸드'인 그릴 요리를 파는 식당이었고, 미국 남부식 바비큐를 주메뉴로 내세우면서 돼지고기 바비큐 샌드위치, 립, 핫도그 등 약 27가지의 다양한 메뉴를 제공했다. 이때 사이드 메뉴 중 하나가 바로 햄버거였다.

맥도날드 형제 역시 당시 유행하던 드라이브-인 시스템을 본격적으로 도입했다. 손님들이 주차 공간에 정차하면 '카홉(carhop)'이라고 불리는 여직원이 롤러스케이트를 타고 가 주문을 받았다. 조리가 끝난 음식은 카홉들이 롤러스케이트를 타고 손님에게 전달해 주었다. 당시 미국 젊은이들 사이에서 드라이브-인 식당이 유행처럼 번지고 있다는 점을 간파한 맥도날드 형제 역시 이에 발맞춰 세련된 시스템의 식당을 만들고자 했다.

하지만 맥도날드의 바비큐 식당은 몇 가지 치명적인 문제점을 안고 있었다. 먼저, 조리하는 데 시간이 오래 걸리는 바비큐 요리는 회전이 빨라야 하는 드라이브-인 시스템과 맞지 않았다. 또한, 메뉴가 너무 많다 보니 조리 과정이 비효율적이었고 인건비도 증가했다. 특히, 대공황이 끝나고 경기 회복기에 접어들던 시기인 만큼 빠르고 간편하게 끼니를 때우고 바쁘게 다른 일을 하거나 여행을 떠나고 싶어 하는 사람이 많았다. 슬로우푸드의 인기가 시들해지기 시작한 것이다. 이러한 문제점들이 복합적으로 작용하면서 1940년대 초반부터 맥도날드 페이머스 바비큐의 매출은 점차 하락하기 시작한다. 결국 맥도날드 형제는 일시적으로 운영을 중단한 뒤 본격적으로 '무엇이 잘 팔리는가'를 분석하기 시작했다.

판매 데이터를 검토한 결과는 놀라웠다. 가장 인기 있는 품목이 바비큐가 아니라 사이드 메뉴였기 때문이다. 전체 매출의 약 80% 이상이 단 3가지 품목에서 발생하고 있었다. 바로 햄버거와 감자튀김 그리고 탄산음료였다. 형제는 단순하고 명료한 이 데이터를 바탕으로 기존 메뉴를 대폭 정리하기로 결정했다.

두 형제는 근처 공원에 앉아 그림을 그려가며 가장 효율적인 햄버거 제조법을 연구했다. 이때 자동차 생산에서나 적용되던 분업화 시스템을 도입하기로 했다. 기존 식당에선 한 직원이 햄버거 패티를 구운 다음 빵을 굽는 식으로 일해왔다면 맥도날드 형제는 한 직원은 패티만, 또 다른 직원은 빵만 굽는 식으로 제조 과정을 분업화해 속도를 높였다. 이게 바로 현재 '패스트푸드'의 시초다. 식당을 속도와 효율 중심의 구조로 재편하고 주문 방식과 서비스 체계를 새롭게 설계한 이 실험적 변화는 훗날 패스트푸드 산업의 교과서인 '스피디 서비스 시스템'의 기원이 된다.

또한, 직원이 차로 가 주문을 받고 음식을 가져다주는 카홉 시스템을 과감하게 폐지했다. 맥도날드는 손님이 직접 카운터에서 주문하고 음식을 가져가는 철저히 공급자 중심적인 방식으로 식당 시스템을 완성한다. 이는 최소한의 직원으로 최대한 빠르게 음식을 만들고 전달할 수 있는 효율적인 방식이었다.

◆ 맥도날드 초창기 메뉴판 (출처: 맥도날드 홈페이지)

당연히 이러한 시스템 변화는 손님들의 불만으로 이어졌다. 불친절하고 불편한 주문 방식에 화가 난 손님의 일부는 결국 식당을 떠났다. 하지만 맥도날드 형제는 확신을 갖고 해당 시스템을 밀어붙였다. 결국 조리가 빠르고 식사가 간편하다는 장점이 부각되기 시작했다. 특히 택시 운전사, 건설 노동자, 외판원과 같이 식사를 신속하게 마쳐야 하는 단골 고객을 중심으로 맥도날드의 인기는 나날이 높아졌다. 그 덕에 맥도날드는 1953년 직영점까지 내며 사업을 더욱 확장할 수 있게 되었다.

> **브랜드는 시스템이다**
>
> 맥도날드는 단순히 햄버거가 맛있어서 성공한 게 아니다. 오히려 속도와 효율에 최적화된 시스템을 음식 산업에 도입한 것, 그게 바로 성공의 본질이었다. 맥도날드 형제는 빠르고 저렴하며 항상 일정한 맛을 제공하는 것이 수요자에게 얼마나 강력한 가치를 갖는지를 체득했다. 그들은 메뉴를 과감하게 줄이고, 분업화된 생산라인을 도입함으로써 당시 외식업계에서는 전례 없던 규격화된 품질과 빠른 서빙 속도를 구현했다. 이런 '예측 가능한 품질'이 바로 맥도날드 전략의 핵심이다.
>
> 품질의 예측 가능성은 이러한 결론을 도출한다. "손님들은 맛있어서 오는 게 아니다. 언제 어디서나 똑같은 맛이 나기 때문에 오는 것이다." 이는 오늘날 어디서나 같은 맛을 보장하고자 하는 브랜드들의 글로벌 전략이기도 하다. 맥도날드 간판을 본 소비자들이 음식의 품질·서비스·가격을 고민하지 않고 들어갈 수 있는 이유가 바로 여기에 있다.

지금의 맥도날드를 이끈 운명의 남자

이 무렵 맥도날드의 운명을 뒤바꿀 인물 '레이 크록'이 등장한다. 시카고 출신의 레이 크록은 당시 밀크셰이크용 믹서기를 판매하며 생계를 이어가던 평범한 50대 세일즈맨이었다.

그는 우연히 자신의 고객 명세서를 보던 중 캘리포니아주 샌버너디노의 한 작은 햄버거 가게에서 믹서기 여덟 대를 한꺼번에 주문했다는 점에 주목한다. 보통 식당 하나에서 한두 대만 주문하는 것이 일반적이었다는 점을 생각하면 눈에 띄는 건 당연했다. 그는 직접 그 식당을 찾아가 보기로 결심했다.

샌버너디노에 도착한 레이 크록은 맥도날드 형제가 운영하던 식당의 효율적인 시스템에 큰 충격을 받았다. 햄버거 패티를 굽는 직원과 빵을 굽는 직원이 나누어져 있고, 조립과 포장까지 작업이 순서대로 흐르는 방식은 마치 자동차 공장의 조립라인 같았다. 실제로 그는 이 모습을 보고 다음과 같이 표현했다.

♦ 레이 크록 (출처: 맥도날드 홈페이지)

"이건 마치 헨리 포드의 자동차 공장이 축소되어 주방 안으로 들어온 것 같다."

레이 크록은 이 시스템이 미국 전역, 아니 전 세계로 확장될 수 있다고 확신했다. 그는 이 시스템을 프랜차이즈로 만들자며 맥도날드 형제를 설득하기 시작했다. 하지만 맥도날드 형제의 입장은 달랐다. 이미 한 차례 극장 사업의 실패를 맛본 이들은 무리한 확장을 경계했다. 무엇보다도 음식의 품질이 균질하게 유지될 것인지 우려스러웠기 때문에 형제는 지금도 충분하다며 신중한 태도를 보였다. 그러나 레이 크록은 집요했다. 수차례 설득한 끝에 결국 형제의 승낙을 얻어내는 데 성공한다. 그리고 1955년 4월 15일, 레이 크록은 일리노이주 데스플레인스에 맥도날드 가게를 연다. 이 가게는 프랜차이즈 브랜드 맥도날드의 '공식 1호점'으로 기록되고 있다.

장사는 기대 이상으로 잘됐다. 하지만 레이 크록과 맥도날드 형제의 관계는 시간이 갈수록 나빠졌다. 맥도날드 형제는 여전히 샌버너디노의 매장 한 군데만 직접 운영하고 있었고 본사와의 권한 배분 문제도 얽혀있었다. 결국 레이 크록은 맥도날드의 프랜차이즈 사업을 위한 별도의 법인, '프랜차이즈 부동산 주식회사'를 설립한다. 이 법인은 신규 프랜차이즈 가맹점의 땅을 매입한 뒤 임대하는 방식으로 운영되었다. 맥도날드를 패스트푸드 사업이 아닌 부동산 사업이라고 부르는 이유도 여기서 유래한다. 이러한 별도의 법인은 레이 크록이 매장과 브랜드에 대한 지배력을 사실상 독점할 명분이 됐다.

1961년, 맥도날드 형제는 결국 사업 권리 전부를 2,700만 달러에 레이 크록에 넘긴다. 적은 돈은 아니었지만 오늘날 맥도날드의 가치를 생각하면 아주 적은 금액이었다. 특히 이 계약에는 연 매출의 1.9%를 로열티로 받기로 한 구두 합의도 포함되어 있었다. 하지만 서면 계약서가 없었기에 훗날 이 조건은 지켜지지 않았고, 결국 맥도날드 형제는 자신들의 이름까지 넘겨줘야만 했다. 이로 인해 맥도날드 형제는 자신의 가게에서조차 맥도날드란 이름을 쓸 수 없었고, 가게 이름을 '더 빅 M'으로 바꾸는 굴욕을 겪어야만 했다.

반면, 레이 크록은 거침없이 사업을 확장했다. 1967년, 맥도날드 프랜차이즈는 전 세계 4개국(미국, 캐나다, 푸에르토리코, 네덜란드)에 600개가 넘는 매장을 보유하며 명실상부한 글로벌 브랜드로 성장한다. 레이 크록은 스스로를 맥도날드의 '창업자'로 포장했다. 공식 연혁을 1940년이 아닌 1955년으로 못 박은 것도 이 시기였다. 그의 회고록과 홍보물에서 맥도날드 형제의 흔적은 대부분 지워졌다. 맥도날드의 상징과도 같은 노란색 황금 아치도 원래는 형제가 만든 아치형 디자인에서 유래했지만 크록은 이를 다시 설계해 오늘날의 'M자형 아치'로 재탄생시킨다.

이는 레이 크록의 탁월한 감각에서 기인한다. 그는 사람들이 음식보다 상징을 기억한다는 사실을 간파했다. 그 결과, 오늘날 사람들은 '노란색 아치'만으로도 맥도날드를 떠올린다. 길거리, 고속도로, 혹은 텔레비전 광고 속에서 그 로고를 본 순간, 사람들은 가깝고, 친근하며, 언제든 찾을 수 있는 편안한 맥도날드의 이미지를 자동으로 떠올린다.

브랜드는 창업자가 아닌 이야기를 기억한다

맥도날드 형제는 이후 다른 식당 사업에도 도전했지만 더 이상의 성공은 거두지 못했다. 샌버너디노의 '더 빅 M' 역시 몇 년 뒤 문을 닫았다. 1971년, 형 모리스 맥도날드는 심장마비로 세상을 떠나고, 동생 리처드 맥도날드는 고향 뉴햄프셔주로 돌아가 조용히 생을 마쳤다.

반면 프랜차이즈 브랜드 맥도날드는 이제 햄버거 가게를 넘어 '글로벌 문화 아이콘'이 됐다. 이 거대한 브랜드의 여정은 한 형제의 작은 햄버거 가게에서 소박하게 출발했다. 그러나 오늘날 그들의 이름은 어디에도 남아있지 않다. 광고에도, 본사 역사관에도 이들의 흔적은 점점 희미해져 가고 있다.

이처럼 브랜드의 창업자는 시간이 흐를수록 '기억의 뒤편'으로 밀려나는 것이 일반적이다. 하지만 소비자에게 중요한 건 창업자 개인의 명성이 아니라, 브랜드 유산으로 재해석되는 창업자의 철학과 이야기다. 브랜드는 사람을 기억하지 않지만, 이야기를 남긴다. 그리고 소비자는 바로 그 이야기에 끌린다. 그런 점에서 맥도날드 형제는 브랜드의 기원 설화로 남아 오늘날에도 유효한 스토리텔링 자산이 되었다. 맥도날드의 창업 스토리가 영화화된 것만 봐도 그 가치가 충분하다는 걸 알 수 있다. 이는 마케팅에서 매우 중요한 전략이다. 창업자의 철학을 드라마화하고, 갈등을 감정선으로 연결하며, 브랜드의 본질을 다시 묻는 내러티브 구성은 브랜드 충성도를 높이는 데 강력하게 작용한다. 맥도날드는 그렇게 창업자 그 자체를 기억시키는 대신, 이야기를 콘텐츠로 바꾸는 전략을 선택했다. 그리고 그것이 곧 오늘날 스토리텔링의 핵심 원칙 중 하나가 됐다.

이 형제의 다사다난했던 창업 이야기와 레이 크록과의 갈등은, 2017년 개봉한 영화 〈파운더〉에 자세히 묘사되어 있다. 영화 속에서 레이 크록은 냉철한 사업가이자 기회주의자로 등장한다. 하지만 일부에서는 그를 스타벅스의 하워드 슐츠에 비견하는 세계적 브랜드 전략가로 평가하기도 한다. 그가 없었다면 지금의 맥도날드 제국은 존재하지 않았을 것이기 때문이다. 동시에 맥도날드 형제가 없었다면 셰이크쉑이나 파이브가이즈와 같은 패스트푸드 브랜드 자체가 태동하지 못했을 것이라는 사실도 부정할 수 없다. 이에 대하여 최근 맥도날드 본사는 맥도날드 형제의 공로를 점차 인정하고 있다. 만약 맥도날드 형제가 지금 미국의

♦ 영화 〈파운더〉 포스터

수많은 프랜차이즈 패스트푸드 가게를 본다면 과연 어떨지 문득 궁금해진다.

브랜드는 삶의 양식을 설계한다

맥도날드는 생활 양식과 도시 문화를 뒤바꾼 글로벌 설계자다. 드라이브-인에서 드라이브-스루로, 카훕에서 무인 키오스크와 셀프 픽업 시스템으로, 이 모든 변화는 한 가지 철학에서 기인한다. 바로 '시간은 돈이다'라는 극히 자본주의적이고 미국적인 효율주의 가치관이다. 맥도날드는 이 철학을 공간 설계, 서비스 동선, 인테리어 디자인, 주문 방식에 이르기까지 철저히 반영했다. 즉 브랜드를 경험하는 모든 요소가 현대화된 생활양식으로 진화했다.

프랜차이즈란 단순히 매장을 복제하는 것이 아니라 감각의 일관성을 대량으로 전파하는 시스템이다. 어떤 매장에 가더라도 비슷한 맛, 비슷한 서비스, 비슷한 경험을 제공하는 것. 이 일관성이야말로 브랜드 충성도를 높여 매장을 다시 찾게 만드는 힘이다. 맥도날드는 이를 가장 먼저 선보이고 성공시킨 브랜드였다. 전 세계 어디에서나 황금 아치를 보고 들어가면, 비슷한 맛의 감자튀김, 비슷한 속도의 서비스, 비슷한 음악과 조명, 그리고 비슷한 감각의 생활 양식을 접하게 된다. 그 일관된 감각은 곧 '정체성'이 됐고, 브랜드를 브랜드답게 만들었다.

환율의 대체제가 된 햄버거

1986년, 영국의 경제 주간지 《이코노미스트》는 환율 이론을 독자들에게 더 쉽게 설명할 방법을 고민하고 있었다. 같은 돈으로 각 나라에서 살 수 있는 물건의 양을 비교하는 '구매력 평가'라는 개념이 있었지만 복잡해서 이해하기 어려웠다.

그때 기가 막힌 아이디어가 터져 나왔다. 전 세계 어디에서나 같은 재료로 같은 맛을 내는 식품으로 환율을 비교하자는 것이었다. 그 식품이 바로 맥도날드의 빅맥이었다. 맥도날드는 전 세계 100개국 이상에 진출해 있었고 모든 대륙에 동일한 제품을 판매하는 프랜차이즈 가게였다. 특히 빅맥은 그 어떤 나라를 가도 같은 재료와 레시피로 조리되었으니 이러한 특성은 '글로벌 경제의 나침반'으로 삼기에 매우 적합했다.

빅맥 지수는 간단하다. 예를 들어 미국에서 빅맥이 5달러고, 한국에서 5,900원이라면, 빅맥 환율이 1달러당 1,180원이 된다. 하지만 실제 환율이 1,400원이라면? 한국 원화는 저평가된 것으로 본다. 한 나라의 통화가 실제로는 얼마나 싸거나 비싼지 햄버거 가격으로 비교하는 것이다. 놀라운 건, 이 단순한 지표가 실제로 국제금융기관이나 경제학자들 사이에서도 자주 언급된다는 점이다. 빅맥 지수는 IMF 보고서에서도 인용되고 대학 강의에서도 되고 있다. 세계 경제를 햄버거 하나로 설명하는 셈이다.

빅맥 지수는 때론 세계 경제의 불균형을 드러내는 날카로운 도구가 되기도 한다. 한 나라의 통화가 빅맥 기준으로 너무 비싸거나 싸게 거래되고 있다면, 그 경제의 수출입 구조, 인플레이션, 생활비 문제를 짐작

할 수 있다. 2000년대 초반 중국의 위안화는 빅맥 지수 기준으로 심각하게 저평가되어 있었고, 미국 정치인들은 중국이 환율을 조작하고 있다고 주장하기도 했다. 실제로 이는 미중 무역 분쟁의 서사적 기반 중 하나가 되기도 했다. 빅맥 하나가 국제정치의 풍경을 만든 셈이다.

사람들이 복잡한 환율과 세계 경제를 이해하게 된 건, 맥도날드라는 브랜드의 존재 덕분이라고도 말할 수 있다. 경제학자도, 기자도, 학생도, 심지어 정계 인사들까지도 빅맥 지수로 각 나라의 경제 상황을 파악할 수 있기 때문이다. 맥도날드는 전 세계 경제 언어의 일부가 되었다. 브랜드가 강력해지면, 언어를 바꾸고, 문화를 바꾸고, 심지어 세계를 해석하는 틀이 되기도 한다.

이제 누군가 환율 이야기를 꺼낸다면 복잡한 숫자 대신, 익숙한 햄버거 하나로 이야기를 이어보자. 그게 바로 '빅맥 지수'가 가진 마법이다. 동시에 이것이 브랜드가 세계를 바꾸는 방식이기도 하다.

"I didn't invent the hamburger.
I just took it more seriously
than anyone else."

**내가 햄버거를 발명한 건 아니다.
다만 누구보다 진지하게 생각했을 뿐이다.**

- 레이 크록

12

딸을 향한 사랑을 브랜드에 담은 햄버거 가게 웬디스

웬디스 (The Wendy's Company)	
창업자	렉스 데이비드 토머스 (Rex David Thomas)
창업연도	1969년
본사	미국 오하이오주 더블린
지점 수	약 7,000개 매장 운영 (전 세계 30여 개국 이상)
직원 수	약 1만 4,500명 (2024년 본사 및 직영 기준)
매출	약 23억 달러 (2024년 기준)

　　맥도날드를 비롯해 버거킹, 인앤아웃 등 수많은 햄버거 브랜드가 미국 전역에서 치열한 경쟁을 펼치고 있다. 이 가운데 몇몇 브랜드는 글로벌화에 성공해 세계적인 브랜드로 성장했다. 맥도날드와 버거킹이 대표적이지만, 최근엔 쉐이크쉑, 파이브가이즈가 한국에 진출하며 사세 확대에 나서고 있다. 그러나 반대로 글로벌화에 도전하며 한국에 들어왔다가 조용히 사라져버린 햄버거 브랜드도 있다.

비교적 이른 시점인 1984년 서울 한복판 명동에 진출했던 웬디스가 그 주인공이다. 당시 명동은 유동 인구가 많고 외국 문화에 대한 관심이 많던 지역이었다. 웬디스는 이러한 입지 조건을 바탕으로 한국에서 첫 매장을 열었다. 당시 한국은 미국식 패스트푸드가 막 알려지기 시작한 때였다. 웬디스는 비교적 이른 시점에 한국에 진출한 '미국 정통 햄버거'로 당시 소비자들의 이목을 단숨에 끌었다.

매장 인테리어는 붉은 벽돌과 우드톤 가구로 꾸며져 미국식 레스토랑의 정취를 고스란히 담아냈고, 메뉴 역시 '올드패션 햄버거'라는 이름처럼 사각형 패티와 두툼한 고기, 그리고 진한 소스로 미국 본토의 맛을 재현했다. 특히 당시 한국에선 보기 드물었던 프레즐번, 베이컨치즈버거, 치즈감자튀김 등은 많은 청소년과 직장인들에게 강한 인상을 남겼다. 웬디스는 '미국식 식문화'를 파는 브랜드로 인식됐다.

1990년대 초중반까지만 해도 웬디스는 명동, 강남, 압구정, 신촌, 이태원 등 서울 핵심 상권에 잇따라 개점하며 점차 세를 불렸다. 특히 강남의 학원가와 이태원의 외국인 거주 지역 인근 매장은 미국에 놀러 온 듯한 기분을 느끼려는 젊은이들과 외국인들로 북적였다.

하지만 1990년대 중후반, 한국 패스트푸드 시장의 판도가 급격히 흔들리며 웬디스의 인기도 식어갔다. 1988년 서울올림픽을 전후해 맥도날드와 버거킹이 잇따라 진출하면서 '햄버거 전쟁'이 본격화된 것이다. 각 브랜드는 한국 소비자들의 입맛에 맞춘 현지화 메뉴 개발에 속도를 냈지만, 웬디스는 미국 본사의 표준화된 운영 시스템을 고수한 탓에 한국 시장에서 점점 입지를 잃어갔다. 결국 적자를 면치 못한 웬디스는

1998년 한국 시장에서 철수했다. IMF 외환위기로 인해 외식 시장 전체가 침체기를 겪었던 것도 결정적 원인이었다.

미국의 햄버거 브랜드 웬디스는 한국에서는 잠시 머물다 떠났지만 미국 현지에서는 여전히 큰 사랑을 받고 있는 패스트푸드 체인이다. 그리고 그 시작에는 한 남자의 고단하고도 진실된 삶이 있었다. 그 남자가 바로 웬디스의 창업자 데이브 토머스, 렉스 데이비드 토머스다. 다만 그의 이름은 브랜드 어디에도 찾아볼 수 없는데, 대신 그가 가장 사랑하는 딸, 멀린다 루 토머스모스의 이름이 있다. 정확히는 가족들이 그녀를 부르던 별칭 '웬디(Wendy)'라는 이름이 브랜드명으로 쓰였다.

아르바이트 경력만 6년, 최고의 조리병

데이브 토머스는 1932년 7월 2일, 뉴저지주 애틀랜틱시티에서 태어났다. 그는 태어나자마자 생모로부터 버려졌고 생부에 대해서도 알려진 바가 없다. 갓난아이였던 그는 렉스 토머스와 그의 아내에게 입양됐다. 그러나 행복은 오래가지 않았다. 데이브가 5세가 되던 해, 양어머니가 세상을 떠난 것이다. 이후 그는 양부인 렉스 토머스를 따라 미국 전역을 떠돌며 어린 시절을 보낸다. 아버지 렉스는 여러 일을 전전했기 때문에 두 사람에게 이삿짐을 싸는 일은 일상이었다.

12세 무렵, 그는 테네시주 녹스빌의 한 식당에서 처음 일을 시작했다. 그는 손님을 상대하거나 뒷정리를 돕는 등 허드렛일을 맡았다. 하지만 나이도 어리고 경력도 없던 그는 자주 실수를 반복했고, 결국 해고

당하고 말았다. 이는 평생을 통틀어 그가 단 한 번 경험한 해고였다. 데이브는 당시를 회상하며 "그날 이후 나는 다시는 직장에서 쫓겨나지 않겠다고 다짐했다"고 말했다.

　15세가 되던 해, 그는 아버지를 따라 인디애나주 포트웨인으로 이주한다. 그리고 그 곳에 위치한 전통 있는 레스토랑 '하비 하우스'에서 일할 기회를 얻는다. 데이브는 하비 하우스에서 본격적인 외식업 경력을 쌓아나갔다. 그러나 이사 문제가 다시 한번 그의 발목을 잡았다. 아버지 렉스가 다른 도시로 떠날 계획을 세웠기 때문이다. 데이브는 처음으로 "나는 여기 남겠다"고 선언했고, 고등학교를 자퇴하는 대신 식당에서 정규직 직원으로 일하기 시작했다. 서빙, 조리, 설거지, 재료 손질, 식재료 발주, 심지어 회계까지 도맡아 하면서 어린 나이에 식당 운영의 전 과정을 빠르게 익힐 수 있었다. 이때 익힌 외식 사업 전반에 대한 이해는 추후 그의 창업에 큰 도움이 됐다.

♦ 렉스 데이비드 토머스 (출처: 웬디스 홈페이지)

그리고 그가 성인이 된 1950년 당시, 미국은 모병제가 아닌 징병제를 시행하고 있었다. 동아시아의 작은 국가, 한국에서 한국전쟁이 발발하자 미국에서 징집이 시작됐다. 데이브는 징집을 기다리는 대신 18세의 나이에 미 육군에 자원입대했다. 이미 6년 가까이 허드렛일부터 조리까지 레스토랑에서 다양한 실전 경험을 쌓아왔던 그는 군에서도 그 경력을 이어갔다. 그는 조지아주 포트 베닝의 '쿡스 앤드 베이커스 스쿨'에 배치됐다. 이곳은 조리병을 전문적으로 양성하는 훈련소였다. 데이브는 수개월간 군대식 위생 기준, 단체급식 조리법, 대량 조달 관리, 식자재 저장법 등을 집중적으로 배웠다.

훈련 후, 그는 한국이 아닌 서독으로 배치된다. 제2차세계대전 후 당시 서독은 냉전의 최전선에 위치한 전략적 요충지였다. 미군은 독일 내 주둔 병력을 확대하며 동유럽 공산권에 맞서고 있었다. 데이브는 서독 주둔 미군 부대 내 식당으로 배치돼 임무를 수행했다. 그는 하루 평균 2,000명에 달하는 장병들의 식사를 책임지는 조리병으로 복무하며, 예산, 물류, 영양을 모두 고려해 식단을 계획했다.

그는 군대의 경험에서 '속도보다 정확함이 더 중요하다'는 교훈을 얻었다고 회고했다. 부대 내 수천 명이 먹는 식사에서는 작은 실수 하나가 대량 식중독 같은 심각한 사태로 번질 수도 있었다. 그는 매일 새벽 식자재를 검수하는 일로 하루를 시작해 늦은 밤까지 쉬지 않고 일했다. 밤낮없는 노력 덕에 그는 '최고의 요리사'라는 별명을 얻었다. 하루는 부대의 고위 장교가 불시에 식당을 점검하러 왔는데, 데이브는 평소대로 구운 햄과 매시트포테이토, 그리고 직접 만든 브라운 그레이비 소스를 내놓았다. 기습적인 방문이었음에도 불구하고 맛은 기대 이상이었고 그 덕에 포상 휴가를 얻을 수 있었다. 데이브의 철저한 면모를 확인할 수 있는 대표적인 에피소드다.

괴짜 덕에 갈고닦은 레스토랑 운영 감각

 1953년 그는 군 복무를 마치고 다시 하비 하우스로 돌아왔다. 그는 이전보다 한 단계 성장한 모습으로 주방 전반을 책임졌다. 데이비드의 노련함이 더해지며 가게의 명성은 더욱 높아졌다. 깔끔한 인테리어, 푸짐한 식사, 정성 어린 서비스는 손님들의 발길을 붙들었다. 그리고 그 주방의 수석 요리사였던 데이비드는 실질적인 운영 책임자 역할을 수행했다.

 그러던 어느 날, 낯선 사내가 가게 문을 열고 들어섰다. 그의 첫인상은 강렬했다. 하얀 양복, 나비넥타이, 정리된 콧수염, 그리고 미국 남부 특유의 느린 사투리. 그는 자신의 이름을 할랜드 데이비드 샌더스라고 소개했다. 그는 자신을 소개하며 말했다. "내가 만든 프라이드 치킨은 특별합니다. 압력솥에 튀겨내 겉은 바삭하고 속은 촉촉하지요. 허브와 향신료 등 11가지 비법 소스를 조합했습니다." 사실 그는 여러 식당을 방문하며 자신만의 레시피로 만든 치킨을 홍보하는 중이었다. 그의 목표는 간단했다. 자신의 치킨을 판매해 줄 레스토랑을 찾는 것이었다. 샌더스는 하비 하우스를 방문하기 전까지 이미 수백 곳을 거쳐왔다고 했다. 샌더스는 여러 인터뷰에서 하비 하우스가 그가 방문한 1009번째 가게라고 밝히기도 했다.

그러나 대부분의 식당들은 샌더스를 괴짜로 여겼다. 말이 많고 지나치게 자신감이 넘쳤으며, 검증되지 않은 레시피를 들고 와 가게 메뉴에 끼워 넣으라고 요구하는 태도는 무례하게 느껴질 정도였다. 하비 하우스도 예외는 아니었다. 샌더스의 당당한 제안에 하비 하우스의 오너인 클라우스 가족은 주방 총책임자인 데이브와 상의했다. 예상대로 데이브는 단호하게 샌더스의 제안을 거절했다.

하지만 샌더스는 포기하지 않았다. 그는 몇 주에 걸쳐 여러 차례 가게를 다시 찾았다. 항상 정장을 입고 자신이 만든 치킨을 가져왔다. 때론 직접 요리를 해보이기도 했다. 주방에서 압력솥을 꺼내 닭을 튀기고 직원들에게 대접했다. 그리고 데이브도 그 맛에 금세 매료되고 말았다. 치킨을 한입 베어 문 데이브는 잠시 말을 잊었다. 재료는 평범했지만 조리 방식과 양념이 독특했던 것이다. 식감과 풍미가 달랐다. 그는 주방 직원들과 함께 비교 시식을 해보면서 점점 샌더스의 치킨에 끌리기 시작했다. 그제야 데이브는 진지하게 고려하기 시작했다. 손님 반응을 확인하기 위해 메뉴판에 시험적으로 '켄터키 스타일 프라이드 치킨'을 올려보기로 결정했다. 현재 세계적인 치킨 패스트푸드 프랜차이즈 KFC의 탄생이었다.

고객들의 반응은 폭발적이었다. 손님들은 엄지를 치켜세웠고 샌더스의 치킨은 곧 하비 하우스의 인기 메뉴로 자리 잡았다. 이는 데이브에게 프랜차이즈 사업의 가능성을 깨닫게 해준 사건이었다. 손님들은 하비 하우스에 줄을 섰고 매출은 눈에 띄게 올랐다. 샌더스 역시 데이브의 믿음에 부응했다. 샌더스는 데이브와 이야기를 나눠보곤 곧 그를 프랜차이즈 경영 파트너로 낙점했다. 사실 샌더스는 하비 하우스뿐만 아니라 다른 지역에서도 제휴를 확장하며 여러 가게를 운영하고 있었다. 그러나 모든 가게가 하비 하우스처럼 대박이 나진 않았다는 점이 그의 고민이었다.

그러던 어느 날, 샌더스는 데이브에게 중요한 제안을 했다. 바로 장사가 부진한 일부 가게의 운영을 맡아달라는 것이었다. 그는 오하이오주 콜럼버스 지역 등 장사가 지지부진했던 네 곳의 매장을 되살려 달라고 부탁했다. 데이브는 장고 끝에 이를 받아들였다. 단 4개 매장을 컨설팅해 주는 대가로 샌더스의 회사 지분을 요구했다.

데이브는 수익이 저조한 매장을 매일같이 돌아다니며 문제점을 파악했다. 그는 가장 먼저 매장의 간판부터 바꿨다. 평범했던 간판을 치운 대신 샌더스의 얼굴이 그려진 그림을 내걸었다. 이게 바로 현재 KFC 브랜드의 상징이 된 '샌더스 대령(Colonel Sanders)' 캐릭터다. 하얀 양복 차림에 켄터키 지역을 대표하는 남부 억양 사투리로 손님을 맞이하던 샌더스를 브랜드 아이콘으로 정착시킨 것이다.

또한, 가게 내부적으로는 조리법을 손봤다. 기존의 메뉴는 과감히 없애고 샌더스의 레시피에 기반한 치킨을 중심으로 메뉴를 완전히 재구성했다. 또, 그는 메뉴 점검, 직원 교육, 지역 마케팅 등 손댈 수 있는 모든 것을 바꿨다. 포장 전문 카운터를 설치하거나 식사 동선을 수정하는 등 주문부터 조리, 수령 후 식사까지 모든 과정을 효율화했다. 이는 단기간에 매출을 크게 늘리는 데 기여했다. 결국 실적 부진으로 폐점 위기에 몰렸던 매장들은 다시 살아났다. 당연히 그 성과로 데이브는 150

만 달러에 달하는 KFC 지분을 보상받았다. 그리고 이 돈은 추후 그가 웬디스를 창업하는 종잣돈이 된다.

이처럼 데이브는 요리사로서 실력이 뛰어났을 뿐만 아니라 레스토랑을 운영하는 경영자로서의 감각도 뛰어났다. 데이브는 KFC 매장 경영을 통해 자신 있던 외식업 경영 능력뿐만 아니라 브랜드 전략의 모든 것을 실전 훈련했다. 메뉴 설계, 매장 구조, 캐릭터 마케팅, 운영 매뉴얼까지 그는 '프랜차이즈 시스템'을 몸소 익혔다. 이후 웬디스를 창업할 때쯤엔 요리사이자 뛰어난 사업가가 되어 있었다.

1969년, 데이브는 그간 모은 돈을 쏟아부어 오하이오주 콜럼버스에 오랜 꿈이던 자신의 햄버거 가게를 열었다. 간판에 걸린 이름은 '웬디스 올드패션드 햄버거'였다. 많은 사람들은 웬디라는 이름이 누구인지, 왜 '올드패션드'라는 표현이 붙었는지 궁금해했다. 사실 이 이름에는 그의 유년시절 결핍돼 있던 가족에 대한 사랑이 담겼다.

당시 데이브에게는 8세짜리 딸, 멜린다 루 토머스가 있었다. 그녀는 또래 아이들과 달리 자기 이름을 또렷하게 발음하지 못해 늘 혀 짧은 소리로 자신을 '웬디'라고 불렀다. 그 발음을 들을 때마다 웃음 짓던 데이브는 언젠가 이 아이의 이름을 세상에 남기고 싶다는 생각을 했다. 그렇게 자신의 인생을 건 가게에 딸의 애칭을 그대로 새긴 것이다.

감성 브랜딩의 원조

데이브는 빨간 머리를 땋은 딸 웬디의 모습을 직접 마스코트로 그려 넣었다. 웬디의 얼굴은 이후 수십 년간 웬디스 매장 간판, 광고, 포장지에 등장하며 브랜드의 상징이 되었다. 사람들은 데이브의 의도대로 '웬디스'를 가족의 정서와 개인의 진심이 담긴 공간으로 느끼기 시작했다.

웬디스는 창업자 개인의 생애와 철학을 브랜드 서사로 확장해 '딸에게 바치는 가게'라는 내러티브를 만들었다. 이는 웬디스를 단순한 패스트푸드점이 아닌 가족성과 인간미가 느껴지는 브랜드로 차별화시켰다. 이처럼 창업자의 진심이 녹아든 서사는 브랜드 아이덴티티의 깊이를 확장시키고 감정적 유대를 형성하는 강력한 도구가 된다.

브랜드는 결국 이야기다. 그리고 그 이야기에 진심이 담겨 있을 때 소비자는 감동하고, 기억한다. 웬디스는 단순한 햄버거 체인이 아니다. 한 아버지가 딸에게 바치는 사랑의 헌사이자, 요식업 인생 전반에서 얻은 철학을 매장 하나하나에 녹여낸 감정 자산의 집합체다. 딸의 이름과 얼굴을 브랜드로 만든 아버지의 마음. 이보다 더 진심이 담긴 마케팅 수단이 어디 있을까? 제품 그 자체보다 브랜드에 담긴 정서적 서사를 강조한 웬디스는 '감성 기반 브랜딩'이 어떻게 실현되는지를 보여주는 모범 답안이라 할 수 있다.

괴짜 치킨 판매원 샌더스와 KFC

할랜드 데이비드 샌더스는 단순히 치킨을 팔고 싶었던 괴짜가 아니었다. 그는 압력솥을 활용해 짧은 시간에 속까지 촉촉하게 익히는 특별한 조리법과, 오직 자신만이 알고 있던 11가지 비법 향신료 조합을 손에 쥔 채 미국 전역을 떠돌았다. 허름한 모텔방에서 잠을 청하고, 오래된 차를 몰고 다니며, 수백 개의 식당 문을 두드렸다. 하지만 돌아오는 건 대개 냉대였다. '그 나이에 무슨 창업이냐'는 시선, '우리 방식이 더 낫다'는 멸시, '맛있긴 한데 필요 없다'는 냉정한 답변까지. 샌더스는 그 문전 박대를 매일 같이 겪어야 했다.

그럼에도 그는 포기하지 않았다. 거창한 광고도, 대규모 예산도 없었지만, 맛이라는 '콘텐츠'가 모든 메시지의 중심이었다. 그의 치킨은 한번 먹으면 기억에 남았고, 그 기억은 다시 입소문을 타고 퍼져나갔다. 당시에는 잘난 체하는 허풍쟁이로 오해받기도 했지만, 그는 매 순간 자신이 만든 제품의 완성도를 믿었다. 그 믿음은 결국 성공으로 이어졌다. 시장이 외면했던 레시피는 시대를 풍미한 맛으로 자리 잡게 되었다.

브랜드 초기에 가장 중요한 건 화려한 슬로건이나 포장된 스토리가 아니다. 두고두고 기억 속에 남을 '경험'을 제공하는 제품이다. 매장에서 주문해 막 튀겨져 나온 치킨을 한입 베어 물었을 때, 바삭함과 향신료의 향, 육즙이 동시에 터져 나오는 황홀한 경험 그 자체가 KFC의 가장 강력한 무기라고 할 수 있다.

브랜드 창업자는 '제품 개발자'가 아닌 '브랜드 설계자'여야 한다. KFC에서의 실전 경험은 단순한 운영이 아닌 마케팅 인프라와 브랜드 시스템 구축의 선행학습이었던 셈이다.

♦ 데이브 토머스(왼쪽)와 할랜드 샌더스(오른쪽)

데이브 토머스와 할랜드 샌더스의 운명적인 만남은 미국을 대표하는 두 햄버거 브랜드, 웬디스와 KFC의 탄생으로 이어지며 미국 패스트푸드 산업의 역사에서 결코 빼놓을 수 없는 전설적인 순간으로 남았다.

제품에서 차별화, 감성에서 분화

웬디스는 정사각형 햄버거 패티로도 차별화를 꾀했다. 웬디스가 택한 정사각형 패티의 원조는 사실 따로 있다. 미국에서 두 번째로 오래된 햄버거 프랜차이즈 가게인 '큐피'의 햄버거가 그 주인공이다. 미시간주의 칼라마주 지역 햄버거 체인인 큐피의 사각형 패티는 그에게 강한 인상을 남겼다. 둥근 번(빵) 바깥으로 삐져나오는 사각형 모양의 패티가 햄버거를 보다 풍성하고 먹음직스럽게 만들었다. 웬디스는 이 사각형 패티 버거를 시그니처로 만들었다. 사각형 패티는 '고기가 풍성하다'는 인식을 유도하는 전략이기도 했다.

가게 이름 끝에 붙은 올드패션드라는 문구 역시 단순한 장식이 아니다. 그것은 데이브 토머스가 외식업에서 수십 년간 일하며 깨달은 고집과 신념의 표현이었다. 좋은 음식이란 본래 방식 그대로 손으로 정성껏 만들어야 한다는 철학을 담은 것이다. 그래서 웬디스의 햄버거는 요란한 기교 대신 정직한 재료와 단순한 조리법으로 승부를 봤다. 맥도날드를 필두로 자동화와 효율이 지배하던 당시 패스트푸드 업계에서 웬디스는 오히려 손으로 정성껏 만드는 방식과 가치를 강조했다. 이는 진정성에 핵심 가치를 둔 브랜드 포지셔닝 전략이었다.

이뿐만 아니라, 데이브는 창업자의 페르소나가 곧 브랜드 신뢰를 의미한다는 점을 꿰뚫어 보았다. 데이브는 CEO 자리에서 물러난 후에도 브랜드 광고에 등장했다. 텔레비전 광고에 직접 출연한 그는 서툰 말투, 편안한 웃음, 뚜렷한 남부 억양을 지닌 '동네 아저씨'처럼 행동했다. 그는 고급스럽지도, 세련되지도 않았지만 오히려 브랜드의 신뢰를 구축하는 상징적인 존재가 되었다. 이처럼 때론 브랜드 창업자 본인이 최고의 모델이 될 수 있다. 창업자의 진정성, 스토리, 어투, 행동이 고객에게 브랜드의 성격을 각인시키는 데 가장 효과적인 자산일 수 있다.

이후 웬디스는 놀라운 속도로 성장했다. 1980년대 들어 프랜차이즈 사업에 박차를 가한 웬디스는 북미를 중심으로 급속히 확장했고, 2023년 기준 전 세계 약 7,166개 매장을 보유한 글로벌 브랜드로 성장했다.

데이브는 2002년 세상을 떠나기 직전 인터뷰에서 조심스럽게 한

◆ 웬디스의 간판

가지 후회를 털어놓는다. 그 후회란 딸의 이름을 브랜드 이름으로 정한 것이었다. 그는 결과적으로 자신의 결정이 딸에게 평생 부담이 되었을지도 모른다는 죄책감을 안아야 했다. 많은 이들이 '웬디'라는 브랜드를 볼 때마다 그녀를 떠올렸고, 그녀에게는 개인이 아닌 회사의 상징이 되어야 하는 부담감이 따라붙었던 것이다.

딸 웬디 토머스(멀린다 루 토머스)는 아버지의 사업을 이어 현재도 웬디스의 이사회 임원이자 가맹점 운영자로 활동하고 있다. 미국 내에서 약 30개의 웬디스 매장을 직접 소유하고 운영하는 중이다. 언론 인터뷰에서 그녀는 아버지가 만든 브랜드와 자신의 이름이 연결된 것이 자랑스럽다고 밝힌 바 있다.

웬디스는 한 아버지가 자신의 가장 소중한 존재에게 바치는 헌사였고 그것이 수많은 사람들에게 따뜻함과 맛있는 식사의 기억으로 남게 되었다. 그리고 그 마음은 햄버거 하나하나 속에 아직도 살아있다.

'그때 그 맛집'으로 박제된 추억의 프랜차이즈

1984년 한국 시장에 진출했던 웬디스는 이후 14년 만에 철수했다. 웬디스는 맥도날드보다 앞서 상륙해 명동, 강남, 이태원 등지에서 젊은 층의 문화적 호기심을 자극하며 많은 사랑을 받았지만, 미국 본사의 표준화 모델을 고수한 탓에 맥도날드와 버거킹의 현지화 전략에 밀렸다. 결과적으로 현지 고객의 입맛, 문화, 소비 패턴을 고려하지 않은 채 글로벌 운영 모델만 들여온 점이 실패의 핵심 원인 중 하나였다.

이는 브랜드 철학과 시장 현지화는 양립할 수 있어야 한다는 점을 의미한다. 아무리 철학이 진실하더라도, 그것이 현지 시장과 조화를 이루지 못하면 생존하기 어렵다. 특히 음식 브랜드는 입맛, 문화, 트렌드에 민감하므로 현지와 연결되는 방식으로 재해석해야 한다. 어쩌면 국내 대표 햄버거 브랜드 롯데리아가 오랫동안 살아남은 비결도 철저히 한국인의 입맛에 맞는 맞춤형 버거를 쉬지 않고 내놓기 때문이라고 볼 수 있다.

비록 지금은 한국에서 매장을 찾아볼 수 없지만 당시 세대에게 웬디스는 강렬한 기억으로 남아있다. 햄버거가 평범한 간편식이 아닌 문화적 체험이 되던 시절, 정사각형 패티에 바삭한 베이컨이 얹어진 웬디스의 버거는 그 시절의 미국을 간접적으로 경험하게 해주던 창이었다. 아직까지도 웬디스를 생일파티 장소나 첫 데이트 장소로 기억하는 사람이 많다. 그렇게 웬디스는 한국에서 짧지만 진한 발자취를 남긴 뒤 떠났고, 오늘날에도 1990년대를 회상할 때면 '그때 그 맛집'으로 소환되곤 한다.

"Quality is our recipe."
품질이 레시피입니다.

- 웬디스 광고 슬로건

13
동전 던지기로 만들어진 '31가지 맛'의 제국
배스킨라빈스

배스킨라빈스 (BR IP Holder LLC.)	
창업자	버튼 배스킨 (Burton Baskin), 어바인 라빈스 (Irvine Robbins)
창업연도	1945년
본사	미국 매사추세츠주 캔턴
지점 수	약 7,700개 매장 운영 (전 세계 50여 개국 이상)
직원 수	약 8,000명 (2024년 본사 및 직영 기준)
매출	약 20억 달러 (2024년 기준)

하와이에서 태어난 첫 미국 대통령이자 미국 최초의 흑인 대통령 버락 오바마는 고교 시절 하와이 호놀룰루에 있는 푸나호우스쿨에 재학 중이었다. 여느 또래처럼 그 역시 여름방학을 맞아 아르바이트를 시작했다. 세계적인 프랜차이즈 가게 중 한 곳이었던 이 매장은 당시에도 가족 단위 손님과 관광객으로 북적였다.

오바마는 그때를 회상하며 "손목이 아팠고 화려한 일은 아니었지만, 책임감과 근면함, 친구와 가족, 학교와의 균형에 대해 많은 걸 배웠다"고 밝혔다. 이 경험은 추후 백악관에서 업무를 하는 데도 많은 도움이 됐다고 알려졌다. 카피올라니대로에 위치한 해당 매장은 지금도 오바마의 첫 직장으로서 지역 명소로 불린다. 그 가게의 이름이 바로 '배스킨라빈스'다.

 매년 여름마다 반복되는 역대급 더위 속에서 많은 이들이 갈증과 짜증 속에 하루를 버텨낸다. 그런 가운데, 단순하지만 가장 달콤한 해법이 있다. 바로 아이스크림이다. 혀끝을 시원하게 자극하며 기분까지 달콤하게 해주는 아이스크림은 더위를 식히고 싶을 때 다른 어떤 방법보다도 매력적인 선택지다. 특히 전 세계 사람들이 아이스크림 하면 가장 먼저 떠올리는 브랜드는 단연 '배스킨라빈스'일 것이다.

 그런데 잠깐, 이름을 곱씹어 보자. 배스킨라빈스라는 말은 언뜻 보면 사람 이름 같다. 이름이 배스킨이고, 성이 라빈스인 누군가가 만든 브랜드처럼 보이기도 한다. 하지만 이 이름에는 재미있는 반전이 숨겨져 있다. 배스킨라빈스는 한 사람이 아니라 서로 다른 두 사람의 이름에서 유래했다. 그 두 사람은 평범한 사업 파트너가 아니었다.

전쟁터에서 마주한 아이스크림

 배스킨라빈스는 '버트 배스킨'과 '어바인 라빈스'라는 두 사람에 의해 탄생했다. 둘은 단순한 친구 사이도, 그냥 사업 파트너도 아니다. 버트 배스킨은 어바인 라빈스의 여동생인 셜리 라빈스와 결혼으로 맺어진 가족이었다. 버트는 어바인의 매부이자 동업자였던 셈이다.

1917년, 캐나다의 유대인 가정에서 태어난 어바인 라빈스는 '아이스크림수저'였다. 그의 아버지 아론 라빈스는 가족을 이끌고 캐나다에서 미국 워싱턴주 타코마로 이주해 아이스크림 가게를 운영하고 있었다. 당시는 냉장 기술이 보편화되기 전이라 아이스크림 제조와 판매는 시간과 노력이 필요한 일이었다.

매일 가게에서 아버지를 도왔던 어린 어바인은 손수 만든 아이스크림을 맛보며 하루를 마무리하곤 했다. 그에게 아이스크림은 일상이자 정체성이었으며 삶의 일부였다. 아이스크림과 함께 자라난 어바인은 캘리포니아대학교 버클리캠퍼스에서 정치학을 전공했지만, 결국 운명처럼 아이스크림으로 되돌아온다.

♦ 버트 배스킨(왼쪽)과 어바인 라빈스(오른쪽)

미래의 사업 파트너이자 매부가 될 버트 배스킨은 1913년, 미국 일리노이주에서 태어났다. 그의 가족은 러시아계 유대인 이민자 출신으로, 아버지 해리 배스킨은 시카고에서 남성복 맞춤 양복점을 운영하며 생계를 꾸렸다. 해리는 1942년 은퇴할 때까지 재단사로서 명성을 쌓았고, 아들 버트도 아버지의 뒤를 이어 남성복 사업에 뛰어들었다. 당시 미국 사회는 가업을 잇는 것이 자연스러운 시대였고, 버트 역시 그 기대를 따르는 듯 보였다. 실제 그는 1930년대 말까지 시카고에서 자신의 이름을 건 남성복 가게를 운영했다.

　　그러나 이 두 사람의 인생을 바꿔놓을 커다란 전쟁이 그들을 찾아왔다. 바로 1939년 발발한 제2차세계대전이었다. 참호에는 진흙과 피가 고였고 군인들의 정신은 점점 피폐해졌다. 전장을 오가는 군인들은 끊임없는 공습과 폭격 속에서 지쳐갔다. 미국 정부는 당시 징병제로 끌려 들어온 병사들의 사기를 높이기 위해 다양한 지원책을 마련했다. 유명 가수와 연예인들이 전장을 돌며 위문공연을 펼쳤고, 야전에는 교회와 독서 공간, 극장이 들어섰다. 위문품과 간식도 빠지지 않았는데, 이때 초콜릿, 껌, 콜라 같은 단맛은 피로를 덜어주는 필수 아이템이었다. 그리고 이 모든 것 가운데 병사들이 가장 환호한 것이 있었다. 바로 아이스크림이었다.

　　미군은 아이스크림을 단순한 간식이 아닌 전략 물자로 인식했다. 달콤한 디저트 한 스쿱이 병사의 정신을 지탱한다는 믿음으로 아예 아이스크림 전용 선박을 만들어 전장에 투입했다. 이른바 '아이스크림 바지선(Ice Cream Barge)'이다. 해당 선박은 아이스크림을 만들어 공급하는 부유식 공장으로, 미군들이 있는 곳이라면 어디든 출동했다. 대표적인 배가 '콰르츠호'다. 이 바지선은 냉장 설비와 제조 장비를 갖춰 오로지 아이스크림 공급용으로만 쓰였다. 7분마다 10갤런(약 38리터)씩 아이스크림을 만들었고 저장 용량은 무려 2,000갤런(약 7,600리터)에 달했다. 이 거대한 아이스크림 함선은 태평양 전역을 누비며 미군들에게 아이스크림을 배급했다. 전쟁 중 아이스크림 수요가 급격히 늘어나면서 미군은 총 열두 척의 아이스크림 전용 바지선을 제작했다. 그만큼 전장의 피로를 달래는 데 아이스크림은 중요한 역할을 했다. 얼핏 보기엔 사치품이었지만 최전선에서 싸우는 군인들에게는 비밀 무기나 다름없었다.

제2차세계대전이 발발하자 어바인도 육군으로 징집됐다. 미국 워싱턴대학교를 졸업한 그는 1942년 하사관으로 전쟁에 나선다. 배속된 부대는 식량 공급과 위생 관리를 담당하는 지원 병과였다. 그는 특이한 임무를 맡았는데, 바로 아이스크림을 만들어 배급하는 일이었다.

어바인은 어린 시절부터 아버지가 운영하던 아이스크림 가게와 함께 자랐기에 자연스럽게 손에 익은 기술은 전장에서도 빛을 발했다. 그는 배에 실려 있는 재료를 활용해 수백 명의 병사에게 매일 아이스크림을 공급했다. 그는 훗날 전쟁 회고록에서 이렇게 말했다. "아이스크림 한 스푼이 그날 전투에서 살아갈 이유가 되기도 했다." 그가 만드는 아이스크림은 병사들의 사기를 진작하고 에너지를 보충하는 핵심 전쟁물자였다.

버트 역시 1942년 미 해군에 입대했다. 그의 복무지는 남태평양 바누아투 제도의 에스피리투 산토라는 섬으로, 이 지역은 당시 미군의 핵심 군수기지였다. 그는 보급 물자 관리와 병참 업무를 수행했는데, 열악한 환경에 노출된 그는 정글과 습기, 모기떼 속에서 정신적으로 많이 피폐해졌다. 하지만 그 역시 아이스크림을 먹을 때만큼은 천국에 있는 것 같다고 느꼈다. 그는 휴가 중 아이스크림 한 스쿱을 받았고, 그 기억이 평생 잊히지 않았다고 한다.

두 남자의 아이스크림 여정

1945년, 제2차세계대전이 끝났다. 총성이 멈췄고 병사들은 집으로 돌아왔다. 전쟁이 끝나자 어바인은 곧장 고향인 캘리포니아주의 글렌데일로 향했다. 자신만의 아이스크림 가게를 열기로 결심했기 때문이다.

어바인은 자신이 모은 6,000달러를 투자해 '스노우버드 아이스크림'이라는 매장을 연다. 이곳에서 그는 무려 21가지 종류의 아이스크림을 개발해 판매했다. 아버지의 가게에서 아이디어를 가져왔고 군에서의 경험을 한 스쿱 더해 수십 가지의 맛을 선보일 수 있었다. 당시 보통 3가지, 많아도 5가지 맛을 내놓았던 다른 아이스크림 가게와 비교하면 혁신적인 수준이었다.

1년 뒤인 1946년, 버튼 배스킨도 군복무를 마치고 전역했다. 시카고로 돌아온 그는 가업을 이을지 새로운 길에 도전할지 고민하고 있었다. 그때 그의 장인어른과 처남인 어바인이 계속 아이스크림 사업을 권했다. 고심 끝에 고향인 시카고를 떠나 캘리포니아주로 이주하기로 결정한다. 시카고의 가게도 정리한 버튼은 가족이 있는 캘리포니아주의 패서디나로 이주했다. 거기서 그는 자신의 이름을 따 '버튼스 아이스크림 (Burton's Ice Cream)'이라는 가게를 열었다. 그는 현장 마케팅 감각이 뛰어났다. 지역 이벤트에 참여하고 시식 행사를 열었다. 이렇게 가족관계인 두 남자는 아이스크림 가게를 차려 승승장구했다. 아이스크림에 대한 수요는 폭발적으로 증가하면서 어바인은 매장 5개를, 버튼은 3개를 운영했다.

그러나 매장이 많아지자 운영하기가 쉽지 않았다. 각각 운영하다 보니 시간은 부족했고 효율이 떨어졌다. 관리가 잘되지 않아 품질 문제도 불거졌다. 서로를 신뢰하던 두 남자는 1948년, 동업을 결정한다. 다만, 갑작스럽게 통합하기보다는 브랜드는 그대로 유지하면서 전체 운

♦ 창업 초기 배스킨라빈스 매장 (출처: 배스킨라빈스 홈페이지)

영만 협력하는 방식으로 진행했다.

이들은 많은 매장을 효율적으로 운영하려면 각 점포를 운영하는 지점 책임자의 '주인의식'이 중요하다는 것을 깨달았다. 그리하여 당시까지 생소했던 프랜차이즈 운영 방식을 도입한다. 단순한 가맹점 형태가 아니라, 점주에게 지분과 운영권을 부여해 매장을 책임지는 현대식 프랜차이즈의 개념이 도입됐다. 미국 외식업계에서 프랜차이즈 체계를 본격적으로 실험한 거의 최초의 사례였다.

1949년, 두 사람은 캘리포니아주의 버뱅크에 위치한 대형 유제품 매장을 공동으로 인수한다. 이를 기점으로 그들은 대량생산이 가능한 물류망 시스템을 구축한다. 공급단가는 더욱 떨어졌고 신제품 개발, 맛 표준화, 유통 간소화에 이르기까지 체계적인 운영 방식이 도입됐다. 이들은 캘리포니아주에만 40개 넘는 매장을 운영하기 시작했다.

1953년, 두 사람은 마침내 브랜드를 하나로 통합한다. 이름은 단순했다. '배스킨라빈스'. 두 사람의 성을 나란히 붙인 것이었다. 광고 회사 '카슨/로버츠'가 브랜드 통합 작업을 주도했다. 이들은 매장 간판, 로고, 슬로건, 색상 체계까지 전반적인 브랜드 아이덴티티를 설계했다. 그 중심에는 단 하나의 메시지가 있었다.

"31가지 맛. 매일매일 다른 아이스크림을."

하루에 한 가지씩, 한 달 내내 새로운 맛을 제공하겠다는 전략이었다. 이는 미국 소비자에게 신선한 충격이었다. 아이스크림은 더 이상 후식이 아니라 그 자체를 즐기기 위해 매장을 찾는 음식이 되었다.

여기서 재미있는 사실, 왜 '라빈스배스킨'이 아닌 '배스킨라빈스'

가 된 것일까? 서로의 이름을 딴 브랜드에서 버튼의 성인 '배스킨'이 먼저 위치하고 있다. 사실 업력과 브랜드 기반만 놓고 보면 어바인의 성인 '라빈스'가 앞에 오는 것이 자연스러웠다. 어바인은 아버지와 함께 아이스크림 가게를 운영하며 오랜 기간 아이스크림과 함께한 반면, 버튼은 전쟁 후에야 아이스크림 사업에 뛰어든 후발주자였다.

    이유는 이렇다. 두 사람은 브랜드 이름을 짓기 위해 단순하지만 공정한, 그리고 가장 미국적인 방법을 선택했다. 바로 동전 던지기였다. 이름을 정해야 하는 날, 회의실에서 동전이 던져졌다. 결과는 버튼 배스킨의 승리였고 두 사람은 배스킨을 먼저 쓰기로 했다. 그렇게 '배스킨라빈스'라는 이름이 세상에 나오게 된다. 단지 운이 좋았을 뿐이지만 이 장난스러운 게임이 오늘날 수천 개 매장을 거느린 세계적 브랜드의 이름을 결정했다.

'31가지 맛'의 혁명

    일반적인 아이스크림 가게들이 3~5가지 맛만 제공하던 시절, 배스킨라빈스는 31가지 맛을 내세웠다. 하루에 하나씩, 한 달 동안 매일 다른 맛을 경험하라는 의미였다. 이 전략은 여러 효과를 창출했다. 소비자의 선택권을 확대해 제품을 주도적으로 고르는 브랜드 경험을 제공했다. 즉 소비자의 생활 속으로 스며드는 구조를 만들어 재방문을 유도한 셈이다. 수만 가지, 수십만 가지 아이템이 한 쇼핑몰에 몰려있는 지금에 비할 바는 아니지만, 당시만 해도 한 가게에서 30여 가지에 달하는 맛을 제공한다는 점은 굉장히 이색적이고 놀라운 경험이었다.

배스킨라빈스는 단순히 맛보다도 '경험'을 팔았다. 브랜드의 정체성을 강화하기 위해 시각적 요소에도 공을 들였다. 초기 매장 인테리어는 상큼함과 달콤함을 상징하는 체리색과 초콜릿색을 조화롭게 배치해 꾸몄다. 또 하나의 아이콘은 바로 핑크색 미니 스푼이다. 이 스푼은 매장에 방문한 고객들이 수십 가지가 되는 다양한 아이스크림을 직접 맛본 뒤 고를 수 있도록 비치한 것이었다. 이 무료 시식 서비스는 70년이 지난 지금도 배스킨라빈스 매장에서 제공되고 있다.

1950년대 후반, 미국 경제는 본격적인 베이비붐 소비 시대로 접어든다. 가정마다 냉장고가 보급됐고, 외식 문화가 폭발했다. 배스킨라빈스는 이 흐름을 완벽히 탔다. 아이스크림은 가족이 함께 매장을 방문해 사 먹는 외식 상품이 되었다.

1960년에는 미국 내 매장 수가 100개를 돌파했다. 1967년에는 500개를 넘기며 기하급수적인 성장 속도를 보였다. 이는 냉장·냉동 기술의 발달, 교외 주택단지의 확산, 그리고 고속도로망의 확대와 같은 사회적 변화와 맞물려 있었다. 배스킨라빈스는 이 흐름을 정확히 읽고 프랜차이즈 모델로 사업을 확장했다. 그리고 해외 진출에도 박차를 가한다.

핑크색 미니 스푼에 담긴 경험 디자인

배스킨라빈스의 핑크색 맛보기 스푼이 수십 년 전에 나왔다는 이야기는 놀랍다. 무료 시식용 핑크 미니 스푼은 소비자를 존중하는 차원에서 제공되었고 동시에 제품에 대한 자신감을 보여주었다. 무슨 맛이든 마음껏 맛보고 그중 맘에

> 드는 것을 고르라는 제안은 호기심을 유발하여 구매와 소비를 유도했다.
> 　아이덴티티는 '경험'으로 각인된다. 배스킨라빈스는 감각적 체험을 강화하는 전략을 통해 브랜드 이미지를 구축했다. 이러한 '경험 디자인'은 매장을 찾는 고객에게 브랜드의 정체성을 무의식에 각인시키는 역할을 했다. 이는 훗날 '플래그십 스토어' 개념의 선구적 모델이 되며 애플스토어 등 수많은 브랜드에 영향을 미쳤다.

점주에게 심은 주인의식: 프랜차이즈의 탄생

　1940년대 후반, 배스킨라빈스는 당시로선 혁신적인 방식으로 지점을 운영했다. 단순한 위탁판매가 아닌, 각 점주에게 운영권과 수익 구조를 공유하는 '현대식 프랜차이즈'를 구축한 것이다. 이는 여러 가지 구조적 장점을 제공했다.

　우선 지역 밀착형 운영으로 고객 충성도를 확보할 수 있었다. 대부분 프랜차이즈 점주들이 해당 지역에 오랜 기간 거주했던 사람이었기 때문에 가게를 이용하는 손님들은 친근한 동네 가게 같다는 인상을 받았다. 점주 입장에서는 주인의식을 가지고 가게를 더욱 열심히 운영해야 할 동기부여가 되었다. 이는 자연스레 서비스 품질 상승으로 이어지며 선순환 구조를 만들었다. 이를 통해 프랜차이즈의 가장 큰 강점인 브랜드 통일성과 자율성의 균형을 이룰 수 있었다.

　이처럼 배스킨라빈스는 '본사-지점' 관계를 넘어서 브랜드 철학을 공유하는 커뮤니티 기반의 프랜차이즈 문화를 확립했다. 지점은 브랜드의 대리인이 아니라 브랜드의 '공동 창업자'라는 개념이 처음 등장한 사례다. 이후 1970년대에는 일본과 한국, 중동 지역으로 진출했고, 이후 아시아와 유럽으로 확장됐다. 그 결과, 2024년 기준 전 세계 약 7,700개의 매장이 성업 중이다. 당연히 아이스크림 프랜차이즈 중에서 압도적 1위를 차지하고 있다.

달콤한 맛이 남기는 딜레마

배스킨라빈스의 성공에도 이면은 존재한다. 바로 두 창업자의 건강 문제다. 이들은 누구보다 아이스크림을 사랑했다. 직접 제조하고, 시식하고, 손님들에게 나눴다. 그러나 아이스크림을 가까이 둔 삶은 건강에는 결코 이롭지 않았다.

◆ 배스킨라빈스 한국 1호점 명동점 (출처: 배스킨라빈스 홈페이지)

버튼 배스킨은 비교적 이른 나이인 57세에 세상을 떠났다. 1967년, 매장 수가 500개를 넘으며 사업이 절정에 오르던 시기에 그는 심장마비로 쓰러졌고, 끝내 숨졌다. 당시 그의 체중은 100kg이 훌쩍 넘어 있었다. 매일 아이스크림을 먹고, 가게 운영과 시식회 참석 등으로 운동과 휴식이 부족했다. 가족과 동료들은 그의 갑작스러운 죽음을 받아들이기 힘들어했다. 어바인 라빈스 역시 예외는 아니었다. 그는 고혈압, 당뇨, 비만 등 다양한 만성질환에 시달렸는데, 사업은 계속 이끌어나갔지만 건강 문제는 점점 심각해졌다.

그러던 중 어바인은 중대한 결정을 내린다. 1973년, 창업 25년 만에 배스킨라빈스를 매각한 것이다. 매수자는 영국계 유통기업 '엘라이드 라이온스'였다. 이로써 배스킨라빈스는 창업자들의 손을 완전히 떠나게 된다. 매각은 단순한 경영권 이전이 아니었다. 이는 한 세대의 끝이자, 다음 세대를 향한 신호탄이었다. 어바인 라빈스의 아들 존 로빈스는 이 모습을 지켜볼 수밖에 없었다. 젊은 시절부터 회사를 물려받을 후계자로 여겨졌던 그는 아버지와 고모부의 건강을 보며 깊은 충격을 받았다. 매일 아이스크림을 먹으며 점점 무너져 가는 두 사람의 모습을 눈앞에서 지켜본 것이다.

존은 결국 막대한 상속권을 포기하고 완전히 다른 길을 걷게 되었다. 설탕과 지방, 첨가물이 소비자 건강에 장기적으로 미치는 영향을 우려하며 아이스크림 제국의 상속자가 아닌 '식품 윤리'의 전도사가 되기를 선택했다. 환경운동가이자 작가로 변신한 그는 1987년 『존 로빈스의 음식혁명』을 펴낸다. 그는 '달콤함' 뒤에 숨겨진 미국의 낙농업, 공장식

축산, 당류 과잉 소비의 문제점을 지적한다. 특히 자신이 포기한 배스킨라빈스의 아이스크림 산업이 사람들의 건강을 해칠 수 있다고 공개적으로 경고했다. 그는 자신의 책에서 다음과 같이 말했다.

"사랑하는 가족이 만들어낸 브랜드지만, 나는 더 건강한 삶을 택하기로 했다."

이 책은 출간 당시 큰 논란을 낳았지만, 동시에 많은 이들에게 새로운 시각을 안겨주었다. 존은 지금까지도 유기농 식품, 채식 운동, 지속가능한 식단 캠페인을 이끌며 활발히 활동하고 있다.

2세 경영자가 될 인물이 상속을 거부하고 환경 운동가가 됐다는 이야기는 극적이다. 배스킨라빈스는 가장 성공적인 프랜차이즈 브랜드라는 명성과, 창업자 가족의 불행과 갈등이라는 오명을 함께 보유한 드문 사례다. 대부분의 글로벌 식품·외식 브랜드는 2세, 3세 경영인들이 가업을 이어받아 사업을 확장하고 전성기를 열기 때문이다. 그러나 배스킨라빈스는 2세 경영자가 되어야 할 인물이 오히려 회사를 비판하고 상속을 거부하는 아이러니한 상황을 맞았다.

이 사건은 가족사 이상을 함의한다. 글로벌 소비자들은 점점 더 맛과 가격뿐만 아니라 윤리와 지속가능성을 중시한다. 배스킨라빈스는 장기 생존을 위해 '달콤한 맛'이라는 핵심 경험에 건강과 환경에 대한 고민을 얼마나 진정성 있게 녹여낼 것인가. 존 로빈스의 선택은 이러한 무거운 숙제를 안겼다. 이처럼 브랜드 윤리에 대한 고민은 소비자 입안의 달콤함이 끝난 뒤에도 그 브랜드가 남길 '뒷맛'이 무엇인가를 묻는 질문이기도 하다.

한편, 배스킨라빈스를 인수한 엘라이드 라이온스는 1990년대에 던킨 도너츠까지 인수하며 미국 프랜차이즈 산업의 거물로 떠오른다. 이들은 두 브랜드를 하나로 묶어 '던킨 브랜드'라는 이름으로 통합 관리했다. 같은 본사 아래, 배스킨라빈스는 '디저트', 던킨은 '커피와 도넛'이라는 각자의 영역을 유지하면서도 공동 마케팅과 물류 시스템을 공유했다.

이후 2020년, 미국 외식 전문 그룹 인스파이어가 던킨 브랜드 전체를 인수한다. 인스파이어는 버팔로 와일드 윙즈, 아비스, 지미존스 등 다수의 외식 브랜드를 보유한 그룹이다. 이로써 배스킨라빈스는 다시 한 번 새로운 주인을 맞았다.

오늘날 우리가 즐기는 한 컵의 아이스크림 뒤에는 수많은 이야기가 숨어있다. 성공과 부, 그 중심에는 자신이 만든 제품과 지나치게 가까웠던 두 창업자의 희생과 그 유산을 거부한 아들의 결단이 있었다. 달콤하지만 씁쓸한 이야기가 한 컵의 아이스크림 안에 담겼다.

> "Not just 31 flavors, 31 reasons to come back"
> 맛이 31가지라는 건,
> 당신이 돌아올 이유도 31가지라는 뜻입니다.
>
> — 배스킨라빈스 광고 카피

오티스
캐리어
포드
켈로그 형제와 포스트
돌
하리보
리바이스
라코스테
버켄스탁
컨버스

5장

거인들의 시대: 산업혁명의 문을 연 선구자들

맥도날드
웬디스
배스킨라빈스
카네기 스틸
JP모건
모건 스탠리
다우존스
스탠리
코스트코
코닥
힐튼
미쉐린

14

아메리칸 드림의 상징이 된 카네기 스틸

카네기 스틸 (Carnegie Steel Company)	
창업자	앤드루 카네기 (Andrew Carnegie)
창업연도	1892년
본사	미국 펜실베이니아주 피츠버그
지점 수	미국 내 제철소·압연공장 다수 보유 (19세기 말 기준)
직원 수	약 2만 명 이상 (1900년 기준)
매출	약 4,000만 달러 (1900년 기준)

　　석유왕, 철도왕 겸 선박왕, 금융왕, 그리고 철강왕. 한 나라의 군주나 임금을 뜻하는 왕(王)이라는 단어가 산업과 결합한다면 이는 해당 산업을 대표하는 입지전적(立志傳的)인 인물이 탄생했음을 의미한다. 그리고 미국 산업화를 이끈 네 명의 왕은 미국 경제의 초석을 다진 전설적인 인물이라는 공통점이 있다. 석유왕 존 록펠러, 철도왕이자 선박왕인 코닐리어스 밴더빌트, 금융왕 존 피어폰트 모건, 그리고 철강왕 앤드루

카네기가 바로 그 주인공이다. 각 산업을 대표하는 이들은 자신의 이름을 하나의 브랜드로 남겼고, 기업을 제국으로 만들었다. 그들은 자신의 이름을 산업 현장, 도시의 거리 이름, 대학교 캠퍼스, 박물관 간판 등에 아로새겼다. 이 중 가장 인지도 높은 인물이 철강왕 카네기다.

최근 철강왕 카네기의 유산에 금이 가고 있다. 그가 일군 카네기 스틸 컴퍼니의 후신이자 미국 산업의 상징인 US스틸이 일본제철에 매각된 것이다. 2023년 일본제철은 US스틸을 141억 달러에 인수하겠다고 발표했다. 부채까지 포함해 한국 돈 19조 원에 달하는 메가딜에 미국인들은 충격에 빠졌다. US스틸은 미국 산업화의 상징이자 미국 경제의 출발점이었기 때문이다.

♦ 앤드루 카네기 초상

본격적인 인수가 추진되자 민심의 눈치를 살핀 정치권이 먼저 반기를 들며 상황이 급변하기도 했다. 2024년 미국 대선 국면에서 도널드 트럼프 당시 공화당 후보와 카멀라 해리스 민주당 후보가 한목소리로 "미국의 심장부를 외국에 넘길 수 없다"는 입장을 내세우며 매각 반대를 외쳤다. 결국 조 바이든 미국 대통령은 재임 당시 인수합병을 불허했다. 이후 일본제철과 US스틸은 기업간 거래를 막은 미 정부를 상대로 소송을 제기했다. 이후 해가 바뀌어 대통령으로 취임한 트럼프는 고심 끝에 양사의 합병을 최종 승인했다. 미국 정부는 국가 안보와 관련된 미국 측의 요구사항을 들어주는 조건으로 일본제철의 US스틸 인수를 허용했다. 수많은 미국인들이 이토록 US스틸의 매각에 민감하게 반응하는 이유가 무엇일까?

스코틀랜드 출신 배달부에서 투자자로

미국 기업 US스틸의 이야기는 영국 스코틀랜드에서 시작한다. 앤드루 카네기는 1835년 11월 25일, 스코틀랜드 파이프 지역의 작은 도시 던펌린에서 직조공 노동자의 아들로 태어난다. 당시 대부분 직조공들이 그러했듯 카네기 가족도 단칸방 오두막에서 어렵게 생활했다. 단칸방은 거실이자 식당, 그리고 잠을 자는 침실이었고, 이마저도 절반은 이웃 직조공 가족들과 공유하고 있었다. 카네기는 어린 시절, 외삼촌이자 정치가였던 조지 로더 시니어로부터 많은 스코틀랜드 영웅에 관한 이야기를 듣고 자랐다. 어린 카네기는 위대한 영웅들의 무용담을 들으며 성공에 대한 야심을 키웠고 성공하기 위해서는 무엇보다 근면하고 성실해야 한다는 교훈을 마음에 새겼다.

　　19세기 초중반, 당시 스코틀랜드를 비롯한 영국 지역엔 역사적인 사건들이 발생하고 있었다. 전기화학과 중화학 공업을 중심으로 산업혁명이 본격화한 가운데 가톨릭 교회를 둘러싼 종교 갈등이 격화되고 있었다. 또한, 1850년대를 전후한 아일랜드 대기근 여파로 많은 사람들이 굶어 죽었다. 직조공이었던 그의 아버지 역시 급변하는 사회 질서 속에서 생계조차 꾸려가기 않은 처지였다. 카네기의 어머니는 정육점을 운영하며 고군분투했지만 결국 카네기 가족은 이를 버티지 못하고 더나은 삶을 위해 미국으로 떠났다.

　　카네기가 12세가 되던 1848년, 미국 펜실베이니아주 엘러게니 지역에 자리 잡은 카네기 가족은 새로운 환경에서 낯선 미국 생활을 시작한다. 하지만 당연하게도 미국에 왔다고 모든 게 해결되진 않았다. 아버지는 미국 생활에 잘 녹아들지 못했고 스코틀랜드인이 소유한 면직공장에서 겨우 일자리를 구해 근근이 밥벌이를 했다. 카네기 역시 아버지와 함께 면직공장 노동자로 일주일에 6일, 하루 12시간씩 고되게 일하며 돈을 벌었다.

　　일이 힘들다며 그만둔 아버지와 달리 카네기는 항상 근면성실하게 일했고, 그의 끈기 있는 모습은 금세 눈에 띄었다. 보빈(실을 감아서 쓰는 통) 제조업자 존 헤이는 그런 카네기를 고용해 눈여겨봤다. 카네기는 이전보다 수당이 2배 올라 주당 2달러를 받으며 일했지만 고된 일은 끝이 없었다. 보빈 공장 지하실의 보일러를 가동하며 증기기관을 돌리는 일은 어려웠을 뿐만 아니라 위험했다. 추후 그는 이때 당시를 회상하며 "증기기관을 다루는 게 서툴렀다 보니 보일러가 터질지도 모른다는 두려움에 사로잡혀 있었다"고 말했다.

그러던 1849년, 카네기는 삼촌의 추천으로 전신회사인 '오하이오 텔레그래프 컴퍼니'의 피츠버그 지사에서 배달부로 일하게 되었다. 그는 언제나 그랬듯 피츠버그의 모든 사업장의 위치와 사업가들의 얼굴을 외우며 열심히 근무했다. 그리고 이러한 노력을 인정받아 배달부 생활 1년 만에 전신 교환원으로 일할 기회를 잡았다. 카네기는 모르스 부호를 읽고 해석하는 역량이 탁월했다. 특유의 근면함에다 뛰어난 실력까지 갖춘 카네기에겐 거칠 것이 없었다.

특히 공부를 게을리하지 않았던 그는 매주 토요일 밤이면 군인인 제임스 엔더슨 대령의 개인 도서관을 찾아 400여 권의 책을 차례대로 읽어나갔다. 이를 통해 경제 관념을 쌓아나갔고 다양한 지식을 습득했다. 먼훗날 그는 엔더슨 대령에 감사를 표하며 그를 위한 도서관을 세우기도 했다.

그의 근면하고 성실한 태도와 뛰어난 업무 역량은 곧장 소문이 되어 퍼져나갔다. 1853년, 그는 '펜실베이니아 철도 회사'의 사장 토머스의 비서 겸 전신기사로 취업에 성공했다. 18세의 스코틀랜드 출신 이민자 소년은 첫 직장에서 받던 임금보다 4배나 많은 주급 4달러를 받으며 일하기 시작했다. 그러나 그는 결코 만족하지 않았다.

이곳에서 경력을 쌓은 카네기는 24세의 나이에 펜실베이니아 철도 서부 지역 감독관으로 부임했다. 그는 16세인 동생 톰을 비서로, 사촌인 마리아 호건을 전신기사로 채용했다. 감독관으로 일하는 동안 그는 직원 관리와 비용 통제 등 경영 전반에 대한 지식을 습득했다. 이는 훗날 사업가 카네기의 기반이 됐다. 당시 그가 받던 연봉은 1,500달러로, 2022년 기준으로 환산하면 약 4만 9,000달러에 해당한다. 그는 모인 돈을 바탕으로 각종 투자에 나서며 자본을 불리기 시작한다.

남북전쟁 속에서 먼저 발견한 철강의 시대

카네기의 첫 사업은 철도와 교량을 공급하는 일이었다. 그가 사업을 시작한 1860년대 초반, 미국은 남북전쟁이라는 전례 없는 내전에 휩싸여 있었다. 전쟁은 도시와 농촌, 정치와 경제, 사회 전반에 걸친 대격변을 불러왔다. 수많은 인명 피해와 사회적 혼란에도 불구하고, 전쟁은 역설적으로 철도와 군수물자 운송 산업에서 폭발적인 수요를 일으켰다.

철도·교량·군수물자 운송은 전쟁 수행의 핵심 인프라였다. 군대와 보급품을 신속하게 이동시키기 위해 신속하게 철로가 건설되기 시작했다. 기존의 목재 교량은 내구성 한계로 보수와 교체가 자주 필요기 때문에 보다 튼튼하고 오래 가는 철제 교량에 대한 수요가 급증했다. 동시에 대량의 군수품과 원자재를 전선까지 운송하기 위해 철도 차량과 부품 시장이 폭발적으로 성장했다.

이 혼란 속에서 앤드루 카네기는 기민하게 움직였다. 그는 펜실베이니아 철도회사에서 쌓은 경험과 인맥을 바탕으로, 교량·철도 부품·

군수물자 운송 장비 등 전쟁과 관련된 사업에 자본을 집중적으로 투입했다. 경쟁자들이 혼란 속에서 몸을 사리던 시기에, 그는 오히려 전쟁이 일으킨 '강제 수요'를 새로운 사업 기회로 인식한 것이다.

위기 속에서 기회를 포착하는 혜안

카네기의 발빠른 선택은 환경 스캐닝의 교과서적 사례다. 급변하는 외부 환경 속에서 어떤 산업이 수혜를 입을지 예측하고 가장 먼저 자원을 투입한 것이 승패를 갈랐다. 위기 상황에서는 시장 질서가 재편되기 때문에 기존 강자가 무너질 수 있고, 그 공백을 새로운 플레이어가 채울 수 있다. 카네기는 바로 그 '새로운 승자'의 자리를 차지했다.

전쟁이라는 특수 상황은 단기적 수요를 넘어 장기적 브랜드 포지셔닝 기회를 제공했다. 카네기의 제품은 단순히 철강과 부품이 아니라, '전쟁에서 검증된 품질'이라는 강력한 신뢰 자산을 얻게 되었다. 전후 산업화 시기에도 고객들은 '전쟁을 견딘 철강'이라는 이미지를 자연스럽게 연상했다. 이는 브랜드 자산의 형성과 확산이 어떻게 특정 역사적 사건과 맞물려 작동하는지를 보여준다.

오늘날 기업 환경에서도 이 교훈은 유효하다. 팬데믹, 지정학적 분쟁, 공급망 위기, 에너지 전환과 같은 '대격변'은 시장을 흔드는 동시에, 새로운 승자를 위한 문을 연다. 중요한 것은 위기를 보는 시선이다. 다수는 위험을 회피하려 하지만, 일부는 이를 기회로 전환해 시장 지배력을 강화한다. 남북전쟁 시기의 카네기가 그러했듯, 위기 속에서 기회를 포착하는 기업만이 다음 시대의 산업 지형도를 그릴 수 있다.

철도망이 도로망보다 잘 구축되어 있던 당시, 카네기는 장거리 여행에서 잠을 자고 쉴 수 있는 열차의 가능성에 주목했다. 그는 1862년 시카고 출신 사업가 조지 풀먼이 개발한 고급 침대칸 열차 '풀먼 슬리핑 카'에 투자했다. 이 침대 열차는 호화로운 침구와 안락한 객실을 갖춰 상류층과 장거리 여행자들 사이에서 화제였다. 이후 남북전쟁으로 장거리 병력과 보급품을 수송할 일이 많아지면서 본격적으로 인기를 끌기 시작했다. 전쟁과 산업화는 풀먼 슬리핑 카의 성공을 가속화했고, 고급 여행을 원하는 상류층과 장거리 이동이 잦은 군 장성 및 정치인들에게 큰 호응을 얻었다. 카네기 역시 이를 간파하고 초기 투자자로 참여하여 큰 수익을 거두었다.

풀먼 슬리핑 카의 성공 요인에는 '포터(Porter)'라 불린 흑인 승무원들이 빠질 수 없었다. 이들은 객실 청소, 짐 운반, 침대 정리, 손님 응대 등 전반적인 서비스를 제공했다. 당시 대부분의 포터는 남북전쟁 이후 해방된 흑인 노예 출신으로, 풀먼 회사는 이들을 대거 고용했다. 그러나 그들에게 지급되는 임금은 매우 낮았고, 승객들로부터 받는 '팁(tip)'이 사실상 주 수입원이었다. 실제로 '팁을 받는 직업군'을 뜻하는 영어 표현 'tipped workers'는 풀먼 포터들로부터 유래됐다. 이 시스템은 점차 '고객 서비스에 대한 보상의 문화'로 자리잡았고 오늘날 미국 전역에 퍼진 팁 문화의 기원으로 평가된다. 그들은 열악한 환경 속에서도 세련된 태도와 예의를 갖춘 서비스로 정평이 나있었고, 미국 내 첫 흑인 노동조합 중 하나인 '브라더후드 오브 슬리핑 카 포터스'가 1925년에 조직되면서 노동운동의 상징이 되기도 했다.

1865년, 카네기는 동료들과 함께 '키스톤 브리지 컴퍼니'를 피츠버그에 설립한다. 이 회사는 철제 교량을 제작하여 당시 철도 인프라 확장 붐에 발맞춰 빠르게 성장했다. 당시는 목재 교량이 많았지만 내구성에 한계가 있었고, 카네기는 철을 이용해 교량을 제작하는 편이 더 안전하고 장기적으로 효율적이라고 판단했다. 키스톤 브리지 컴퍼니는 펜실베이니아 철도, 오하이오 철도 등과 계약을 체결하며 미국 동부와 중서부 전역에 철제 교량을 공급했다.

이후에는 석유 및 철도 차량용 부품 제조로까지 사업을 넓혔다. 교량 외에도 그는 '카네기, 펠프스 앤드 컴퍼니' 같은 파트너십 구조를 통해 철강, 철도 부품, 주물(鑄物) 등 다양한 중간재 공급 사업에 손을 댔다. 이 시기의 사업 구조는 단순한 교량 제작에서 벗어나, 철강의 수직통합 구조를 갖추기 위한 초기 단계로 평가된다.

그는 가만히 머물지 않았다. 앤드루 카네기는 남북전쟁 직후 미국 경제가 급속도로 회복되며 새로운 자본시장이 형성되자 기민하게 기회를 포착했다. 그는 펜실베이니아주 서부 지역에서 활동하던 '컬럼비아 오일 컴퍼니'의 초기 투자자로 참여했다. 1860년대 초반 미국 최초의 상업적 유전이라 불리는 드레이크 유정이 개발된 직후로 미국은 '오일 붐'의 시작점에 있었다.

하늘이 도왔는지 카네기가 투자한 지역에서도 유정이 발견됐다. 이로 인해 그는 단기간에 막대한 수익을 올릴 수 있었다. 이처럼 석유, 철도, 운송, 교량, 전신 등 다양한 산업에 투자한 결과, 자본이 기하급수적으로 축적됐다.

누구보다 빨리 신기술을 도입한 선구안

그는 마지막으로 더 멀고 더 높은 곳을 바라봤다. 바로 철강이었다. 그는 앞으로 철강의 시대가 온다고 직감적으로 느꼈다. 전쟁으로 인해 철도 노선이 확장되면서 더욱 더 확신을 가졌다. 그는 그동안 벌어온 돈을 모두 철강업에 투자하기로 결심하게 된다.

남북전쟁을 거치며 철도 노선은 동부에서 중부, 그리고 서부로 뻗어가기 시작했다. 전쟁이 끝난 뒤에도 미국 내에서는 대륙횡단철도와 같은 초대형 프로젝트가 진행됐다. 철로, 교량, 선로, 건축 구조물 등 모든 인프라에서 철강의 수요가 폭발적으로 증가하고 있었다.

그러나 19세기 후반, 철강 산업은 한계에 부딪혔다. 기존의 용광로 기술은 느리고, 생산 단가가 높았으며, 품질 편차가 컸다. 철은 여전히 '귀한 자재'였고, 대규모 철도 건설과 산업화의 폭발적 수요를 충족시키기에는 턱없이 부족했다.

이때 영국에서 등장한 새로운 기술, '베서머 전로'는 철강업의 판도를 바꾸는 게임체인저였다. 고온의 공기를 쇳물에 불어넣어 불순물을 제거하는 이 방식은 생산 속도를 비약적으로 끌어올렸고, 품질을 일정하게 유지하면서도 단가를 대폭 낮출 수 있었다. 당시 대부분의 철강업자들은 새로운 기술을 도입하기에 앞서 신중하게 고민할 수밖에 없었다. 설비 전환에 필요한 막대한 초기 투자와 기술 안정성에 대한 의구심이 발목을 잡았기 때문이다.

하지만 앤드루 카네기는 달랐다. 그는 기술 변화를 미리 읽고, 남들보다 선제적으로 도입하는 것이야말로 시장을 지배하는 길임을 직감했다. 카네기는 직접 영국을 방문해 베서머 전로의 작동 원리를 파악했고, 경쟁자들이 머뭇거리는 사이 이를 미국에 가장 먼저 상업적으로 도입했다.

베서머 전로 기술은 단순히 생산성을 높이는 수준을 넘어섰다. 저렴한 가격, 대량생산, 품질 확보라는 3박자가 맞아떨어지면서 미국 철강 시장의 판도를 뒤흔든 것이다. 값싼 고품질 철강을 안정적으로 공급할 수 있게 되자 철도·교량·선박·건축 등 철강을 필요로 하는 모든 산업에서 카네기 스틸의 제품이 표준이 되었다. 결과적으로 그는 경쟁자들이 따라잡기 전에 시장지배력을 갖췄고, 가격·품질·납기 모든 측면에서 우위를 점했다.

선도자 이점과 규모의 경제

카네기의 베서머 전로 도입 사례에서 선도자 이점과 규모의 경제 효과를 배울 수 있다. 선도자 이점은 기술 도입 초기의 위험을 감수하는 대신, 경쟁자가 진입하기 전까지 시장을 선점하는 효과를 제공한다. 여기에 대량생산 기반의 규모의 경제가 더해지면, 후발주자는 가격 경쟁력에서 절대적으로 불리한 위치에 놓이게 된다. 소비자는 기술적 디테일을 모두 이해하지 않아도, 카네기 스틸이 미국에서 가장 튼튼하면서도 저렴한 철강을 만든다는 이미지를 각인하게 된다. 기술 혁신이 곧 브랜드의 핵심 가치임을 인식하는 것이다. 빠르게 변하는 산업에서 기술 혁신을 기회로 만들어내는 기업만이 시장 판도를 바꿀 수 있다. 기술을 먼저 이해하고, 이를 경쟁자가 따라오지 못할 속도로 상업화하는 것. 이것이 카네기가 보여준 19세기식 전략이자, 21세기에도 여전히 유효한 경영 법칙이다.

1872년, 카네기는 펜실베이니아주 브래독에 '에드가 톰슨 스틸 웍스'를 설립한다. 회사 이름은 그가 존경했던 펜실베이니아 철도 사장 '존 에드가 톰슨'의 이름을 땄다. 이 제철소는 미국에서 베서머 제강법을 가장 먼저 상업적으로 도입한 시설 중 하나였다. 카네기는 철도용 레일을 철강으로 제작해 납품에 성공한다. 해당 제품은 펜실베이니아 철도를 포함한 전국 철도망에 공급됐다. '대량 생산-저가 공급-높은 품질'이라는 철강 산업의 새로운 모델이 미국에서도 현실화되기 시작했다.

카네기는 에드가 톰슨 스틸 웍스의 수익을 전부 재투자했다. 그는 인근의 철광산과 석탄 광산, 코크스 생산 설비, 운송용 철도, 부두, 선박 등을 직접 인수하거나 신설해 생산 단계 전체를 아우르는 수직 계열화 체제를 구축했다. 이 전략은 비용을 낮추고 공급망을 통제하는 데 결정적인 역할을 했다.

그는 1880년대 후반까지 '루시 퍼니스', '유니언 아이언 밀스', '콘솔리데이티드 스틸 앤드 와이어' 등 철강 관련 기업을 잇달아 인수하며 세를 넓혔다. 이러한 인수 합병의 화룡점정이 바로 1892년 7월 그가 설립한 '카네기 스틸 컴퍼니'다. 본사를 피츠버그에 둔 이 회사는 당시 미국에서 가장 큰 철강 생산 기업이 되었다. 세계적으로도 손에 꼽히는 규모로 철강왕 앤드루 카네기의 등장을 전 세계에 알렸다.

브랜드 이미지의 중요성을 일깨운 홈스테드 파업 사건

물론 기업가 카네기의 어두운 면도 있다. 기업가 시절의 홈스테드 파업 사건은 여전히 그의 이름에 어두운 그림자처럼 따라다닌다. 1892년, 피츠버그 인근의 홈스테드 제철소에서 발생한 이 파업은 노동자들이 열악한 근무 조건과 임금 인하에 항의하며 벌인 대규모 투쟁이었다. 카네기는 당시 유럽에 머무르고 있었지만, 그의 파트너 헨리 프릭은 무장 용병을 고용해 파업을 강경 진압했다. 이 과정에서 사상자가 발생했고, 결과적으로 카네기는 직접 지시를 내리지 않았음에도 '노동자 탄압의 상징'이라는 오명을 얻게 됐다. 그의 이름은 '철강왕'이라는 산업적 위업을 드러냄과 동시에 '냉혹한 자본가'라는 부정적 이미지로 인식됐다. 이 사건은 단기적으로 생산 차질을 막는 데 도움이 되었을지 몰라도, 장기적으로는 그의 이미지에 심대한 타격을 남겼다.

이는 리더십 위기와 평판 관리의 관점에서 무척 중요한 문제다. 경영자는 단기 성과나 생산 목표를 지키기 위한 강경책이 장기적으로 브랜드 신뢰도와 사회적 수용성을 훼손할 수 있다는 점을 간과해서는 안

♦ 홈스테드 파업 진압에 나선 펜실베이니아주 군 (출처: 미 의회도서관)

된다. 브랜드 이미지는 제품 품질이나 가격만으로 형성되지 않는다. 위기 상황에서 리더가 보여주는 태도와 의사결정 과정이야말로 소비자가 기억하는 브랜드 이미지가 된다. 이 기억은 '부정적 스토리텔링'이 되어 향후 수십 년 동안 브랜드에 악영향을 미친다.

오늘날에도 글로벌 기업들은 노동, 환경, 인권과 관련한 사건이 터질 때마다 실적보다 평판을 우선적으로 관리하려 한다. 그 이유는 명확하다. 한번 손상된 신뢰를 회복하려면 오랜 시간과 막대한 비용이 필요하기 때문이다. 홈스테드 파업은 '생산성 유지'와 '사회적 신뢰 유지'가 충돌할 때, 어떤 선택이 옳은지에 대해 질문을 던진다.

사회 공헌의 모범이 된 철강왕

카네기의 삶은 철강 제국을 세운 기업가에서 끝나지 않는다. 오히려 그가 회사를 떠난 이후의 삶이야말로 앤드루 카네기라는 인물이 '역사'로 남게 된 진짜 이유를 말해준다.

은퇴 이후, 그는 굳게 결심했다. 자신이 모은 막대한 부를 자신이 살아있는 동안 모두 사회에 환원하겠다는 것이었다. 그에게 있어 부의 최종 목적은 기부였다. 아들이 없던 그는 '죽은 뒤' 자신의 막대한 부를 누군가에게 유산으로 물려주기보다는 '살아있는 동안' 세상에 이로운 방식으로 사용하고 싶었다. 이미 그는 1889년, 『부의 복음』이라는 짧은 에세이를 통해 "부자는 죽기 전에 자신의 재산을 사회에 환원해야 한다"고 주장한 바 있었다. 그의 기부 철학은 삶의 방식이었다.

그가 가장 애정을 쏟은 분야는 교육과 독서였다. 책을 통해 많은 것을 배웠던 그는 스스로 배울 수 있는 공간을 무엇보다 소중하게 여겼다. 그래서 미국 전역에 공공도서관을 세우기 시작했다. 평생 동안 그가 설립하거나 지원한 도서관의 수는 무려 2500여 곳에 달한다. 피츠버그, 뉴욕, 워싱턴 D.C., 시카고 등 도시마다 설립된 '카네기 도서관'은 지역사회의 문화적 허브 역할을 했다. 그중에서도 피츠버그 카네기 공공도서관은 철강왕 시절 그에게 고향 같은 도시에 세워진 도서관이었기에 각별한 의미를 담고 있었다.

그는 미국뿐 아니라 영국, 캐나다, 호주, 뉴질랜드 등 영미권 국가 곳곳에도 도서관을 세웠다. 지식은 국경을 넘어야 한다는 믿음에서였다. 그는 또 카네기멜런대학교의 전신인 카네기공과대학 이외에도 '교육 증진을 위한 카네기재단', '카네기과학연구소', '카네기국제평화기금' 등도 설립했다. 교육, 과학, 평화라는 키워드는 그가 기부의 마지막까지 붙들고 놓지 않은 가치였다.

문화예술 분야에서도 그는 거대한 흔적을 남겼다. 오늘날 뉴욕 맨해튼의 클래식 공연장으로 세계적으로 유명한 카네기홀 역시 그의 기부로 탄생했다. 1891년 개관한 이 공연장은 미국 내 고전 음악의 대중화를 이끌었고 세계적인 지휘자와 연주자들의 데뷔 무대로 자리 잡았다. 그에게 있어 음악은 마음을 깨우는 또 다른 형태의 교육이자, 사회를 성숙하게 만드는 정서적 자산이었다.

카네기의 기부 철학은 선언적 구호에 그치지 않았다. 그것은 그의 전 생애를 관통한 경영 철학이자 삶의 방식이었다. 그는 은퇴 이후,

도서관, 대학교, 과학재단, 국제평화기금 등 수많은 사회 기반 시설을 직접 세웠다. 이 가운데 많은 시설은 오늘날까지 '카네기'라는 이름을 그대로 간직하며 지역사회와 학문, 문화의 발전에 기여하고 있다.

'부자는 살아있을 때 재산을 사회에 환원해야 한다'는 신념은 100년이 지난 오늘날에도 기업가정신과 기부문화의 모범으로 회자되고 있다. 이러한 무형의 자산은 특정 세대나 지역을 넘어 지속적으로 브랜드 신뢰도를 높인다.

기업의 사회적 책임의 중요성이 어느 때보다 커진 현재 경영 환경에서 이러한 카네기식 사회공헌 문법은 100년 넘게 유효하다. 카네기

◆ **카네기홀** (출처: Ajay Suresh)

의 사회공헌이 지금까지도 회자되는 이유는, 그것이 사업가의 여생 전체를 관통한 장기 전략이었기 때문이다.

오늘날 글로벌 기업들도 이 원리를 활용하고 있다. 마이크로소프트의 빌 게이츠, 세일즈포스의 마크 베니오프처럼, 창업자의 사회공헌 활동이 기업과 직결되는 사례는 흔하다. 그러나 그 차이를 만드는 것은 규모가 아니라 철학의 일관성이다. 기업의 사회적 책임이 진정성 있게 축적되면, 그것은 세월이 지나도 브랜드를 지탱하는 '보이지 않는 울타리'가 된다.

카네기의 사례는 이를 잘 보여준다. 물리적 공간으로 남은 도서관과 대학교는 사람들의 기억 속에 '보이는 유산'을, 기부 철학과 가치관은 '보이지 않는 유산'을 심어주었다. 이는 마케팅 예산으로는 살 수 없는 장기 생존력, 즉 세대를 뛰어넘어 살아남는 브랜드의 힘이 되어주었다.

1901년, 그는 자신이 일군 '카네기 스틸 컴퍼니'를 당시 월가의 거물 JP모건에게 매각하며 은퇴를 택한다. 이 인수는 단순한 기업 간 거래를 넘어 미국 최초의 10억 달러 기업, 'US스틸'의 탄생으로 이어지는 역사적인 사건이었다. 카네기는 단 한 푼도 상속받지 않고 자수성가해 세계에서 가장 부유한 인물 중 한 사람이 됐다. 스코틀랜드 이민자 출신의 성공 스토리가 아직까지 미국 대륙을 꿈꾸는 수많은 이민자들의 '아메리칸 드림'으로 불리는 이유다.

1919년 8월, 앤드루 카네기는 메사추세츠주 레녹스에서 향년 83세의 나이로 생을 마감했다. 그가 숨을 거둘 시점엔 이미 3억 5,069만 달러를 기부한 상태였다. 2022년 기준 약 59억 달러에 달하는 막대한 자금이다. 그는 마지막으로 남은 3,000만 달러마저 모두 자신의 재단과 자선단체에 기부했다. 그는 아무것도 남기지 않고 세상을 떠났다.

사람들은 그를 두고 여전히 엇갈린 평가를 내놓는다. 그중 독점적 자본주의의 상징이자 노동 탄압의 주범이었다는 비판은 오늘날까지도 유효하다. 그러나 동시에 그는 현대적 기부의 모델을 만든 인물로도 기억된다. 미국 사회에 뿌리를 내린 수많은 공공시설, 도서관, 대학, 과학재단, 공연장은 그가 남긴 '보이는 유산'이며, 자신의 부를 사회적 자산으로 환원하고자 했던 철학은 '보이지 않는 유산'으로 여전히 이어지고 있다.

철강왕 앤드루 카네기, 그가 세운 제국은 이제 존재하지 않지만,

♦ US스틸의 철강으로 완성된 맨하튼 엠파이어스테이트 빌딩. US스틸은 건물 완공 후 본사를 이곳으로 옮겼다 (출처: US스틸 홈페이지)

그가 남긴 사상은 여전히 미국의 심장부에서 살아 숨 쉬고 있다. 어쩌면 US스틸이 일본제철에 매각된다는 소식에 미국인들 유독 예민하게 반응할 수밖에 없었던 이유도 그 제국의 뿌리에 카네기라는 '아메리칸 드림'의 상징이 자리 잡고 있기 때문일지도 모른다.

"The man who dies thus rich dies disgraced."
부유하게 죽는 건 불명예다.

– 앤드루 카네기

J.P.Morgan

15

대공황까지 해결한 미국 금융의 전설 JP모건

JP모건 (JPMorgan Chase & Co.)

창업자	존 피어폰트 모건 (John Pierpont Morgan)
창업연도	1871년
본사	미국 뉴욕주 뉴욕
지점 수	전 세계 60여 개국 이상에 지사·거점 보유 (주요 시장: 북미, 유럽, 아시아, 중동, 남미 등)
직원 수	약 31만 명 (2024년 JP Morgan Chase 그룹 전체 기준)
매출	약 1,667억 달러 (2024년 기준)

 왕(王)이라는 단어가 산업 분야와 결합될 때, 그것은 단순한 수식어가 아니다. 한 시대를 지배하며 해당 산업의 흐름을 뒤바꾼 인물에게만 붙는 별칭이다. 마치 제국의 지배자처럼, 이들은 자본과 기술, 전략을 무기 삼아 산업의 패권을 장악했다. 앞서 살펴본 철강왕 앤드루 카네기처럼 왕이라 불리는 사람은 산업화 시대를 움직인 권력의 다른 이름이다.

이번엔 지금의 월스트리트를 만들고 전 세계 금융의 중심지인 뉴욕을 만들었다고 해도 과언이 아닌 미국 금융의 상징 존 피어폰트 모건, 줄여서 J.P. 모건의 이야기를 따라가 본다. 그는 뉴욕을 런던과 어깨를 나란히 하는 세계 금융의 심장으로 만든 주역이자 수많은 기업을 살리고, 때로는 해체하며 산업의 지형 자체를 다시 그린 '금융왕'이다. 그의 이름을 딴 금융회사는 지금도 글로벌 금융의 중심에서 강한 존재감을 드러내고 있다.

금융왕이라 불린 존 피어폰트 모건이 어떻게 그의 제국을 완성했는지 살펴보자.

♦ 존 피어폰트 모건

금융시장의 중심지에서 갈고닦은 금융 감각

존 피어폰트 모건은 1837년 4월 17일, 미국 코네티컷주 하트퍼드에서 태어났다. 아버지는 주니어스 스펜서 모건, 어머니는 줄리엣 피어폰트로, 그는 태어날 때부터 부와 명망을 갖춘 집안의 후계자였다. 모건 가문은 17세기 중엽에 영국과 아일랜드에서 미국으로 이주한 유서 깊은 가문으로 이미 미국 동부에서 상류층으로 입지를 굳히고 있었다.

모건의 할아버지 조지프 모건은 하트퍼드 지역에서 보험업을 통해 상당한 재산을 일군 인물이었다. 그는 하트퍼드 화재보험사의 초기 투자자 중 한 명으로 막대한 부를 축적했다. 모건이 10세가 되던 해인 1847년, 조지프는 세상을 떠났고, 그의 자산은 대부분 아들인 주니어스에게 상속되었다. 그 재산은 이후 존 모건이 세울 금융 제국의 씨앗이 되었다.

아버지 주니어스 모건은 기존의 가업을 넘어서 더 큰 무대, 바로 국제 금융으로 눈을 돌렸다. 1854년, 그는 런던에서 활동하고 있던 미국 금융가 조지 피바디와 파트너십을 맺고 '피바디, 모건 앤드 컴퍼니'를 설립했다. 이 회사는 미국과 유럽을 연결하는 최초의 본격적인 국제 금융 회사로 성장했다. 막대한 부를 축적했던 피바디에겐 아들이 없어 사업을 물려줄 수 없었는데, 이때 피바디가 파트너이자 후계자로 낙점한 인물이 바로 주니어스 모건이었다. 주니어스는 런던으로 이주해 미국 산업과 증권의 주요한 딜러로서 입지를 굳혔다. 미국은 곡물, 면화, 철도 산업이 꽃피고 있었고 그는 이를 놓치지 않고 철도 채권, 철광석 포트폴리오 등을 꾸려 유럽의 투자를 이끌어냈다.

모건의 어머니 줄리엣은 미국 낭만주의 시인이자 성직자였던 존 피어폰트의 딸이었다. 피어폰트가는 역시 지적·예술적 기반을 갖춘 명문 가문이었다. 그의 외삼촌인 제임스 로드 피어폰트는 크리스마스 캐롤로 유명한 '징글벨'의 작곡가로, 미국 대중음악사에도 흔적을 남겼다.

존 모건은 철저히 상류층 자제다운 유년기를 보냈다. 풍족한 가정, 문예적 분위기, 그리고 글로벌 감각을 갖춘 아버지의 지도 아래 모건은 어린 시절부터 세계 경제와 금융의 언어를 자연스럽게 익혀나갔다. 훗날 그가 유럽과 미국을 오가며 금융 네트워크를 구축할 수 있었던 배경에는 이렇게 다층적인 혈통과 교육 환경이 자리잡고 있었다.

모건은 어린 시절부터 명석한 두뇌와 남다른 가정 배경으로 주목 받았다. 1851년, 만 14세의 모건은 미국 메사추세츠주 보스턴에 위치한 '보스턴잉글리시고등학교'에 입학한다. 이 학교는 수학과 상업 과목에 강점을 둔 것으로 유명했다. 산업화와 금융의 흐름에 민감하게 반응하는 보스턴의 분위기 속에서, 그는 일찍부터 숫자와 금융에 대한 감각을 키워나갔다.

졸업 후, 그는 당시 미국보다 훨씬 발달한 금융 산업과 교육 시스템을 갖추고 있던 유럽으로 유학을 떠난다. 런던과 파리, 프랑크푸르트와 같은 유럽 대도시가 당시 전 세계 금융시장을 선도했다. 스위스에 있는 기숙학교에서 프랑스어를 배운 그는 당대 독일 최고의 연구 중심 대학 중 하나인 괴팅겐대학교에 진학해 1857년 졸업한다. 스위스와 독일을 거치며 독일어와 프랑스어까지 유창하게 익혔다.

졸업 직후 모건은 곧바로 독일에서 영국 런던으로 건너가 아버지가 공동 경영하던 '피바디, 모건 앤드 컴퍼니'에서 인턴 생활을 시작한다. 이 회사는 미국 기업과 유럽 자본을 연결하는 주요 금융 중개사로 당대 런던 금융가에서도 손꼽히는 신용도를 가진 곳이었다.

대공황에서 깨달은 금융의 본질

갓 스물의 나이로 사회생활을 시작한 모건에게 위기가 닥친다. 대학 졸업 후 인턴십을 막 시작했던 1857년, 미국에서 세계 최초의 공황이라 불렸던 '1857년 공황'이 발생한 것이다.

당시 미국과 유럽에선 금본위제라는 통화제도가 시행되고 있었다. 금본위제란 정부가 자국의 통화를 일정량의 금에 연동하여 가치를 고정하는 제도다. 달러를 금과 바꾸기 위해선 화폐를 발행할 때 그에 상응하는 금을 보유하고 있어야 했다. 이는 통화가치의 신뢰성을 유지하고 인플레이션을 방지하기 위한 제도였지만 동시에 화폐 유동성을 조절해 경기를 부양하거나 유연하게 긴축하기 어렵다는 특징이 있었다.

이런 배경 속에서 1850년대 미국은 급격한 산업화 바람으로 철도, 은광, 서부개척 붐이 불붙고 있었다. 투자자들은 더 많은 자본으로 투자 확대 계획을 세웠고, 은행들은 이에 동조하느라 경쟁적으로 대출을 확대했다. 즉 금 보유량 이상의 신용과 투기가 발생하고 있었다. 이는 곧 경제 위기로 이어졌다. 그러던 1857년 8월, 미국 오하이오주에 본사를 둔 오하이오 생명보험 신탁회사의 뉴욕지점이 부도난다. 철도 및 서부개발에 투자금을 쏟아부었지만 해당 투자 자금이 회수되지 않으면서 파산한 것이다. 이에 북동부 은행을 중심으로 예금인출사태, 이른바 '뱅크런'이 발생했고 이로 인해 많은 은행과 기업들이 줄도산하게 되었다. 특히 1844년 전신이 등장하면서 과거와 달리 부도 소식은 순식간에 전국으로 퍼지며 금융위기를 확산시키는 기폭제가 되었다. 아이러니하게도 기술의 발전이 세계 최초의 공황의 주요 원인이 된 것이다.

    1850년대 세계 경제는 이전과 달리 서로 긴밀히 연결된 탓에 미국의 금융 공포는 유럽으로 손쉽게 불붙었다. 1844년부터 엄격히 금본위제를 시행하던 영국 팔머스턴 내각은 미국 공황이 영국으로 옮겨붙는 걸 막기 위해 금 보유량과 무관히 일시적으로 통화를 확대하며 금본위제를 우회했다. 하지만 오히려 이는 시장 불안을 증폭시키는 역효과를 낳았다. 결과적으로 유럽으로 금융위기가 번져나간 계기가 되었다. 이처럼 1857년 공황은 금본위제의 한계를 드러낸 사건으로, 유연한 통화 공급의 필요성과 당시 금융시장의 시스템 취약성을 함께 보여준 경제적 사건이다.

    특히 유럽 투자자들에게 미국 채권을 판매하며 큰 부를 쌓아온 아버지 주니어스 모건의 동업자 피바디는 공황의 직격탄을 맞았다. 미국 시장이 붕괴하면서 미국 채권의 가격이 급락했기 때문이다. 피바디는 사재를 털고 개인 신용을 최대한 활용해 위기 방어에 나섰다. 여기서 동업자 주니어스 모건 역시 피바디와 함께 신용 방어에 나서며 큰 도움을 줬다. 이 덕에 피바디와 모건은 가까스로 위기를 넘길 수 있었다.

    20세의 청년 모건 역시 공황의 공포를 몸소 체험하며 금융의 본질을 깨닫고 아버지의 임기응변과 대처능력을 배웠다. 인턴십 후 그는 다시 뉴욕으로 돌아와 아버지 회사의 미국 파트너사였던 '던컨, 셔먼 앤 드 컴퍼니'에 취업했다. 이 회사는 당시 미국 금융시장에서 유럽 자본과 거래를 중개하던 핵심 기관으로, 젊은 모건이 실전 경험을 쌓기에는 최적의 일터였다.

모건은 아버지로부터 일찌감치 도덕성과 책임의식을 교육받으며 자랐다. 주니어스 모건은 아들에게 늘 이렇게 말하곤 했다.

"항상 기억해라. 네 위에는 너를 지켜보는 눈이 있고, 너의 모든 말과 행동에는 책임이 따른다는 것을."

이러한 가르침은 모건에게 깊은 인상을 남겼고, 훗날 그의 업무 스타일에도 큰 영향을 미쳤다. 모건의 진지함, 근면함, 정확함은 월스트리트에서도 입소문이 났고, 아직 20대 초반의 나이였음에도 금융가에서 점차 그의 이름이 언급되기 시작했다.

그의 초기 커리어는 아버지 덕뿐만 아니라, 유럽에서 쌓은 탄탄한 지식과 다국어 능력, 그리고 강한 윤리의식 위에 구축됐다. 이렇게 해서 모건은 미국 금융의 미래를 바꿔놓을 거물로서 첫발을 내디딘다.

전쟁에서 기회를 발견한 통찰력

1857년에 발발한 금융공황은 미국 경제 전반에 심각한 충격을 안겼지만, 예상보다는 빠르게 진정돼 갔다. 모건 가문이 파트너로 참여하고 있던 피바디 앤드 컴퍼니도 일시적인 유동성 위기를 겪었으나 조지 피바디와 주니어스 모건의 신뢰 회복 노력과 잉글랜드은행의 간접 지원 등을 통해 다시 안정을 찾았다.

　모건 가문의 금융사업 역시 금세 회복했다. 그리고 이미 금 본위제의 맹점을 간파한 모건은 오히려 이를 큰돈을 벌 기회로 삼았다. 그 기회는 다름 아닌 미국의 노예제 폐지를 둘러싸고 발발한 남북전쟁이었다. 1861년 발발한 남북전쟁은 사업가 모건의 진면모를 대중에 각인시킨 사건으로 불린다. 전쟁이 터지자 남군과 북군은 전쟁 자금을 확보하기 위해 서로 경쟁적으로 채권을 찍어내 자금 조달에 나섰다. 하지만 금본위제가 여전히 남아있던 미국에서는 무리하게 채권을 발행하면 역풍을 불러올 수 밖에 없었다.

　금본위제에서 모든 달러는 일정량의 금으로 교환할 수 있었고 이 규칙이 돈의 신뢰를 지탱하는 기반이었다. 하지만 이러한 약속은 전쟁이 시작되면서 무너졌다. 북부 연방정부는 막대한 전쟁 자금을 조달해야 했다. 결국 1862년, 정부는 금으로 바꿀 수 없는 지폐, 일명 '그린백'을 발행하기 시작했다. 이는 화폐와 금의 가격 연동화가 불가능해졌음을 뜻했다. 화폐는 계속 늘어나 그 가치가 낮아진 데 반해 수량이 제한적인 금의 가치는 더욱 높아졌다. 사람들은 당연히 달러보다 금을 원했다.

　이러한 상황을 모건은 놓치지 않았다. 모건은 남북전쟁이 시작된 1861년 상대적으로 싼 금을 대량으로 사들였다. 전쟁이 확산되면 1857년 공황에서 그랬듯 시장에 대한 불신이 커질 것을 본능적으로 느꼈기 때문이다. 그리고 그의 예상은 적중했다. 금값이 폭등하자, 모건은 미리 확보한 금을 시장에 내놓았고 그 어떤 경쟁자보다 빠르게 부를 축적할 수 있었다.

금뿐만 아니라 총 역시 모건이 주목한 기회였다. 남북전쟁의 총성이 울리기 시작한 1861년, 뉴욕의 한 무기창에서는 낡은 M1819 홀 카빈 소총 5,000정이 팔려나갔다. 북군 군수사령부에서 더 이상 쓸모없는 구식 무기라 판단해 이 소총들을 민간 무기상 아서 이스트먼에게 개당 3.50달러에 넘긴 것이다. 오랜 기간 창고에서 썩고 있던 고물이 얼마 후 큰돈이 되리라곤 누구도 예상하지 못한 채 말이다.

무기상 이스트먼은 이 총을 다시 사이먼 스티븐스라는 또 다른 중개인에게 개당 11.50달러에 넘긴다. 그런데 스티븐스에게는 그만한 현금이 없었다. 그래서 그는 당시 24세에 불과했던 한 은행가에게 도움을 요청했다. 그 은행가가 바로 존 모건이었다. 그는 대출 조건으로 총을 담보로 잡았고 고리의 이자를 받았다.

전쟁이 점점 치열해지면서 무기는 금보다 귀해졌다. 결국 북군은 자신들이 헐값에 처분했던 그 구식 총을 다시 구입하기로 했다. 야전 총사령관 존 찰스 프레몬트는 스티븐스로부터 총 5,000정을 개당 22달러에 재구매했다. 두 달 사이에 총 한 자루의 가격이 6배로 뛴 셈이었다. 군수 담당 장군 존 월터 리플리는 이 기묘한 거래를 조사했고 그 실체는 곧 드러났다. 의회 조사를 거쳐 프레몬트 장군은 무기 조달 비리 혐의로 해임됐다. 그러나 거래의 실질적 설계자였던 모건의 이름은 문서 어디에도 찾아볼 수 없었다. 모건은 이 사건으로 이자와 함께 자금을 전액 회수하며 5만 5,000달러를 챙겼다. 그의 수익은 정확했고 계산은 치밀했다. 그는 전쟁터에 나가지도 방아쇠를 당기지도 않았다. 자본의 감각으로만 금과 총을 통해 수많은 이익을 챙겼을 뿐이다.

시간이 흘러 1864년 아버지 주니어스와 동업을 해온 조지 피바디는 기존 사업에서 완전히 손을 떼고 은퇴를 선언한다. 동업자였던 주니어스 모건은 피바디-모건 앤드 컴퍼니의 이름을 'J.S. 모건 앤드 컴퍼니'로 바꿨다. 이후 주니어스는 런던에서, 아들 존 모건은 뉴욕에서 각각 금융제국의 기틀을 닦아 나간다.

그로부터 6년 후인 1870년, 유럽 대륙에서 또 하나의 전쟁이 발발한다. 바로 프랑스-프로이센 전쟁이다. 프랑스 제2제국을 이끌고 있는 나폴레옹 3세와 신흥 강국으로 떠오른 프로이센 왕국의 빌헬름 1세는 유럽 패권을 걸고 전투를 벌였다. 다만 전황은 예상보다도 빠르게 기울었다. 불과 몇 달 만에 프랑스는 대패했고 나폴레옹 3세는 포로가 되며 제2제국은 붕괴했다. 패전국 프랑스가 막대한 배상금과 국가부채를 떠안게 되면서 프랑스 정부가 발행한 국채의 신용도는 바닥으로 곤두박질쳤다. 시장에는 두려움이 퍼졌다. 투자자들은 "프랑스는 끝났다"며 국채를 액면가의 10~20%에 처분했다. 거리는 공포로 가득 찼고, 금융가는 손해를 본 사람들의 한숨으로 가득 채워졌다.

하지만 모건은 이 혼란을 다르게 읽었다. 청년 시절 유럽에서 학문을 배우고 언어를 익힌 그는 프랑스라는 국가가 가진 힘을 누구보다 잘 알고 있었다. 프랑스는 화려한 파리만이 전부인 나라가 아니었다. 강력한 농업을 기반으로 유럽 최고 수준의 인구와 생산성, 그리고 독립된 금융기관과 조세 기반을 갖춘 유럽의 '실물경제 맹주'였다.

모건은 속으로 중얼거렸다. "전쟁은 지나간다. 하지만 프랑스는 다시 일어선다." 그는 사람들이 공포에 떨며 던진 프랑스 국채를 대량으로 사들였다. 남들이 등을 돌린 자산에 그는 과감히 베팅했다. 도박이 아니라 국가 회복력에 대한 믿음을 바탕으로 한 투자였다. 예상은 적중했다. 패전 이후, 프랑스는 경이로운 회복력을 보였다. 3차 산업이 발달하지 않은 시기, 자립 가능한 농업과 세금 체계는 재정을 빠르게 복구할 수 있는 힘이 됐다. 몇 년 만에 프랑스는 막대한 배상금을 독일에 지불했고, 국채는 다시 시장의 신뢰를 회복하며 원금 이상으로 회복되었다. 그리고 이 모든 반등의 구간에서 모건은 이미 굳건히 자리를 지키고 있었다. 그는 상상할 수 없을 정도로 방대한 이익을 거두었고, 금융가에서는 그를 아버지인 주니어스 모건을 넘어서는 존재로 인정하게 됐다. 그는 J.S. 모건의 아들이 아니라, J.P. 모건이라는 하나의 금융 브랜드로 자립했다.

금, 총, 국채로 이어진 모건의 성공적 투자는 미국을 넘어 전 세계로 자신의 이름을 널리 알리는 결정적 사건이 됐다. 유럽의 투자자들은 로스차일드 가문과의 교류, 영국 왕실 금융계와의 협상, 국채·금 거래에서 독보적인 존재감을 보여준 모건을 두고 '미국의 마지막 양키 금융가'라는 별명을 지어줬다. 당시 유럽 언론은 그를 '미국 금융의 성직자', '위기를 설계하는 조정자'라고까지 평가했다.

위기를 꿰뚫는 역발상 투자의 귀재

모건의 투자 철학에서 가장 인상적인 것은 위기 속에서도 기회를 포착하는 '역발상 투자'였다. 그는 금융시장의 공포 지수를 읽는 능력을 갖췄다. 위기야말로 돈을 벌 수 있는 최적의 시기라는 것을 감각적으로 체득하고 있었다. 모건에게 위기란 없었다고 해도 과언이 아니다. 이러한 승부사적 기질은 그를 19세기형 거시시장 전략가라 부를 수 있는 가장 중요한 근거다.

1857년 세계 최초로 기록된 금융공황은 그에게 첫 실전 무대이자 거대한 교과서였다. 동시에 금본위제라는 제도의 경직성이 어떻게 유동성 위기를 촉발하는지 몸소 체득할 수 있었던 경험이기도 했다. 그는 공황을 제도적 결함으로 치부하는 대신 가격을 발생시키는 투자 창구로 받아들였다.

이후 남북전쟁 발발하자 그는 공포 심리와 공급 제약을 척도로 삼아 자산을 늘려나갔고, 전쟁이 확산될수록 금에 대한 수요가 폭발할 것이란 예측도 적중시켰다. 전쟁, 통화, 신뢰도, 공급 제한 문제 등 거시경제 변수를 종합적으로 분석한 계산이 철저히 이뤄졌다.

또한, 프랑스-프로이센 전쟁 후 90% 폭락한 프랑스 국채를 '패전국 자산'이 아닌 회복 가능한 국가의 '저평가 자산'으로 보고 과감히 매수했다. 이 투자는 장기적 관점에서 국가의 회복력에 베팅한 선택이었으며, 훗날의 공포의 시장에서 매수하라는 가치투자 철학을 선구적으로 실천한 사례였다.

다만 모건의 접근법은 단순히 '위기일 때 사라'는 수준이 아니란 점을 알아야 한다. 그는 정보 비대칭 상황에서 남들이 보지 못한 펀더멘털을 읽고, 단기 시장 변동성과 장기 가치 간의 괴리를 기회로 전환한 것이다. 현대 투자이론으로 보자면, 그는 당시 이미 역발상 투자, 거시 헤지 전략, 그리고 심리적 투자 사이클을 실전에서 결합해 운영한 셈이다.

미국 경제를 살린 모건 파워

막대한 부를 축적한 모건은 이후 미국 금융 성장의 동반자이자 주류 세력으로 역할했다. 그리고 20세기 초 미국의 두 번째 대공황에서 그는 다시 한번 빛났다. 1906년 4월 18일, 샌프란시스코에 진도 7.9의 대지진이 도시 전체를 무너뜨렸다. 건물 2만여 채가 붕괴되고, 화재가 도시를 집어삼켰다. 이 지진으로 인해 무려 3,000명 이상이 사망했으며, 현재 화폐 가치를 기준으로 수십조 원에 달하는 재산 피해가 발생했다.

이 엄청난 손실은 곧 미국 전역의 보험회사·은행·증권사에 연

쇄적인 충격을 일으켰고, 1년 뒤인 1907년 가을 뉴욕 월스트리트는 붕괴 직전까지 궁지에 몰리게 된다. 사람들은 불안에 떨며 돈을 찾기 시작했다. 은행 앞에 줄을 선 수천 명의 사람들로 다시 한번 뱅크런이 발생했다. 은행들은 파산하고 증시는 폭락했다. 다우존스 산업평균지수는 1906년 고점 대비 약 50% 하락했다. 미국 경제는 순식간에 혼돈의 소용돌이로 빠져들었다.

그리고 이러한 위기를 해결할 영웅, 모건이 등장한다. 칠순을 넘긴 노년의 모건은 뉴욕 맨해튼의 한 도서관을 임시 금융 작전 본부로 두고 미국의 은행가, 철도회사 대표, 보험사 회장들을 줄줄이 호출했다. 모건은 "지금은 경쟁이 아니라 생존이다. 모든 기관이 무너지면 모두 죽

♦ 1907년 대공황 당시 패닉에 빠진 월스트리트

는다"라고 강조했다. 모건은 불과 며칠 사이에 5,000만 달러를 동원해 최대 위기에 처한 은행과 기업에 긴급자금을 투입한다. 홀로 위기의 중심에 서있는 주요 기관을 살리며 금융시장을 안정시켰다. 그가 아니었다면 1907년의 공황은 1929년 대공황보다 20년 더 앞서 전 세계를 공포에 몰아넣었을지도 모른다. 이 사건 이후, 《뉴욕타임스》는 1면에 이렇게 썼다.

"J.P. 모건은 지금 미국의 재무부보다 신뢰받고 있다."

이 사건은 미국 정부에 뼈아픈 교훈을 남겼다. 민간 부문이 정부보다 더 신속하고 효율적으로 위기를 해결하고 있는 현실을 마주한 것이다. 민간의 신속한 의사결정 구조와 자본 동원 능력이 공공 부문의 대응 속도와 극명하게 대비되면서 국가 시스템의 한계가 선명하게 노출됐다.

결국 미국 정부는 고심끝에제도를 개혁하기로 결론 낸다. 1913년, 연방준비제도(Federal Reserve System, Fed)가 설립되어 중앙은행 체제가 본격적으로 가동되기 시작했다. 이후 연방준비제도는 지금까지 금융시장의 '최종 대부자' 역할을 자청하며 위기 시 유동성을 공급하고 통화정책을 통해 시장을 조율하고 있다.

모건은 개인의 명성과 신뢰도를 통해 정책 논의의 중심에 올라섰다. 이는 현대 기업이 ESG, 산업 규제, 무역 정책 등에서 일종의 정책 로비스트의 역할을 하는 것과 유사하다. 브랜드 신뢰 자본이 결국 제도 변화를 촉발할 수 있는 힘으로 전환된 것이다. 더 나아가, 모건의 사례는 게임 체인저의 면모를 각인시켰다. 이는 단순히 시장 점유율을 확대하는 차원을 넘어 게임의 규칙 자체를 바꾸는 행위였기 때문이다. 모건은 자신의 영향력을 활용해 미국 금융 시스템의 구조를 새롭게 설계했고 그 변화는 100년이 지난 오늘날까지 이어지고 있다.

결국, 모건은 단지 철강과 전력, 철도를 지배한 것이 아니라, 시장과 정부의 관계까지 재정의하며 그의 진정한 힘을 보여줬다. 지금으로선 상상조차 어렵지만 한 명의 민간인이 국가 경제 인프라의 '설계자'가 될 수 있었던 것은 모건이었기에 가능했던 일이었다.

'모건화'로 탄생한 US스틸과 제너럴 일렉트릭

모건은 강력한 카리스마를 바탕으로 당시 여러 핵심 산업에도 큰 영향력을 미쳤다. 특히 그의 상징과도 같은 '모건화(Morganization)'는 현재 이름만 들어도 알 만한 수많은 기업과 창업가들과 맞닿아있다. 모건화는 유럽 등에서 끌어온 풍부한 자본을 바탕으로 적당한 기업을 인수합병한 뒤 구조조정을 통해 기업 가치를 극대화시키고 시장 영향력을 극한까지 끌어올리는 작업이다. 결국 독과점화된 기업을 중심으로 산업 전체를 장악하는 것이 핵심이다.

대표적인 사례가 바로 1901년 창립한 US스틸이다. 바이든 정부와 트럼프 정부에서도 자주 이름이 오르내린 US스틸은 사실 1901년 금융왕 모건을 중심으로 만들어진 대표적 모건화 기업이다. 그리고 그 시작엔 철강왕 앤드루 카네기가 있었다. 카네기는 기존에 소유하고 있던 카네기 스틸 컴퍼니를 JP모건에 매각했다. 이후 모건은 카네기 스틸 컴퍼니를 독과점 기업으로 성장시키겠다는 판단 아래 추가적으로 여러 철강사와 합병해 US스틸을 탄생시켰다. 당시 이 회사는 세계 최초로 자본금 10억 달러를 넘긴 초대형 기업이었고, 설립과 동시에 미국 철강 생산의 압도적 비중을 차지했다.

　모건은 또한 철강 산업 외에도 전기 산업 초기 발전에도 기술을 현실 속에서 구현해 내는 인물이었다. 모건은 발명왕 토머스 에디슨을 후원한 대표적 인물이다. 모건이 처음 에디슨을 만났을 때 에디슨은 그저 새로운 장난감을 발명하는 과학자가 아니었다. 에디슨은 뉴욕의 밤을 밝히기 위한 직류(DC)전기를 발명했고, 그 가능성을 알아본 모건은 자신의 자택에 미국 최초의 민간 전기 조명 시스템을 설치한다.

　1882년, 모건은 에디슨 전기조명회사에 거액을 투자했고 전력

♦ 워싱턴 D.C.에 위치한 연방준비제도 본부 (촬영: 추동훈)

사업을 시작했다. 모건은 에디슨의 회사 외에도 유사한 전기 기업들을 줄줄이 인수한 다음, 1892년 마침내 제너럴 일렉트릭을 탄생시킨다. 그러나 이 과정에서 정작 '에디슨'이라는 이름은 빠지게 된다. 에디슨은 제너럴 일렉트릭이라는 제국의 초석을 놓고도 그 경영 구조에서는 이름 없는 기술자가 되었다.

모건화는 자본을 무기로 산업 구조를 설계하는 경영 전략이었다. 이로 인해 모건은 미국 산업 지형을 새로 그린 설계자로 불리게 됐다.

모건의 산업 지배 전략

모건이 산업사에 남긴 가장 뚜렷한 발자취 중 하나는 이른바 '모건화'라고 불린 기업 재편 전략이다. 이 전략은 단순히 회사를 사들이는 것이 아니다. 자본 조달 → 인수합병 → 조직 재편 → 수익 구조 최적화 → 시장 지배력 강화라는 일련의 과정을 체계적으로 설계하는 방식이었다.

그 출발점은 풍부한 유럽 자본이었다. 모건은 오랜 네트워크를 활용해 런던 금융가의 대규모 자금을 끌어왔고, 이를 기반으로 미국 내 핵심 산업을 정조준했다. 특히 철강 산업은 미국 산업화의 근간이자 모건화의 핵심으로, 철도·건설·조선 등 다수의 산업에 직접 연결되는 분야였다.

모건화의 또 다른 축은 시장 재편이었다. 경쟁 관계에 있던 여러 회사를 한 울타리 안에 묶어 과잉 경쟁을 줄이고, 생산과 유통을 효율화했다. 이를 통해 불필요한 비용을 줄이고, 가격 결정권을 사실상 독점하는 구조를 만들었다. 이러한 방식은 오늘날의 독과점 규제 이전 시대였기에 가능했고, 당시로서는 산업 안정화와 투자 수익 극대화를 동시에 달성하는 방법이었다.

결과적으로 US스틸은 철강산업의 왕좌를 차지했고, 모건은 이를 통해 산업을 설계하고 지배하는 금융가라는 명성을 확고히 했다. 그의 방식은 이후 다른 산업에도 그대로 확산되었다. 전력, 해운, 철도, 금융 등 다양한 분야에서 유사한 재편 작업이 이루어졌고, 이는 훗날 글로벌 기업들이 규모의 경제와 산업 네트워크 장악을 통해 성장하는 전략의 기초 모델이 됐다.

타이타닉과 함께 몰락한 모건

그의 불행한 말로는 인류상 가장 유명한 한 척의 배에서 비롯한다. 그는 1902년 영국의 대표적인 해운사 화이트 스타 라인을 인수했다. 그리고 해당 해운사에 소속된 배 한 척이 항해하던 중 북대서양에서 빙산과 충돌해 침몰했고 1,500명 가까운 사람들이 목숨을 잃었다. 이 배의 이름이 바로 '타이타닉'이다. 참사 이후 해운사 소유주인 모건에 대한 비판의 목소리가 거세졌고, 이는 모건화 과정에 대한 불신과 의심으로 이어졌다. 그의 말년은 고통과 비난, 반복되는 소환과 언론의 압박으로 얼룩졌다.

각종 청문회에 불려 가던 모건의 노년은 최악으로 치달았다. 스트레스로 급속도로 건강이 나빠진 모건은 휴가차 방문한 이탈리아 로마에서 세상을 떠난다. 1913년 3월 31일 로마에서 숨을 거둔 그는 시신으로 미국에 돌아왔고 뉴욕증권거래소는 그가 뉴욕을 지나칠 때 2시간 동안 거래를 멈추며 그의 업적을 기렸다.

월가의 전설이 된 남자, 미국 금융의 과거이자 현재가 된 모건은 이제 없지만 그가 설계한 위대한 금융제국과 시스템은 여전히 자본주의의 핵심으로 남아있다.

"The first step towards getting somewhere is to decide that you are not going to stay where you are."

어딘가에 도달하기 위한 첫걸음은,
지금 있는 자리에 머물지 않겠다고 결심하는 것이다.

- 존 피어폰트 모건

16

규제가 탄생시킨 월가의 공룡
모건 스탠리

모건 스탠리 (Morgan Stanley)	
창업자	헨리 스터지스 모건 (Henry Sturgis Morgan), 해럴드 스탠리 (Harold Stanley)
창업연도	1935년
본사	미국 뉴욕주 뉴욕시
지점 수	전 세계 40여 개국 이상에 지사·법인·투자 네트워크 보유 (주요 시장: 북미, 유럽, 아시아, 중동 등)
직원 수	약 8만 2,000명 (2024년 기준)
매출	약 618억 달러 (2024년 기준)

    1920년대, 미국 경제는 눈부시게 성장했다. 이 시기를 사람들은 '광란의 1920년대'라 불렀다. 자동차, 가전, 석유, 철강 산업이 모두 급성장했다. 헨리 포드는 컨베이어 시스템을 도입해 대량생산 시대를 열었다. 라디오, 냉장고, 진공청소기와 같은 가전제품이 일반 가정에 들어섰고, 도시 인구는 폭발적으로 증가했다. 사람들은 소비를 즐겼고 그 덕에

기업들도 눈부신 성장을 이어갔다. 주식 시장은 연일 상승세를 보였다. 다우지수는 1921년부터 1929년까지 6배 넘게 상승했다. 은행들은 경쟁적으로 대출을 내줬는데, 심지어 주식을 사기 위한 대출도 흔했다. '마진 구매'라 불리는 방식이었다. 투자자들은 자기 자본의 일부만 내고, 나머지는 빚으로 충당했다. 개인은 물론 기업들도 빚을 내 주식에 투자했고, 부동산 투자 붐도 일었다. 당시 미국 경제는 화려한 전성기를 영원히 누릴 것처럼 보였다. 그 당시를 배경으로 한 문학작품이 바로 『위대한 개츠비』다.

월스트리트의 탐욕을 막은 글래스-스티걸법

당시 은행은 상업은행 업무와 투자은행 업무를 동시에 했다. 상업은행은 일반 고객의 예금을 보관하고 대출을 제공하는 역할을 했고, 투자은행은 기업이 자금을 조달할 수 있도록 주식이나 채권을 인수하는 일을 하고 있었다. 하지만 철저히 별도로 관리해야 할 두 은행의 업무가 뒤섞이며 문제가 커졌다. 돈을 대기만 하면 수십, 수백 배씩 수익을 내던 주식시장의 유혹을 은행이 이겨내지 못했다. 은행들은 안전하게 보관해야 할 고객들의 예금을 무리하게 투자 용도로 사용하며 주식 시장에 깊숙이 개입했다. 고객들의 돈을 이용해 고위험 주식에 투자했고, 이익을 극대화하기 위해 투기적인 대출을 남발했다.

모두가 돈을 벌고 부유해지는 시대에 규제는 필요 없었고 감독도 부실했다. 연방준비제도는 오히려 금리를 낮춰 유동성을 부추겼다. 미국은 '빚으로 만든 번영'을 향해 달려갔다.

그러던 1929년 가을, 드디어 거품이 터졌다. 이른바 '검은 목요일'이라 불리는 10월 24일, 주가가 폭락했다. 전 세계를 공포로 몰아넣은 대공황의 시작이었다. 수많은 투자자들이 전 재산을 잃었고 시장은 혼란에 빠졌다. 주식시장의 붕괴는 투자금 회수가 불가능하다는 의미였다. 문제는 휘발된 투자금이 개인 고객들이 평생 모으고 아낀 피와 땀이었다는 것이다. 은행들은 당연히 대출금을 회수하지 못했고 도산하기 시작했다. 1929년 말부터 1933년까지 미국 내 은행 9,000여 곳이 파산했다. 사람들은 공포에 질려 예금을 찾으러 몰려들었지만 금고는 텅 비어 있었다. 예금자보호제도가 전무했던 당시 사람들은 돈을 돌려받지 못해 전 재산을 잃어야 했다. 전산업생산지수는 절반 이하로 줄었고 실업자는

♦ 미국 대공황 당시 월가

1,200만 명을 넘었다. 젊은이들은 일자리를 찾지 못했고 부모들은 가족을 부양할 수 없었다. 수많은 사람들이 거리로 나왔고 판자촌이 우후죽순 생겨났다. 미국발 대공황은 세계로 번져나갔다. 미국의 수출이 줄며 유럽과 아시아도 함께 침체에 빠졌고 세계는 다시 긴 암흑기에 접어들었다.

경제위기가 한창이던 1932년 11월, 미국은 대통령 선거를 통해 프랭클린 루스벨트 대통령을 선출했다. 당시 공장들은 여전히 멈춰있었고, 은행의 줄도산도 이어지고 있었다. 1933년 3월, 루스벨트는 취임 직후 대국민 연설에서 이렇게 말했다. "우리가 두려워해야 할 것은 오직 두려움 그 자체뿐입니다." 그는 취임하자마자 경제위기를 극복하기 위해 청사진을 그려나갔다. 이 기간 그는 수십 개의 행정명령을 내놓으며 경제 살리기를 위한 총력전에 들어갔다. 이때 주요 정책 중 하나가 바로 금융 개혁이었다. 루스벨트는 은행들의 무분별한 투자가 대공황을 초래했다고 판단했다. 상업은행이 예금을 가지고 고위험 투자에 나섰고, 투자은행이 일반 고객을 상대로 위험한 상품을 팔았기 때문이다. 그는 이를 구조적으로 차단하고자 했다.

이때 카터 글래스와 헨리 스티걸이 등장한다. 전직 재무장관 출신의 글래스는 버지니아주 출신 상원의원이었다. 은행업계 출신 스티걸은 앨라배마주 출신 하원의원이었다. 경제 전문가인 두 명의 의원은 루스벨트 대통령과 심도 깊은 이야기 끝에 하나의 법안을 발의한다. 일명 '글래스-스티걸 법'이라 불리는 해당 법안의 핵심은 상업은행과 투자은행을 강제로 분리하는 것이었다.

1933년 6월 16일, 이 법이 루스벨트의 서명을 거쳐 공식 발효되면서 예금과 대출은 상업은행이, 증권 인수와 주식 거래는 투자은행이 전담하게 되었다. 이를 통해 은행의 고위험 투자 행위와 고객 예금을 투기 자금으로 사용하는 행위를 금지했다. 이 법은 미국 금융사에서 가장 중요한 전환점이 되었다.

법이 시행되면서 예금자보호제도가 전무했던 당시 금융권의 허점도 보완됐다. 스티걸과 글래스 법안에 연방예금보험공사(FDIC)의 설립이 포함된 것이다. 해당 법안에 따라 은행이 파산해도 고객은 일정 금액까지 예금을 돌려받을 수 있게 됐다. 1934년 설립 당시 보장 한도는 2,500달러였는데, 오늘날 화폐가치로 환산하면 25만 달러까지 보장되는 셈이다.

글래스-스티걸 법은 미국 금융 안정에 큰 역할을 했다. 은행의 지급준비율, 자산 건전성 등을 관리하는 연방준비제도의 감독 권한도 강화했다. 1930년대 중반 이후 은행 파산은 급격히 줄었고 고객 신뢰도 회복됐다. 그러자 자연스레 예금 인출 러시가 멈췄다.

모건 가문의 후계자, 규제 속에서 선점한 시장

1930년대 초, 미국 금융계는 중대한 갈림길에 놓이게 된다. 대공황이 전 세계를 휩쓸고 글래스-스티걸법이 제정되면서 모든 은행이 어느 한 길을 선택해야만 하는 상황이었다. 더 이상 상업은행과 투자은행 업무를 동시에 수행할 수 없었기 때문이다. 그 거대한 변화의 한가운데,

미국 금융의 상징이라 할 수 있는 'J.P.모건 앤드 컴퍼니'도 있었다. 모건은 미국 산업화의 중심에 섰던 기업이자 한때 미국 정부의 긴급 구제 금융까지 감당했던 존재였다. 하지만 시간이 흘러 이제는 상업은행과 투자은행 중 하나를 선택해야 했다. 격론 끝에 JP모건은 상업은행으로 남기로 결정했다.

바로 이 시점에, 또 하나의 위대한 브랜드로 남은 창업자가 등장한다. 헨리 스터지스 모건이었다. 그는 JP모건이 포기하기로 결정한 투자은행의 독립을 주도한다. 헨리 모건은 1900년 10월 24일, 영국 런던

◆ 헨리 스터지스 모건

에서 태어났다. 그리고 그의 이름에서 추정할 수 있듯 그는 모건 가문의 후계자였다. 그의 아버지는 존 피어폰트 주니어이고 그의 할아버지는 존 피어폰트 모건, 즉 J.P.모건이다. 그의 어머니 역시 보스턴 금융가 헨리 스터지스 그루의 딸이었다. 그야말로 금융 명가의 피를 물려받은 금수저가 바로 헨리 모건이었다.

    헨리는 미국 동부 상류층 자제들이 다니던 그로튼스쿨을 졸업한 뒤 1923년엔 하버드대학교를 졸업했다. 학업을 마친 그는 곧바로 JP모건에 입사했다. 그는 서류 정리와 고객 응대 등 기초 업무부터 시작했다. 집안 출신이라는 이유로 예외를 두지 않았는데, 이 역시 모건 가문의 유구한 전통이었다.

    그가 막 회사 업무에 적응하던 무렵, 세계 경제는 1929년 대공황이라는 거대한 격랑에 휩싸였다. 할아버지였던 존 모건이 사회생활을 막 시작했을 때 미국에서 발생했던 경제위기와 상황이 엇비슷했다. 주식시장은 무너지고 은행들은 줄줄이 파산했다. 금융사 JP모건도 분명히 이 사태에서 자유롭지 않았다. 당시 미국 전역에선 은행의 투자 행위에 대한 비판이 거세게 일었다. 그리고 정부와 의회가 주도한 글래스-스티걸법의 시행은 JP모건이 쌓아올린 업적의 붕괴와 다를 바 없었다. 이때 상속자 헨리는 과감한 결정을 내렸다. JP모건을 예금·대출을 다루는 상업은행으로 남기고, 투자 업무를 진행할 수 있는 새로운 회사를 설립하기로 결단한 것이다. 그렇게 해서 1935년 투자 전문회사 '모건 스탠리'가 탄생한다.

    대부분의 기업이 이 규제를 '위기'로 봤을 때, 헨리 모건과 해럴드 스탠리는 이것을 '신(新)성장'의 기회로 여겼다. 기존 대형 은행들이 물러난 투자금융 영역을 선점하면, 단숨에 월가 중심에 설 수 있다는 계산이었다.

유불리를 따져보는 환경스캐닝과 미지의 세계에 먼저 뛰어들어 시장을 선점하는 선도자 우위 전략은 모건 스탠리의 창업에서도 유효했다. 변화의 순간에 빠르게 기회를 포착하고, 경쟁자가 진입하기 전에 자리를 잡는 것은 리스크가 큰 만큼 성공의 과실도 달다. 결과적으로 모건 스탠리는 설립 1년 만에 대형 채권 발행 시장에서 독보적 입지를 확보하며, 규제가 만든 위기를 브랜드 성장의 발판으로 삼았다.

텀블러 발명가의 아들, 투자로 떨친 명성

1935년, 자신의 인생과 가문을 건 도전에 나선 헨리 모건의 곁엔 조력자가 있었다. 마찬가지로 '모건 스탠리'라는 브랜드에 이름을 새긴 그의 이름은 해럴드 스탠리였다.

해럴드는 1885년 10월 2일, 미국 매사추세츠주 그레이트 베링턴에서 태어났다. 그는 어린 시절부터 부족함 없이 유복한 환경에서 자랐고 엘리트 교육을 받았다. 아이비리그 대학인 예일대학교를 졸업한 뒤 뉴욕으로 향해 월가에서 경력을 쌓기 시작한다. 그런데 헨리 스탠리에겐 그보다도 더 유명한 아버지가 있었다. 그의 아버지가 바로 텀블러 브랜드 '스탠리'를 창업한 윌리엄 스탠리 주니어다. 아버지 스탠리는 당대 최고 발명가였고 과학자였다. 그런 아버지를 둔 스탠리는 풍족한 유년 시절을 보냈다.

　　1916년, 해럴드는 개런티 트러스트 컴퍼니에 입사했다. 이 회사는 미국 최대 신탁은행 중 하나였다. 그는 31세의 나이에 채권 부서 부사장으로 발탁됐다. 그는 시장 분석과 채권 구조 설계에 뛰어난 능력을 보였다. 그의 지휘 아래 부서는 큰 수익을 올렸다. 결국 그는 채권 부문을 분사해 별도의 증권회사, 개런티 컴퍼니를 설립했다. 그의 투자 실력은 월가에서도 소문이 자자했다. 그의 이야기는 헨리 모건의 아버지인 존 모건 주니어에게도 닿았다. 존 모건 주니어는 그를 눈여겨봤고 결국 해럴드를 'J.P. 모건 앤드 컴퍼니'로 스카우트했다. 해럴드는 이곳에서 채권 전

♦ 해럴드 스탠리

문가로 명성을 떨쳤다. 그는 고객맞춤형 채권 설계, 기업 발행물 구조화, 시장 예측 등에서 탁월한 능력을 보였다.

금융왕수저와 채권왕의 만남, 모건 스탠리

1935년 뉴욕 맨해튼, 월가의 심장에서 한 장의 계약서가 서명됐다. 왼쪽엔 모건 가문의 피를 이은 헨리 스터지스 모건, 오른쪽엔 채권 설계와 시장 분석에서 명성을 떨친 해럴드 스탠리.

한 사람은 '브랜드 그 자체'였고, 다른 한 사람은 '상품을 만드는 두뇌'였다. JP모건의 후계자와 채권왕이 만든 회사는 초기 자본금 600만 달러와 직원 8명으로 시작했다. 이들은 거대 모기업을 떠난 신생 투자은행이었다.

당시 상황을 떠올려보자. 글래스-스티걸법 시행으로 JP모건은 투자은행 부문을 포기했고, 월가는 재편의 소용돌이에 빠져있었다. 대부분의 신생 투자은행은 자본력과 네임밸류 부족으로 대기업을 만나기조차 쉽지 않았다. 그런데 모건 스탠리는 달랐다. 설립 1년도 안 돼 제너럴 일렉트릭, US스틸 등 미국 대표 기업들의 대규모 채권 인수를 성사시켰다. 비결은 간단하면서도 강력했다.

우선 헨리 모건이 가져온 브랜드 파워와 신뢰도는 그 누구도 인정하지 않을 수 없었다. 할아버지 존 모건이 쌓은 업적은 월가의 존경을 받았다. 이렇게 모건 가문이 쌓아온 평판은 신용 그 자체였다. 투자자와 기업 고객은 '모건'이라는 이름만 보고도 계약서에 서명할 수 있었다.

그리고 해럴드 스탠리가 제공한 상품 설계 및 시장 분석 능력은 탁월했다. 그는 채권 구조를 설계하고 발행 리스크를 최소화하는 방법을 알고 있었다. 단순히 돈을 빌려주기만 하는 게 아니라, '기업이 성장할 수 있는 금융 솔루션'을 맞춤형으로 제공했다.

이 조합은 창업자 상호보완성의 전형적인 사례다. 자본과 명성을 가진 사람만으로는 혁신이 어렵고, 기술과 전문성만 있는 사람만으로는 시장의 문을 열 수 없다. 두 요소가 맞물릴 때 그 힘은 배가 된다. 특히 초기

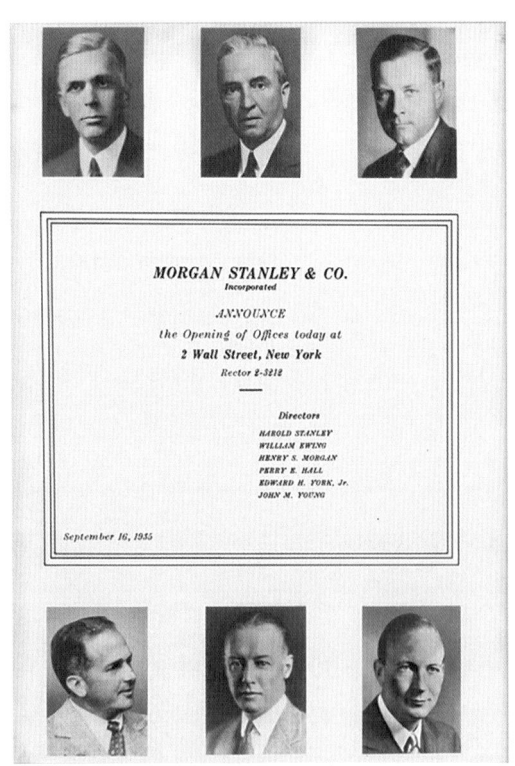

♦ 모건 스탠리의 설립을 알리는 글

시장 진입에서 사회적 자본과 전문성 시너지가 폭발적인 힘을 발휘한다.

모건 스탠리는 창업 순간부터 신뢰의 아이콘이었다. 경쟁사들은 경험이 없다는 이유로 대기업과의 거래에서 밀렸지만, 모건 스탠리는 가문의 신뢰성과 설계 능력을 바탕으로 훨씬 수월하게 초기 사업을 확장해 나갈 수 있었다. 결국, 두 창업자의 동업은 브랜드와 전문성을 묶은 시장 진입 전략의 일종이었다. 오늘날 스타트업 생태계에서도 이 공식은 여전히 유효하다. 뛰어난 CTO와 이를 사업화하는 CEO의 만남은 가장 단순하면서도 강력한 성공 전략이다.

경쟁사들은 의심의 눈초리로 모건 스탠리를 쳐다봤지만 그들은 보란 듯이 성공하며 월가를 뒤흔들었다. 총 12억 달러 규모의 증권을 금세 인수했고 시장 점유율은 13%를 기록했다. 신생 회사로서는 전례가 없던 성과였다. 대표적으로 제너럴 일렉트릭과 US스틸의 채권 발행이 있었다. 모건 스탠리는 단숨에 신뢰를 얻었다. 이후 기업공개(IPO), 채권 인수, 기업 자문 분야에서 두각을 나타냈다. 때마침 미국 경제가 회복기에 접어들며 회사도 함께 성장 곡선을 그렸다.

1950~1970년대, 모건 스탠리는 월가의 주역으로 떠올랐다. 인수합병(M&A), 자산운용, 구조화 금융에 이르기까지 다방면에서 사업을 확장했다. 수많은 미국의 대기업들이 모건 스탠리를 찾기 시작했다. 헨리 모건은 회사를 이끌다 1973년 향년 72세의 나이로 세상을 떠났다. 할아버지의 그늘에 머물지 않고 스스로 모험을 택한 그는 자신의 이름을 새로운 브랜드에 새기며 금융사의 한 페이지를 장식했다.

유연한 위기 대응 능력과 변화를 택하는 결단력

은행과 증권업을 분리해 무리한 투기를 방지했던 글래스-스티걸법은 1930년대 대공황 이후 미국 금융의 안전판이었다. 이 제도는 약 60년간 유지됐다. 하지만 1980년대부터 상황이 바뀌기 시작했다. 금융 규제를 풀어야 한다는 목소리가 높아진 것이다. 작은 정부의 필요성이 대두됐고 '시장에 맡기자'는 논리가 힘을 얻었다. 이에 따라 미국 내 투자은행과 상업은행의 경계가 다시 허물어졌다. 1999년, 빌 클린턴 대통령은 글래스-스티걸법을 폐지하고 그램-리치-블라일리법으로 이를 대체했다. 이제 은행은 다시 상업과 투자 업무를 동시에 수행하고 있다.

2000년대 초반, 금융사들은 경쟁적으로 파생 상품에 뛰어들었다. 모기지 채권, CDO, CDS 등 복잡한 금융상품이 쏟아지며 수익은 급증했지만, 다시 금융 산업의 위험이 커졌다. 2007년, 미국의 주택시장이 흔들리기 시작했다. 부실 파생 상품과 부동산 시장의 버블이 맞물리며 서브프라임 모기지 사태가 터졌고 2008년 글로벌 금융위기가 현실이 됐다. 혹자는 글래스-스티걸법이 폐지된 것이 금융 위기의 원인이라고 주장하기도 했다. 리먼 브라더스는 파산했고 메릴린치는 뱅크 오브 아메리카에 인수됐다. 베어스턴스는 JP모건에 넘어갔다. 투자은행 모델은 한계에 봉착했다.

모건 스탠리도 위기에서 자유롭지 않았다. 파생 상품 손실로 유동성 위기에 몰리며 주가가 폭락했고, 고객의 자금도 급격히 이탈하고 있었다. 이때 일본 미쓰비시 UFJ 금융그룹(MUFG)이 구세주로 등장했다. 2008년 10월, 미쓰비시는 90억 달러를 긴급 투자해 모건 스탠리를 구했다. 이는 미국 투자은행 역사상 최초의 일본 자금 투입 사례였다. 미쓰비시는 지금도 모건 스탠리 지분의 22.6%를 보유하고 있다. 다만 경영에 직접적으로 개입하지는 않고 있다. 모건 스탠리는 위기 직후 금융지주회사로 전환하며 투자뿐만 아니라 예금과 대출도 할 수 있는 금융 복합기업이 됐다. 이는 연방준비제도의 긴급 지원을 받기 위한 조건이기도 했다. 이후 모건 스탠리는 경영 안정화에 성공했고 소매금융, 자산관리, 기업금융 등 포트폴리오를 다각화했다.

이처럼 모건 스탠리는 위기의 순간마다 변화를 선택했다. 그리고 지금은 누구나 알 만한 세계적인 자산운용사이자 글로벌 투자은행으로 활약하고 있다. 그 용기가 지금의 위치를 만들었다고 해도 과언이 아니다. 그리고 지금도, 그 이름은 월스트리트의 중심에서 살아 숨 쉬고 있다.

위기 대응 능력과 유연한 대응력

금융시장이 '안정'을 도모하기란 여간 쉬운 일이 아니다. 때로는 규제의 파도가, 때로는 글로벌 위기의 쓰나미가 기업의 존립 자체를 위협한다. 그러나 모건 스탠리는 지난 한 세기 동안 이러한 격변기를 단순히 '버텨내는 시간'으로만 쓰지 않았다. 오히려 위기를 새로운 비즈니스 모델로의 전환점으로 활용해 왔다.

2008년, 리먼브라더스가 무너지고 월가 전역에 불신이 확산되었을 때, 모건 스탠리 역시 유동성 위기에 몰렸다. 그러나 이들의 위기 생존 전략은 단기 유동성 확보만을 목표로 한정하지 않았다.

일본의 미쓰비시 UFJ로부터 90억 달러의 대규모 투자를 유치하며 즉각적인 자금 위기를 해소하고 금융지주회사로 전환하는 결단을 내렸다. 이 변화는 사업 구조 자체를 재설계하는 비즈니스 모델 피버팅이었다. 종합금융사로서 예금 기반을 확보하고, 투자은행 중심이었던 수익구조를 자산관리·리테일 금융 등으로 다각화했다. 또한, 이 시기의 전환은 브랜드 포지셔닝 변화와도 맞닿아 있었

> 다. '투자은행'이라는 고위험 이미지를 줄이고, '안정성과 장기 파트너십'을 강조하는 리브랜딩에 성공한 것이다. 위기를 통해 고객의 '인지된 위험'을 줄이고, 신뢰도를 재구축했다.

    2025년 현재, 미국 주식시장은 사상 최고치를 찍은 후 숨을 고르고 있다. 투자의 세계가 항상 그러하듯 많은 이들은 현재가 고점이 아닌지, 또 언제 버블이 꺼지진 않을지 예의주시하고 있다. AI, 반도체, 그린에너지, 클라우드, 바이오 등 유망 산업은 여전히 주목받고 있지만 그 미래는 아무도 알 수 없다. 역사는 똑같은 일이 반복되진 않지만 비슷한 방식으로 흘러간다. 1929년, 2008년, 그리고 지금. 자산 가격은 수십 배로 올랐고 시장은 더 복잡해지고 있다. 글래스-스티걸법은 탐욕과 방심에 대한 제도적 경고를 남겼다. 우리는 지금도 그 질문을 다시 던질 수밖에 없다.

    "우리는 탐욕을 통제할 수 있을까? 그리고 다음 위기는 과연 어디서, 언제부터 시작될 것인가?"

"One client at a time."
한 번에 한 명의 고객만.

— 모건 스탠리의 사훈

17

언론에서 탄생한 미국 대표 지수
다우존스

다우존스 앤드 컴퍼니 (Dow Jones & Company)	
창업자	찰스 헨리 다우 (Charles Henry Dow), 에드워드 데이비드 존스 (Edward Davis Jones), 찰스 밀러 버그스트레서 (Charles Miller Bergstresser)
창업연도	1882년
본사	미국 뉴욕주 뉴욕시
지점 수	미국 내 주요 지사 및 전 세계 뉴스 네트워크 보유 (월스트리트저널 발행 포함)
직원 수	약 5,000명 (2024년 기준, 뉴스 및 데이터 부문 포함)
매출	약 22억 달러 (2024년 News Corp 산하 사업부 전체 기준)

1987년 10월 19일 월요일 아침, 미국의 투자자들은 공포의 하루를 맞았다. 이날 뉴욕의 3대 지수 중 하나인 다우지수는 하루 만에 22.6%나 폭락했기 때문이다. 이는 지금까지도 전 세계 주요 증시를 통틀어 하루 기준 최대 하락률이라는 불명예스러운 기록으로 남았다. 이는 투자 심리를 붕괴시켰을 뿐만 아니라 프로그램 매매의 위험성과 중앙은

행 개입의 필요성 등 투자영역에서 필수적인 핵심 교훈을 전 세계에 일깨운 사건으로 평가된다.

반대로 다우지수 역사상 가장 긴 상승 랠리는 언제일까. 무려 126년 전인 1897년으로 거슬러 올라간다. 6월 중 기록한 14거래일 연속 상승 마감 기록은 아직도 깨지지 않은 '최장 상승 마감' 대기록으로 남아 있다. 2023년과 2025년에도 이에 근접한 연속 상승 흐름이 나타났지만, 결국 그 벽을 넘지 못했다. 19세기 말 산업화의 기세를 품은 이 기록은 여전히 전설로 남아있다.

제1차세계대전으로 폐장했던 뉴욕증권거래소는 1915년 재개장했다. 해당 연도에 다우지수는 연간 81.7% 상승하며 놀라운 수익률을 기록했다. 그 해는 금융 시스템의 회복력과 미국 경제의 저력을 동시에 보여준 해였다. 이 기록은 100년이 지난 지금까지도 깨지지 않고 있다. 반대로 대공황의 먹구름이 드리운 1931년, 다우지수는 52.7% 하락하며 역대 최악의 연간 하락률을 기록했다. 이는 미국 자본주의 시스템 전체를 붕괴 직전까지 끌고 가며 미국 경제사의 한 페이지를 장식했다. 이후 어떤 글로벌 위기에서도 이 정도의 하락률은 다시 나오지 않았다.

이처럼 다우지수는 단순한 지표를 넘어 자본주의와 금융 역사의 한 획을 그어왔다. 극단적 상승과 폭락, 전무후무한 연속 기록들이 한 줄 한 줄 쌓이면서 다우지수는 오늘날까지 역사를 이어오고 있다. 그리고 지금 이 순간에도, 다우지수는 또 다른 변곡점을 향해 움직이고 있다. 그 흐름 속에는 경제 정책과 투자자의 선택들이 만들어낸 투자의 역사가 흐르고 있다.

다우존스 산업평균지수, 줄여서 '다우지수'는 미국을 대표하는 3대 주가지수 중 하나로 꼽힌다. 기술주 중심의 나스닥, 시가총액 기준으로 미국 500대 기업을 추종하는 S&P500과 나란히 언급되지만 다우지수는 몇 가지 측면에서 뚜렷한 차이를 보인다.

우선 구성 방식부터 다르다. 다우지수는 30개 기업의 주가를 기준으로 산출된다. 이 30개는 미국 경제를 대표하는 기업으로 엄선된 것이기 때문에 이 지수에 포함된다는 것은 그 자체로 상징성이 크다. 500개 중 하나로 편입되는 것보다, 30개 중 하나로 뽑히는 게 기업 입장에서 훨씬 의미 깊기 때문이다. 다우지수의 구성 종목은 일종의 '명예의 전당'과도 같다.

하지만 바로 이 점이 장점이자 한계가 되기도 한다. 모수가 30개로 지나치게 적다 보니, 개별 기업의 주가 변동이 전체 지수에 미치는 영향이 상대적으로 크다. 이로 인해 시장 전체의 분위기나 산업 전반의 흐름을 정교하게 반영하기에는 한계가 있다.

다우지수는 지수를 계산하는 방식도 특이하다. 대부분의 주가지수는 시가총액에 따라 각 기업에 가중치를 부여하는데, 다우지수는 그렇지 않다. 단순히 30개 기업의 주가의 산술평균 값으로 지수를 만든다. 이 때문에 주가가 높은 기업일수록 다우지수에 미치는 영향력이 커진다. 다시 말해, 기업의 실질적인 가치보다는 주가 자체가 지수에 더 큰 영향을 미친다는 뜻이다. 이는 오늘날처럼 주식 분할이나 자사주 매입, 고평가 논란이 빈번한 시장 환경에선 다소 왜곡된 결과를 낳을 여지가 있다.

그럼에도 다우지수는 여전히 미국 주식시장의 상징과 같은 존재다. 그 이유 중 하나는 이 지수가 지닌 역사성과 전통이다. 다우존스 지수는 1896년 탄생해 130년의 역사를 자랑한다. 그리고 이를 만든 이는 다우와 존스다. 여기서 반전은 다우존스 지수를 운영하고 있는 다우존스 앤드 컴퍼니의 창립자는 총 세 명이라는 점이다. 찰스 헨리 다우와 에드워드 존스, 그리고 지수에 이름이 없는 찰스 버그스트레서다.

이들은 다우 존스 지수에 자신들의 이름을 새겼을 뿐 아니라 세계적인 언론사를 창간하기도 했다. 바로 글로벌 경제신문인 《월스트리트 저널》이 바로 그것이다. 어떻게 이들은 《월스트리트 저널》과 다우존스 지수를 모두 만들게 된 것일까.

유망한 기자들, 경제의 매력에 눈을 뜨다

1851년 11월, 미국 코네티컷주 스털링에서 태어난 찰스 다우는 여섯 살에 아버지를 여의고 어려운 유년기를 보낸다. 정규 고등교육을 받지 못했지만 젊은 시절부터 글쓰기와 역사에 대한 관심이 남달랐다. 1872년, 21세가 되던 해 그는 메사추세츠주의 스프링필드 지역의 신문사에서 첫 사회생활을 시작한다. 그는 사수 밑에서 4년간 일하며 지역사회의 다양한 이슈에 대해 폭넓게 취재했다. 이후 그는 로드아일랜드주로 거처를 옮겨 소규모 언론사인 '프로비던스 스타'에서 경력을 이어간다.

그는 여기서도 열정적으로 기사 취재에 임했고 얼마 지나지 않아 지역을 대표하는 언론사인 '프로비던스 저널'로 스카우트 된다. 당시 미국 언론계는 기자 개인의 역량과 명성에 따라 더 큰 신문사로 이직하는 것이 일반적인 경로였다. 다우는 이곳에서 경제 및 산업 분야를 집중적으로 다루며 빠르게 두각을 나타냈다. 특히 미국 북동부인 뉴잉글랜드 지역과 뉴욕 간의 무역 및 산업 연결성에 대한 그의 기사는 심도 있는 자료조사와 정교한 분석으로 독자들의 호평을 받았다. 그리고 이 곳에서 또 한 사람의 재능 있는 젊은 기자를 만나게 된다. 그가 바로 훗날의 사업 파트너 에드워드 데이비드 존스였다.

1856년 생인 에드워드 존스는 미국의 아이비리그 대학인 브라운 대학교를 중퇴한 뒤 언론인으로서의 커리어를 시작했다. 그는 뛰어난 수리 감각과 분석 능력을 바탕으로 재무제표를 해석하고 기업의 본질적 가치를 파악하는 데 탁월한 재능을 보였다.

이후 이들의 운명을 바꿀 사건이 1879년 발생했다. 풍부한 지식

♦ 찰스 헨리 다우

♦ 에드워드 데이비드 존스

과 뛰어난 글솜씨로 이름을 알린 다우는 경제 특집 기획의 일환으로, 은채굴 붐이 한창이던 콜로라도주 리드빌 지역으로 취재 여행을 떠나게 된다. 이 여행에는 국회의원과 기업가, 투자자 등도 함께했다. 다우는 4일간의 기차 여정 동안 이들과 밀도 높은 대화를 나누며 미국 서부의 신흥 도시들과 광산 산업, 그리고 금융 자본의 흐름을 눈앞에서 지켜볼 수 있었다.

    짧은 기차 여행 동안 그는 부를 거머쥐며 성공한 금융인들과 뉴욕의 월가 투자자들이 무엇을 궁금해하고 어떤 정보를 필요로 하는지 몸소 체득할 수 있었다. 그리고 취재를 마치고 돌아온 그는 로키 산맥, 광산회사, 신흥 도시의 도박장, 술집, 댄스홀 등 그가 보고 경험하고 느낀 다양한 것들을 정리해 《리드빌 레터스》라는 정보지로 만들었다. 이 정보지에는 자본주의와 투자, 그리고 백만장자가 되는 법에 대한 정보를 잔뜩 담았고 투자에 관심 있는 이들의 이목을 끌었다. 이는 단순한 지역 취재를 넘어 자본, 투자, 신흥 산업의 흐름을 조망한 초기 경제 저널리즘의 모범으로 평가받았다. 그렇게 리드빌에서의 경험을 통해 돈과 경제, 그리고 부에 눈을 뜬 다우는 프로비던스를 떠나 미국 경제의 심장부 뉴욕으로 향하기로 결심했다. 에드워드 존스와 함께였다.

리드빌에서 찾은 시장의 언어

    다우의 리드빌 취재는 철저한 현장 몰입의 사례다. 그는 책상 위 자료가 아닌, 산업 현장에서 부를 창출하는 사람들과 나눈 대화를 통해 시장의 생생한 맥박을 읽었다. 이 과정에서 다우는 투자자들이 실제로 필요로 하는 정보의 형태와

> 깊이를 파악할 수 있었다. 특히 그 결과물인 《리드빌 레터스》는 하나의 '콘텐츠 상품'이었다. 다우는 광산과 금융, 신흥 도시의 경제를 종합적으로 엮는 데이터 패키징을 통해 차별화된 정보를 생성했다. 이는 경쟁자 없는 영역에서 시장을 선점하는 '퍼스트 무버 전략'이었다. 또한, 리드빌 기차 여행은 풍부한 인적 네트워크 자본을 축적할 수 있는 장이기도 했다. 국회의원, 기업가, 투자자와 나눈 대화는 훗날 뉴욕 진출 시 강력한 신뢰 기반이 되었다. 즉 리드빌에서의 며칠은 단순한 취재가 아니라, 기회를 인식하고 브랜드 자산을 형성하는 데 변곡점이 된 셈이다.

브랜드 자산이 된 정확한 정보

1879년 가을, 찰스 다우와 에드워드 존스는 미국 자본주의의 심장부인 뉴욕에 도착했다. 미국의 북동부인 뉴잉글랜드 지역에서 기자로서의 내공을 쌓은 두 사람은 당시 뉴욕의 유력 금융 정보지 중 하나였던 '키르넌 월스트리트 파이낸셜 뉴스'에 동반 입사했다. 이 매체는 뉴욕증권거래소에서 벌어지는 각종 금융 정보와 기업 뉴스, 주가 변동 등을 실시간으로 보도하는 금융 전문 뉴스 서비스를 제공했다. 뉴욕 금융가의 소식을 발빠르게 전해야 하는 만큼 기자들의 기민한 판단력과 신속한 자료 분석 능력이 요구되는 곳이었다. 존스는 두뇌가 명석했을 뿐만 아니라 재무 보고서를 능숙하게 분석하는 역량도 뛰어났다. 그는 다우와 콤비를 이루어 많은 기사를 작성하고 월가에서도 무사히 안착했다.

1880년대 초, 뉴욕은 폭발적인 산업 성장과 금융 투기의 열기로 들끓고 있었다. 수많은 자금이 월스트리트를 중심으로 몰렸고, 그만큼 정보에 대한 수요도 치솟았다. 그러나 이 시기 언론의 윤리는 지금과는 달랐다. 기업이 기자에게 뇌물을 주고 유리한 기사를 써달라고 요구하는 일이 흔했고, 일부 기자들은 그러한 청탁을 통해 막대한 부를 쌓기도 했다. 심지어 허위 정보나 조작된 루머를 퍼뜨려 특정 종목의 주가를 올리거나 내리는 것도 관행처럼 여겨졌다.

이러한 풍토에 대해 다우와 존스는 강한 문제의식을 느꼈다. 그들은 오히려 정직하고 신뢰할 수 있는 정보의 가치를 믿었고, '정확한 데이터 기반의 뉴스가 시장을 더 건강하게 만든다'는 철학을 갖고 있었다. "시장은 정보를 갈망하고 있다. 하지만 그 정보는 사실이어야 한다." 이는 두 사람이 공유한 신념이자 향후 그들의 언론 인생을 관통하는 원칙이 된다.

결국 두 사람은 결단을 내린다. 1882년 11월 3일, 찰스 다우, 에드워드 존스, 그리고 이들과 함께 키르넌 뉴스에서 일하던 전신 통신 전문가 찰스 밀러 버그스트레서가 함께 뜻을 모아 '다우 존스 앤드 컴퍼니'를 설립한다. 회사는 뉴욕증권거래소 인근 월스트리트 15번지 지하실에 차려졌다. 그들의 첫 사무실은 자그마한 방 한 칸에 불과했다. 그러나 그곳에서 생산된 뉴스는 기존 언론들과 구별되는 정직성과 객관성을 바탕으로 곧 주목을 끌게 된다.

다우는 편집과 기사 작성, 존스는 분석과 재무 데이터 해석, 그리고 버그스트레서는 자금 조달과 통신망 관리에 집중하며 셋은 뚜렷하게 역할을 분담했다. 다우는 '정확하고 믿을 수 있는 뉴스'라는 무형의 제품을 매일같이 생산하는 사람이었다. 그는 사실관계를 확인하고 문장, 기사의 구조를 다듬으며 제품 품질을 유지했다. 존스는 데이터 분석의 달인이었다. 시장과 기업의 재무를 해석해 기사에 깊이를 불어넣었고, 투자자가 의사결정을 내릴 수 있도록 정보를 논리적으로 구성했다. 버그스트레서는 운영과 인프라의 설계자였다. 초기 자금을 조달하고, 통신망을 구축하며, 단 1분이라도 더 빨리 정보를 전달하기 위해 유통망을 개선했다.

세 사람의 역할은 명확히 구분돼 있었다. 누구도 서로의 영역을 침범하지 않았고, 각자는 자신이 가장 잘하는 분야에 전념했다. 이 단순하지만 강력한 구조 덕분에 다우존스는 창립 초기에 빠른 속도로 신뢰를 확보할 수 있었다.

이는 핵심 역량을 기반으로 분업의 힘을 극대화한 케이스다. 영역별 전문성이 발휘되면서 자원은 집중되고 실행 속도는 높아졌다. 또한, 역할 기반 거버넌스가 작동해 의사결정이 신속했고 불필요한 내부 충돌이 줄었다. 게다가 제품, 데이터, 운영이라는 세 축이 독립적으로 강화되면서, 한 영역의 문제가 전체를 무너뜨리지 않게 하는 위험 분산 효과도 자연스럽게 생겼다.

이뿐만 아니라, 명확한 역할 분담은 브랜드 품질의 일관성을 보장해 시장 초기 진입 시 고객 신뢰 확보 속도를 높였다. 창업 멤버의 역할 구조를 스토리로 만들면 소비자는 그 브랜드의 '태생적 전문성'을 직관적으로 이해하게 된다. 그리고 이 구조는 시간이 흘러도 변하지 않는 확장성을 담보한다. 글로벌 시장으로 나가든, 새로운 상품군을 추가하든, 기둥만 견고하다면 건물은 계속 위로 세워질 수 있기 때문이다.

그렇게 다우와 존스는 정보의 신뢰성과 정합성을 최우선으로 삼는 새로운 금융 저널리즘의 시대를 열기 시작했다. 다우존스 앤드 컴퍼니의 설립은 곧 '정확한 정보가 곧 자산'이라는 신념을 증명하는 여정의 출발점이 됐다.

《월스트리트 저널》과 주가지수의 탄생

1883년 회사는 금융 뉴스를 2페이지 분량으로 요약한《애프터눈 레터》를 작성해 배포했다. 해당 정보지는 금방 입소문을 타고 1000명 이상의 구독자를 확보했다. 투자자들에게 두 쪽짜리 정보지는 투자를 결정하는 중요한 참고 자료였다. 정보지가 인기를 얻자 그들은 1889년 이 정보지를 바탕으로 한 신문을 만들기로 결심한다.

1889년 7월 8일, 찰스 다우는《월스트리트 저널》의 창간호를 세상에 내놓았다. 이 신문은 기존의 투기성 기사나 선정적인 루머를 경계하고, 오직 팩트와 데이터 중심의 뉴스만을 다루겠다는 원칙을 내세웠다. 다우는 매일 오후 투자자들에게 배달하던《애프터눈 레터》를 정기 간행물로 확장했고, 이것이 곧 오늘날 세계에서 가장 영향력 있는 경제지인《월스트리트 저널》의 출발점이 됐다.

이 무렵, 다우는 한 가지 아이디어를 구상하고 있었다. 19세기 말, 주식시장은 정보의 홍수 속에 있었다. 기업의 실적, 업종별 동향, 각종 재무 데이터와 경제 지표가 뒤섞여 있었다. 이를 모두 해석하려면 상당한 시간과 전문 지식이 필요했기 때문에 투자자의 대다수는 신문에 실린 수많은 기사와 표를 읽어도 시장 전체가 '좋은 상황인지, 나쁜 상황인지'를 파악하기 어려웠다.

찰스 다우는 이 문제를 정면에서 바라봤다. 그는 투자자들이 더 많은 정보가 아니라, 더 잘 정리된 정보를 원한다는 사실을 깨달았다. 그는 신문에 실리는 개별 기업 실적뿐만 아니라 주식시장 전체의 흐름을 단 하나의 숫자로 요약하는 '시장 지수'를 만들어야겠다고 생각했다. 오늘날 너무나도 당연하게 여겨지는 주가지수라는 개념은 당시로서는 파격적인 발상이었다. 그는 증권 거래의 복잡한 세계를 간단하게 수치 하나로 요약할 수 있다면 투자자들이 시장의 흐름을 더 쉽게 파악할 수 있을 것이라 기대했다.

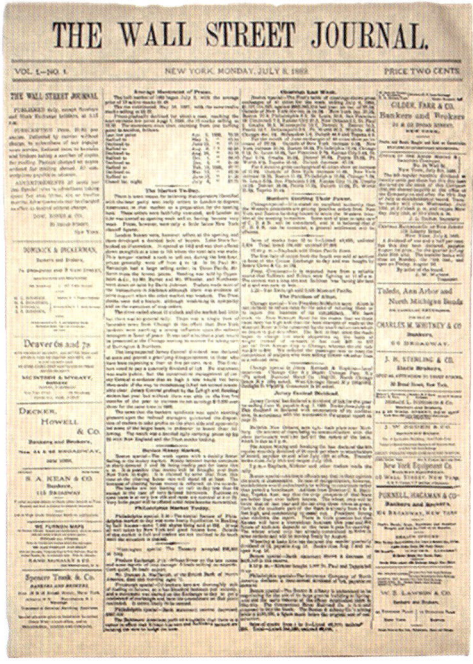

◆ 《월스트리트 저널》 창간호

그렇게 해서 탄생한 것이 바로 '다우존스 산업평균지수'다. 1896년 5월 26일, 이 지수는 최초로 세상에 공개된다. 당시 지수에 포함된 기업은 총 12개사로, 중공업·철도·석탄·가스 등 19세기 말 미국 산업사회를 이끌던 기업들이었다. 지수 계산 방식은 단순했다. 12개 기업의 주가를 모두 더한 뒤 12로 나누는 산술평균 방식이었다. 복잡한 가중치나 시가총액 개념이 적용되지 않았기에 계산은 단순했고 그만큼 대중들이 직관적으로 이해하기 쉬운 지표였다.

다우는 방대한 데이터를 압축해 단일 핵심 지표로 변환함으로써 누구나 시장을 이해할 수 있게 만들었다. 다우의 '정보 단순화 전략'은 무작정 데이터를 줄이는 게 아니라 의사결정을 돕는 핵심 신호만 남기는 방식이었다. 덕분에 다우지수는 투자 초보자와 전문가 모두에게 동일한 기준점을 제공하며, 빠르게 대중성과 영향력을 확보했다.

소비자는 복잡한 설명보다 한눈에 이해할 수 있는 단순한 지표를 기억한다. 호텔의 별점, 친환경 인증 마크, 식품의 '무첨가' 표시 등이 대표적인 예다. 이런 지표는 브랜드의 복잡한 가치와 품질을 소비자의 뇌 속에 각인시킨다. 즉 다우지수의 성공은 정보 단순화를 통한 인식과 신뢰의 가속화로 요약된다.

다우는 이 지수의 아이디어와 설계를 대부분 직접 주도했다. 파트너였던 에드워드 존스는 지수 개발 과정에서는 큰 역할을 하지는 않고 사실상 이름만 빌려준 수준이었다. 이는 훗날 다우와 존스 사이가 멀어진 계기가 됐고, 두 사람은 1899년 경 결별했다. 존스가 회사를 떠난 후, 다우와 버그스트레서는 함께 회사를 이끌었다. 버그스트레서는 여전히 통신망과 영업, 자금 조달을 총괄하며 회사 운영의 핵심 축을 담당했다.

미국 경제의 체온계 다우지수

지수의 이름에 들어간 '산업'이란 단어는 당시 미국의 경제가 중공업 중심으로 재편되고 있던 현실을 반영한 것이었다. 철도회사, 석탄회사, 증기기관 제조사 등 당시 미국 산업을 상징하는 기업들이 지수의 주인공이었다. 하지만 시간이 흐르며 이 지수의 구성도 바뀌기 시작했다. 단순한 제조업 중심에서 벗어나, 유통·기술·헬스케어 등 다양한 업종이 편입됐다.

1916년에는 지수 편입 기업이 12개에서 20개로 늘었고 1928년에는 지금과 같은 30개 체제로 확대했다. 이후 대공황, 제2차세계대전, 브레튼우즈 체제, 오일 쇼크, 닷컴 버블, 금융위기 등 수많은 세계 경제의 굴곡 속에서 이 지수는 미국 경제의 체온계를 자처해 왔다.

다우지수가 처음으로 세상에 공개됐을 때 40.94포인트로 시작했다. 이후 미국 경제의 성장과 함께 점진적인 상승 곡선을 그리며 20세기 중반까지 꾸준히 우상향해 1972년 역사상 처음으로 1,000포인트를 돌파했다. 이후 글로벌화, 기술 혁신, 금융 자본주의의 확산과 함께 지수 역시 가속도가 붙어 상승했고 2024년 다우지수는 사상 최초로 4만 포인트 고지를 정복했다. 이는 초창기와 비교하면 무려 약 1,000배 가까이 성장한 값으로, 130년 넘는 미국 자본주의의 성장과 궤를 같이하는 역사적 지표가 됐다.

오늘날 다우지수에는 세계에서 가장 널리 알려진 글로벌 기업들이 이름을 올리고 있다. 나이키, 맥도날드, 마이크로소프트, 비자, 3M, 코카콜라, 애플 등 미국을 넘어 세계 경제를 움직이는 기업들이 대표적이다. 이들 역시 시대 흐름에 따라 교체되기도 한다. 현재 다우지수 30개 기업 중 가장 오랜 기간 그 자리를 지키고 있는 기업은 소비재 기업 P&G로, 1932년 편입된 후 90년 넘게 그 자리를 지켜오고 있다. 가장 최근에 편입된 기업은 2024년 합류한 아마존이다.

그러나 한편으로 다우지수는 시대의 중심에서 조금씩 밀려나고 있다. S&P500은 500개에 달하는 기업을 포함해 보편성을 확보하고 있고, 산술평균을 쓰는 다우지수와 달리 시가총액 가중 방식으로 지수를 산정하기 때문에 실제 시장 흐름을 더 정교하게 반영한다는 평가를 받고 있다. 또한, 기술기업 중심으로 글로벌 경제 구조가 변화함에 따라 자연스럽게 기술주 중심의 나스닥 지수에 대한 주목도가 더욱 높아지고 있는 상황이다.

그럼에도 다우지수는 가장 오래된 미국 주가지수로서 여전히 상징적인 지위를 유지하고 있다. 130년의 역사를 간직한 이 지수는 단순한 숫자 이상의 의미를 지닌다. 그것은 곧 미국 자본주의의 역사이며, '투명하고 신뢰할 수 있는 정보의 힘'이라는 두 언론인의 철학이 반영된 지표이기 때문이다.

찰스 다우는 그가 직접 만든 《월스트리트 저널》과 다우존스 지수가 세상에 알려질 무렵 언론계에서 은퇴를 택한다. 다우는 여전히 기자로서의 열정이 컸지만 점차 경영인으로서 피로를 느끼기 시작했다. 매체의 상업적 성장과 운영 자금, 광고 영업, 수익 구조 개선 등에 대한 문제는 다우의 관심 밖이었다. 그의 마음은 어디까지나 '정확한 정보'와 '시장에 대한 냉철한 해석'에 관심을 두고 있었기 때문이다.

1902년, 다우는 자신이 창립한 회사를 떠나기로 결심한다. 그는 월스트리트 저널과 다우존스 앤드 컴퍼니의 지분을 철도왕 클라렌스 배런에 넘긴다. 배런은 이미 언론계에서 명망 있는 인물로, 다우의 철학을 계승하겠다고 약속한 상태였다. 그리고 다우는 회사 매각 직후인 1902년 12월 4일, 뉴욕의 브루클린 자택에서 세상을 떠난다. 향년 51세의 나이로, 공식 사인은 심장마비였다.

다우의 사후, 월스트리트 저널은 클라렌스 배런의 지휘 아래 빠르게 성장했다. 그는 신문을 단순한 투자 정보지가 아닌, 비즈니스 저널리즘의 표준으로 키우는 데 주력했다. 배런은 기자들에게 철저한 팩트 검증과 기업 취재의 윤리성을 강조했고, 기업 스캔들과 회계 조작을 고발하는 탐사보도에도 힘을 실었다. 이 같은 노선은 신문의 신뢰도를 높였고, '믿고 읽는 경제신문'이라는 명성을 얻었다.

하지만 21세기에 들어서며 급변하는 디지털 환경 속에서 《월스트리트 저널》은 온라인 구독 기반의 유료 모델로 전환하며, 저널리즘의 품질을 유지하면서도 수익 구조를 다각화하기 위한 고군분투를 이어갔다. 결국, 2007년 다우존스 앤드 컴퍼니는 루퍼트 머독이 이끄는 뉴스 코퍼레이션에 50억 달러에 인수되며, 창립 125년 만에 주인을 바꾸게 된다.

다우존스의 숨은 일등공신

오늘날 《월스트리트 저널》은 여전히 세계에서 가장 널리 읽히는 경제 전문지 중 하나로 남아있다. 찰스 다우가 처음 품었던 '사실에 근거한 금융 정보', 그리고 시장의 흐름을 읽는 통찰력은 21세기의 독자들에게도 유효하다.

그리고 이러한 제국을 완성하는 데에는 브랜드로 이름이 남지 않은 그 인물, 바로 찰스 버그스트레서의 공이 무척 컸다. 사실 버그스트레서는 단순한 조력자가 아니라 다우존스 창업의 숨은 일등공신이자 자금을 융통했던 실질적 주인이다. 당시 찰스 다우는 창업 의지는 있었지만 자금이 부족했고, 에드워드 존스는 재무 분석 능력은 뛰어났지만 사업 운영 경험이 전무했다. 이때 결정적인 역할을 한 사람이 바로 버그스트레서였다. 그는 자신의 자금으로 초기 비용을 부담했고, 다우와 존스

♦ 찰스 버그스트레서

를 설득해 키르난 뉴스를 나와 새 회사를 세우자는 결단을 내린 장본인이다.

하지만 그의 이름은 회사 이름에 들어가지 않았다. 이유는 여러 가지로 해석된다. 하나는 실용적인 문제다. '버그스트레서(Bergstresser)'라는 이름은 길고 복잡했기 때문에 간결하고 기억하기 쉬운 상호명을 선호하던 당시 분위기에서 자연스럽게 배제되었을 가능성이 있다. 또 하나는 그의 성격과 역할 때문이다. 버그스트레서는 전면에 나서기보다 통신 인프라 구축, 유통 관리, 자금 운용 등 보이지 않는 실무를 담당하는 것을 선호했다. 언론 활동보다는 조직 운영을 이끌었다. 그는 대표가 아니라 무대 뒤의 설계자였던 것이다.

놀랍게도, '월스트리트 저널'이라는 이름을 지은 것도 그가 낸 아이디어였다. 신문 이름을 무엇으로 할지 고민하던 중, 버그스트레서가 단순하면서도 월가의 중심성을 드러낼 수 있는 제목을 제안했고, 그것이 그대로 오늘날까지 사용되고 있는 것이다.

그의 이름은 공식 명칭에서 빠진 탓에 다우나 존스만큼 알려지진 않았지만, 그의 공헌 없이는 다우지수도, 월스트리트 저널도 존재하지 않았을 것이다. 그는 말 그대로 조용한 건축가였다. 그가 세운 구조물은 지금도 여전히 전 세계 경제의 중심에서 움직이고 있다. 그리고 그 이름 없는 헌신은, 아이러니하게도 '다우존스' 안에 가장 깊게 각인되어 있는지도 모른다.

"The market doesn't need more information. It needs better information."

시장은 더 많은 정보를 원하지 않는다. 더 잘 정리된 정보를 원한다.

– 찰스 다우

오티스
캐리어
포드
켈로그 형제와 포스트
돌
하리보
리바이스
라코스테
버켄스탁
컨버스

6장

생활의 기술:
일상에 새로움을 더하다

맥도날드
웬디스
배스킨라빈스
카네기 스틸
JP모건
모건 스탠리
다우존스
스탠리
코스트코
코닥
힐튼
미쉐린

18

화재 속에서도 살아남는 불멸의 텀블러 스탠리

스탠리 (Stanley 1913)

창업자	윌리엄 스탠리 주니어 (William Stanley Jr.)
창업연도	1913년
본사	미국 워싱턴주 시애틀
지점 수	전 세계 40여 개국 이상에 판매·유통 네트워크 보유 (주요 시장: 북미, 유럽, 아시아, 오세아니아 등)
직원 수	약 500명 내외 (2024년 모회사 전체 기준)
매출	약 7억 5,000만 달러 (2024년 추정)

  1913년 어느 혹독하게 추운 겨울 아침, 한 남자가 찬 기운이 스며든 작업실 한가운데서 실험에 몰두하고 있었다. 창문 틈새로 매서운 바람이 스며들어 손끝이 얼어붙을 듯 금세 차가워졌다. 따뜻한 커피 한 잔이 절실했지만, 그의 유리 보온병은 이미 식어버린 지 오래였다. 깨지기 쉽고 금세 차가워지는 유리 보온병을 바라보던 그는 고개를 돌려 창밖을

응시했다.

그러다 문득, 머릿속에 하나의 아이디어가 번쩍 떠올랐다. '스테인리스 스틸을 써보면 어떨까?' 그는 즉시 결심했다. 유리 대신 견고한 스테인리스 스틸을 사용해 진공 보온병을 만들어보자고. 그날부터 그는 수없이 많은 실험을 반복했고, 마침내 혹한 속에서도 온기를 지켜주는 완벽한 보온병을 탄생시켰다. 그것이 바로 오늘날 전 세계인이 사랑하는 '스탠리 텀블러'의 시작이었다.

한 세기가 넘는 세월 동안, 스탠리 텀블러는 미국에서 폭발적인 인기를 끌었고, 이후 캠핑과 아웃도어 열풍을 타고 한국에서도 대유행을 일으켰다. 튼튼함과 보온력을 모두 갖춘 이 보온병은 이제 일상의 필수품이 됐다. 그리고 그 혁신의 출발점에는 한 남자의 도전이 있었다.

그의 이름은 윌리엄 스탠리 주니어, 바로 스탠리1913 브랜드의 창립자였다.

토머스 에디슨과 어울리던 발명왕 전기공학자

1858년 11월 28일, 윌리엄 스탠리 주니어는 미국 뉴욕주의 브루클린에서 태어났다. 그의 집안은 당대 지식인과 실업가들이 모여 살던 계몽적 분위기의 가정이었다. 스탠리 가문은 17세기 영국에서 이주해 온 청교도계 후손으로, 메사추세츠주와 뉴욕을 중심으로 정착해 교육과 과학에 대한 깊은 관심을 이어왔다. 아버지 윌리엄 스탠리 시니어는 교육열이 높았고, 철학과 기술에 관심이 깊은 인물로, 어린 아들에게 다양한 분야의 책을 아낌없이 읽히곤 했다. 그의 어머니는 논리적 사고와 절제된 삶의 자세를 강조하던 인물이었다.

어릴 적부터 윌리엄은 기계장치에 유난히 흥미를 보였다. 장난감 대신 시계나 도구를 분해해 구조를 파악하고 조립하던 소년이었다. 그의 재능은 가족뿐 아니라 이웃들에게도 널리 알려졌고, 어린 나이에 동네 사람들의 고장 난 도구를 수리해 주는 '꼬마 기술자'로 불리기도 했다.

그의 부모는 아들의 손재주와 호기심을 적극 응원했다. 어린 스탠리는 과학 도감, 기계 설계서, 자연 철학 서적을 탐독하며 꿈을 키웠다. 이러한 배경은 그가 나중에 발명가의 길로 들어서게 된 중요한 토양이 됐다.

윌리엄은 예일대학교에 입학해 전기공학을 전공했다. 그리고 그곳에서 전기의 잠재력에 완전히 매료됐다. 19세기 후반은 전기가 막 '새

♦ 토머스 에디슨(앞줄 가운데)과 기념 촬영 중인 윌리엄 스탠리(뒷줄 오른쪽에서 두 번째)

로운 에너지'로 인식되던 시기였다. 전구와 전신, 전철이 세상을 바꾸고 있었고 많은 젊은 공학도와 발명가들이 이 신비로운 힘을 정복하는 데 도전하고 있었다.

윌리엄은 뉴욕과 뉴저지에서 벌어진 다양한 실험에 참여하며 전기 에너지의 상업적 활용 가능성을 목격했다. 그는 당대 최고의 과학자들과 교류하며 기술적 역량을 쌓았는데, 그 중엔 우리가 아는 발명왕 토머스 에디슨도 있었다. 스탠리가 속했던 전기 기술자 모임에는 훗날 웨스팅하우스의 기술자가 된 사람들도 있었다. 이를 통해 그는 직류(DC)와 교류(AC)를 둘러싼 당대 전류 논쟁 속에서 중요한 인물로 부상하게 된다.

세계 최초의 교류 변압기를 탄생시키다

윌리엄은 전기의 대중화에 있어 가장 핵심적인 기술로 평가받는 변압기 발명의 필요성을 일찌감치 포착했다. 1885년, 그는 뉴욕주 그레이트 배링턴이라는 작은 마을에서 마침내 세계 최초의 교류 변압기를 성공적으로 시연해 냈다. 이 장치는 고전압의 전기를 멀리까지 보내고, 사용 직전에 저전압으로 변환해 전력 손실을 최소화할 수 있도록 설계된 것이었다.

이 발명은 전기 공급 시스템을 마을 단위에서 운영할 수 있는 가능성을 열었다. 도시와 산업 전체의 전력망 구조 자체를 바꾸며 미국 전기 보급의 패러다임을 완전히 뒤바꿔 놓았다. 윌리엄은 이 과정에서 129개의 특허를 등록했고, 웨스팅하우스사와 제너럴 일렉트릭과 협력해 기술을 상용화했다. 특히 이듬해인 1886년에는 고전압 교류 전송 시스템을 완성해 마을 전체를 환하게 밝히는 데 성공했다. 이는 현대 전기 공급의 기초로 자리 잡았고, 오늘날 전력망 구축의 효시로 평가받는다.

1890년, 윌리엄 스탠리는 메사추세츠주 피츠필드에 스탠리 전기 제조 회사를 설립했다. 이곳은 발명가 윌리엄의 실험실이자 연구소였다. 그는 이 회사를 통해 고효율 변압기, 배전 장치, 스위치 등을 생산하며 미국 전력 인프라를 확장시키는 데 크게 기여했다. 이후 그는 제너럴 일렉트릭에 회사를 매각하면서도 기술적 자문과 발명 활동은 지속했다. 그의 업적은 제너럴 일렉트릭의 기술 유산으로 이어졌다. 그렇게 스탠리는 미국 전력 시스템의 아버지 중 한 사람으로 불리게 됐다.

스테인리스 스틸로 만든 최초의 보온병

변압기를 발명한 윌리엄은 전기공학자로서 권위와 명성을 얻은 후에도 호기심을 멈추지 않았다. 1913년 겨울, 메사추세츠주 피츠필드에 위치한 자택 겸 연구실에서 윌리엄은 여느 날처럼 실험과 도면 설계에 몰두하고 있었다. 외부 기온은 영하로 떨어졌고, 난방이 불충분했던 방 안 공기는 뺨을 얼게 할 정도였다. 잠시 손을 녹이기 위해 준비한 커피를 마시려 했지만 도자기로 된 보온병은 이미 미지근해진 상태였다. 당시 널리 쓰이던 유리 보온병은 쉽게 깨질 뿐만 아니라 열 보존 능력도 크게 떨어졌기 때문이다.

그 순간, 윌리엄은 창밖으로 쌓인 눈을 멍하니 바라보다 이렇게 중얼거렸다. "깨지는 유리가 아니라, 강철로 만들면 어떨까?" 그의 머릿속을 스친 건 스테인리스 스틸이었다. 이 금속은 당시 군함과 산업용 설비에 제한적으로 쓰이던 신소재였다. 특히 높은 강도와 부식 저항성을 갖춘 신뢰할 수 있는 재료였다. 전기를 효율적으로 전달하기 위해 변압기를 만들었던 것과는 반대로 이번에 윌리엄은 열의 전달을 막기 위해 보온병을 개발해야겠다고 다짐했다.

그는 수 주간 실험을 반복하며 이중벽 구조를 고안했고, 그 사이에 진공을 형성해 열의 대류와 전도를 효과적으로 차단하는 구조를 완성했다. 그렇게 세계 최초의 진공 단열 스테인리스 스틸 보온병이 그의 손에서 탄생했다.

이 보온병은 윌리엄 스탠리 가문의 청교도적 절제와 실용 정신, 그리고 기술로 세상을 개선하겠다는 철학이 녹아든 결과였다. 17세기 영국에서 이주해온 기술자·상공인 혈통으로서의 자부심이 드러나는 순간이었다. 특히 그의 외삼촌은 미국 남북전쟁 당시 군수품 조달업에 참여했던 인물로, 스탠리의 산업 기술에 대한 조기 교육에 큰 영향을 주었다. 또한, 그의 절친 중 한 명인 찰스 스타인메츠는 제너럴 일렉트릭의 전자기 이론의 발전을 이끈 인물로 윌리엄이 진공보온병을 개발할 당시에도 아이디어를 나누던 기술적 동료였다. 그는 윌리엄의 실험을 격려했고 이는 구조 설계에 직간접적으로 영향을 주었다.

윌리엄은 곧장 이 발명품을 상용화하기로 마음먹고, 1913년 자신의 이름을 딴 브랜드 '스탠리 1913'을 설립했다. 이 텀블러는 고온과 저온에서도 내용물의 온도를 장시간 유지하며 당시엔 상상도 못 할 보온

기술을 선보였다. 다만 사업가보단 발명가였던 그는 '윌리엄 워커'라는 전문경영인을 통해 회사를 경영했다.

초창기 마케팅은 '견고함과 신뢰'에 초점을 맞췄다. 캠핑을 즐기는 가족, 설산을 오르는 탐험가, 굴뚝 위에서 일하는 노동자들이 광고의 주인공이었다. 광고 문구는 간결했다.

"어떤 상황에서도 당신의 음료를 지켜드립니다."

이는 스탠리 텀블러가 지닌 철학의 표현이기도 했다. 기계에 대한 깊은 이해, 사용자 중심의 발상, 튼튼함에 대한 집착. 이러한 철학은 그가 발명한 제품의 중심에 자리하고 있었다.

그는 특히 산업 현장에 있는 노동자들에게 이 제품이 가장 필요하다고 판단했다. 하루 종일 야외에서 일하는 이들에게 점심시간에 마시는 따뜻한 커피 한 잔은 생명력 그 자체였다. 윌리엄은 이들을 위한 제품을 만들고자 했고, 현장의 사람들로부터 검증받는 것을 최고의 찬사로 여겼다.

전장의 뜨거운 커피, 스탠리를 전설로 만든 시간

제2차세계대전은 인류 역사상 가장 거대한 산업 총동원의 시기였다. 군수물자를 조달하기 위해 민간 산업은 극한까지 역량을 끌어올렸고, 많은 기업들은 군에 장비와 물자를 납품하는 대가로 막대한 수익과 브랜드 신뢰를 획득했다. 스탠리 역시 그 흐름의 중심에 있었다.

미국이 본격적으로 전쟁 체제로 전환하면서 육군, 해군, 해병대 등 각 군은 야전 보급체계에서 필수적인 요소를 정비하기 시작했다. 당시 미군은 북아프리카의 사막부터 유럽의 한겨울, 태평양의 정글까지 다양한 전장에서 작전을 수행해야 했기에 장시간 음료나 음식의 온도를 유지하는 장비가 중요 전략물자로 부상했다.

이때 스탠리 보온병은 그 견고함과 진공 단열 성능 덕분에 미군의 야전 장비로 낙점됐다. 군수용 보온병은 전투 중 뜨거운 커피나 따뜻한 스프, 혹은 차가운 식수를 안정적으로 보관할 수 있는 도구로 유용하게 쓰였다. 특히 혹한기의 극한 환경에서는 이 보온병 하나가 생존과 직결되기 때문에 병사들의 사기 유지에도 중요한 역할을 했다.

1950년대 이후 미군 출신 장병들은 퇴역 후에도 스탠리 제품을 사용하기 시작했고, 이러한 문화는 이 브랜드를 실용적면서도 믿을 수 있는 물건의 대명사로 만들었다. 미군이 선택한 보온병이란 문구를 본 소비자들은 '전쟁터에서 검증된 제품'이라는 점에서 강한 신뢰를 가졌다. 전후 민간 시장에서 이 내러티브는 놀라운 설득력을 발휘했다. 전쟁을 경험한 퇴역 장병들은 스탠리를 믿을 수 있는 동반자로 기억했고, 그 기억은 곧 가족과 주변 사람들에게로 전해졌다.

스탠리가 전쟁을 통해 얻은 것은 단지 매출이나 수출이 아니었다. 극한의 상황에서도 온기를 지켜준다는 상징은 곧 브랜드 스토리의 핵심 가치는 이후 100년 넘게 마케팅의 뿌리가 됐다.

심지어 현대에 이르러 스탠리는 이 유산을 되살린 복각 제품을 출시하거나 미군 디자인을 모티브로 한 한정판을 선보이며 밀리터리 감성을 마케팅 수단으로 활용했다. 실제로 미국 외에도 영국, 캐나다, 호주 등 연합국 군대에서도 유사한 형태의 스탠리 보온병을 사용했고 일부 국가에서는 국가 표준 장비로 채택하기도 했다.

전쟁터에서 캠핑장까지, 아웃도어 활동의 단짝

기나긴 총성이 멎자 사람들은 그동안 억눌렸던 소비 욕구를 드러냈고 생활의 여유를 되찾기 시작했다. 특히 당시 미국은 승전국의 자신감과 경제 호황 속에 '아메리칸 드림'을 실현하던 시기였다. 대량생산과 대량소비가 일상화되고, 포드의 컨베이어 벨트 시스템 덕분에 자동차 보급률이 폭발적으로 늘어나면서 미국 전역에 성장의 기회가 찾아왔다. 사람들은 주말마다 도시를 벗어나 자연으로 향했고, 국립공원, 캠핑장, 호숫가 등 모든 공간이 새로운 '여가 소비'의 무대가 됐다. 그 중에서도 여가 활동의 대명사였던 캠핑시장이 크게 성장했다.

아웃도어 열풍이 휘몰아치며 자연스레 보온과 보냉에 특화된 고기능 텀블러에 대한 수요가 커졌다. 기술이 라이프스타일 전반을 바꾸기 시작하자 스탠리도 마침내 큰 변화를 맞이했다. 스탠리는 아웃도어 열풍에 뒤따른 텀블러 수요를 파고들었다. 스탠리 텀블러는 과거 공사 현장, 야전, 산악지대처럼 극한의 환경에서 사랑받던 제품이었지만 도시의 일상 속에서도 주목받는 아이템으로 변신할 필요가 있었다. 스탠리는 '극한 환경에서도 견디는 제품'이라는 본질적 속성은 유지한 채, 그 사용 장소만 전쟁터에서 캠핑장으로 옮겨 브랜드 포트폴리오를 확장했다.

또한, 전후 사회는 '경험 소비'라는 새로운 소비 패턴을 키우고 있었는데, 사람들은 단순히 물건을 사는 것이 아니라 그 물건이 주는 경험과 이야기에 가치를 두기 시작했다. 스탠리는 여기에 완벽하게 부합했다. 군수 장비로 쓰였던 보온병을 캠핑장에서 꺼내는 순간, 소비자는 커피를 마실 때도 전장에서 검증된 경험을 즐길 수 있게 됐다. '군인이 쓰던 보온병'은 곧 '가족이 신뢰할 수 있는 야외용 제품'으로 탈바꿈했고, 이는 스탠리의 시장 확대에 결정적인 기반이 됐다.

스탠리 텀블러 하면 떠오르는 색깔도 여기서 유래한다. 독특한 짙은 녹색 '해머톤 그린'은 원래 군수 장비에 녹이나 흠집이 쉽게 드러나지 않게 하기 위한 군수 표준 색상이었다. 하지만 시간이 지나면서 이 색은 점차 강인함과 신뢰의 상징색으로 자리 잡게 되었다. 스탠리는 1960년부터 이 색상을 브랜드 컬러로 적극 활용하며, 캠핑 산업을 비롯한 야외 활동 시장에서 마초적 이미지를 구축해 나갔다. 브랜드 고유의 색상을 정해 이를 대중에 인식시키는 '감각 마케팅'은 스탠리의 성장에 유용한 전략이었다. 스타벅스의 초록색, 코카콜라의 빨간색처럼 오늘날 색과 연계된

◆ 스탠리 해머톤 그린 색상

브랜드 마케팅은 이제 모든 기업들의 필수 과제처럼 자리매김했다.

이렇게 시대적 변화는 스탠리에게 2가지 기회를 동시에 안겨줬다. 우선 전쟁 후 레저·캠핑 인구가 증가하면서 시장이 확대됐다. 그리고 군수 브랜드에서 '가족과 함께하는 아웃도어 브랜드'로 이미지를 전환시킬 브랜드 재포지셔닝의 기회를 가져다주었다. 이 2가지 기회가 서로 맞물려 스탠리를 '산업용 보온병'에서 '일상 필수품'으로 변신시켰다. 스탠리는 시대를 잘 읽는 브랜드였다. 전쟁은 그들의 품질을 증명했고, 평화는 그들의 시장을 열어줬다. 이 두 환경을 모두 마케팅 자산으로 흡수한 것이 스탠리가 오늘날까지 살아남을 수 있었던 긴 생명력의 비밀이다.

MZ세대 10대들의 픽이 된 스탠리 텀블러

2016년, 스탠리는 하루 종일 들고 다니며 물이나 음료를 마실 수 있도록 '퀜처' 텀블러라는 중대형 텀블러 모델을 야심 차게 출시한다. 기존 아웃도어 시장을 넘어 일상의 영역으로 텀블러를 진출시키기 위해 출시한 제품이었다. 그러나 대용량 텀블러 퀜처는 큰 부피와 무거운 무게 탓에 금세 인기가 식었고, 출시 3년 만인 2019년 단종 위기를 맞았다. 하지만 이때 누구도 예상하지 못한 반전이 일어난다.

2019년 어느 봄날, 퀜처 텀블러의 단종 소식을 들은 한 워킹맘 인플루언서 자매가 스탠리로 연락을 해온다. 그녀들은 퀜처가 한 번 담으면 하루 종일 마실 수 있을 만큼 용량이 넉넉하고 세척이 간편하다며 장점이 더 많은 제품이기 때문에 단종해선 안 된다고 강변했다. 자신들에게 퀜처 재고 5,000개를 주면 다 팔아보겠다고 제안했다. 그렇게 인플루언서 자매들의 SNS 홍보와 마케팅 덕에 스탠리는 5,000개의 퀜처 텀블러를 전부 판매하는 데 성공한다.

　이후 스탠리는 자매들의 조언을 받아 여성들이 좋아할 만한 알록달록한 색상의 텀블러를 출시했다. 툴박스처럼 튼튼한 남성용 텀블러를 만들었던 스탠리가, 이제는 여성 소비자들에게 소구할 수 있는 브랜드로 변신한 것이다. 결국 스탠리는 퀜처 시리즈의 재출시를 결정했고 핑크, 민트, 아이보리 컬러 등 여성 소비자들을 겨냥한 컬러를 출시해 폭발적인 인기를 모았다. 특히 스탠리 텀블러는 SNS 열풍을 타고 MZ세대들에게 이름을 알리기 시작한다. 이후 미국 10대 소녀들 사이에서 "스탠리 텀블러 없이 학교에 가지 않는다"는 이야기가 나올 정도였다. 이 트렌드는 순식간에 한국을 포함한 아시아 전역으로도 번져나갔다.

◆ 스탠리 퀜처 머그컵

타깃 마케팅의 성공 교과서가 된 스탠리

퀜처 시리즈의 부활은 시장 세분화와 타깃 마케팅의 성공 교과서라고 불릴 만하다. 과거 스탠리는 '산업 현장과 아웃도어 중심의 남성향 브랜드'라는 이미지가 강했다. 그러나 2019년, SNS 인플루언서 자매가 창고에 쌓인 퀜처 재고를 소개하며 상황이 달라졌다. 그들의 팔로워 기반은 대부분 20~30대 여성 소비자였고, 이들은 대용량 텀블러를 '스타일과 편리함을 동시에 갖춘 라이프스타일 아이템'으로 재해석했다.

스탠리는 이 흐름을 놓치지 않았다. 곧바로 컬러 팔레트를 파스텔과 메탈릭 계열로 확장했고, 손잡이 디자인과 용량 구성을 여성 취향과 라이프스타일에 맞춰 조정했다. 결과적으로 퀜처는 캠핑 장비에서 출근길·헬스장·사무실에서 들고 다니는 패션 아이템으로 변신했고, 브랜드는 새로운 고객 세그먼트를 안정적으로 확보했다. 이 과정에서 스탠리는 매출 구조를 다변화하는 동시에, 기존 고객과 전혀 다른 층의 충성도를 끌어내는 데 성공했다.

화재 사고가 쏘아 올린 기회

2023년 11월, 미국 로스앤젤레스 교외에 사는 다니엘이란 여성은 출근길에 사고로 차에 불이 붙었다. 엔진룸에서 시작된 불로 인해 차는 완전히 타고 말았다. 차뿐만 아니라 대부분의 소지품도 잿더미가 됐다. 그런데 단 하나만이 멀쩡했다. 바로 컵 홀더에 꽂힌 스탠리 퀜처 텀블러였다. 다니엘은 불탄 차 안에서 겉만 그을린 스탠리 텀블러를 끄집어냈고 안에 들어있던 얼음조차 그대로인 걸 발견했다. 그녀는 이 현장을 고스란히 영상으로 촬영했고, 해당 영상이 틱톡에 게시되면서 스탠리 텀블러는 순식간에 화재 속에서도 살아남은 영웅이 됐다. 며칠 만에 수천만 명의 사람들이 이를 공유했고 수많은 댓글이 달렸다.

스탠리 본사는 이 기회를 가만히 놓치지 않았다. 스탠리 글로벌 대표 테렌스 라일리는 스탠리 틱톡 계정을 통해 다니엘에게 영상을 올려줘 감사하다고 화답했다. 더불어 감사의 표시로 새로운 차를 선물하겠다고 약속했다. 이 소식을 접한 사람들은 더욱 폭발적으로 반응했다. 이후 SNS에는 #Stanleycup과 같은 해시태그가 유행처럼 번지기 시작했다.

틱톡 영상 하나가 만든 파급효과는 굉장했다. 2019년 스탠리사의 매출은 7,300만 달러였다. 그러나 2023년 매출은 7억 5,000만 달러로, 4년 만에 매출이 10배 이상 뛰었다. 100년 가까이 남성적이고 아웃도어에 강한 브랜드로만 알려졌던 스탠리의 대반전이었다.

무겁고 투박한 산업용 보온병에서 패션과 감성을 담은 생활 아이템으로, 100년 가까이 유지되던 스탠리의 브랜드 이미지는 불과 5년도 지나지 않아 180도 뒤집혔다. 이것이야말로 진짜 마케팅 천재 브랜드 스탠리의 반전이 아니었을까.

화재 사건을 통해 본 실시간 마케팅과 진정성의 힘

차량 화재 속에서도 텀블러 안의 얼음이 그대로 남아있는 모습은 놀라움을 자아냈다. 스탠리는 이 순간을 마케팅의 기회로 활용했다. 브랜드 공식 계정은 즉시 해당 영상을 공유하여, 해당 고객에게 동일 모델의 신제품과 함께 신차를 선물하겠다고 발표했다. 이 대응은 단순한 '바이럴 이벤트'가 아니었다. 그것은 브랜드 진정성을 소비자에게 각인시키는 결단이었다.

현대 소비자는 제품의 기능뿐만 아니라 그 뒤에 있는 기업의 가치와 태도를 보고 소비한다. 스탠리는 "우리는 고객을 잊지 않는다"는 메시지를 직접 행동으로 옮겨 증명했고, 이는 해시태그 #Stanleycup 열풍으로 이어졌다. 수많은 소비자가 자발적으로 자신의 스탠리 텀블러를 공유하며 '스탠리=신뢰'라는 브랜

> 드 이미지를 확산시켰다. 이처럼 소비자와의 진정성 있는 소통은 때로 기능적 차별화보다 더 강력한 파급력을 만들어내며, 브랜드를 단순한 제품이 아닌 '하나의 문화'로 승격시킨다.

윌리엄 스탠리 주니어는 1916년 5월 14일, 57세라는 이른 나이에 세상을 떠났다. 스탠리를 창업한 지 불과 3년 만이었다. 비록 그는 스탠리가 전 세계에서 얻고 있는 인기를 직접 확인하진 못했지만, 그의 업적은 한 세기를 훌쩍 넘겨 지금까지도 사람들의 기억 속에 살아있다.

그는 전기 변압기의 원리를 실용화해 근대 전력 시스템을 가능하게 했고, 진공 스테인리스 보온병을 만들어 우리의 온기를 지켜주는 기술을 일상에 심었다. 100년이 지난 오늘날에도 스탠리 텀블러는 야외 활동을 즐기는 사람들, 사무실에서 바쁜 하루를 보내는 직장인, 그리고 새벽 등굣길에 오르는 학생들에게 빠질 수 없는 동반자가 됐다. 스탠리 텀블러는 액체를 담는 그릇을 넘어 그것은 '따뜻함을 오래 간직하고 싶다'는 인간의 소박한 욕망을 기술로 실현한 결과다.

"It will not break."
이건 부러지지 않아요.

— 스탠리 슬로건

19

유통의 혁신, 창고형 마트의 제왕
코스트코

코스트코 (Costco Wholesale Corporation)	
창업자	제임스 시네갈 (James Sinegal), 제프리 브로트먼 (Jeffrey Brotman)
창업연도	1983년
본사	미국 워싱턴주 이사콰
지점 수	전 세계 14개국 이상에 880여 개 매장 운영
직원 수	약 33만 3,000명 (2024년 기준)
매출	약 2,460억 달러 (2024년 기준)

한국 소비자들에게 '창고형 마트'는 더 이상 낯선 개념이 아니다. 주말이면 가족 단위로 방문해 장을 보는 집이 적지 않다. 번들로 포장된 물과, 두루마리 휴지, 한 달 치 과자와 냉동식품을 담다 보면 금세 카트가 꽉 찬다. 특히 국내 대기업들까지 창고형 마트 시장에 진출하며 한국에서도 대량으로 구매하는 방식의 쇼핑은 더 이상 새롭거나 특별한 경험이 아니다. 오히려 더 효율적이고 합리적인 소비라는 측면에서 한국인의

성향에 더 잘 맞는다는 이야기도 나온다. 한국 특유의 '가성비 추구' 문화와 절묘하게 맞아떨어지기 때문이다. 그렇다면 이렇게 한국과 죽이 잘 맞는 창고형 마트는 언제 어디서 처음 등장했을까?

변호사가 세운 회원제 마트

1916년 캘리포니아 샌디에이고, 한 러시아계 유대인 이민자 가정에서 솔 프라이스가 태어났다. 그의 집은 가난했지만 부모는 교육에 열정적이었다. 솔은 샌디에이고 고등학교를 졸업한 후 UC 버클리에서 학사 학위를 받았고 USC 로스쿨에서 법무박사(J.D.)를 취득해 변호사가 됐다.

변호사 솔 프라이스는 늘 어떻게 하면 세상을 조금 더 공정하게 만들 수 있을지에 대해 고민했다. 커리어가 한창이던 1950년대, 솔은 부

♦ 솔 프라이스

동산 법률 자문을 하면서 소매업의 부당한 유통 구조를 파악했다. 특히 유통 과정에서 광고비와 고정비가 중복 지출되면서 증가한 비용이 소비자에 전가되는 현실을 보며 충격을 받았다.

1950년대 초, 미국은 제2차세계대전 이후 급격히 소비 사회로 진입하던 시기였다. 절약과 배급의 시대가 끝나고, 중산층 가정이 교외로 이주하며 대량소비를 시작하던 때였다. 솔은 변호사로 활동하면서도 늘 합리적인 가격에 좋은 제품을 제공하는 유통 모델에 관심을 가져왔다. 결국 1954년 그는 아들 로버트와 뜻을 모아 샌디에이고에 '페드 마트'라는 실험적인 할인 매장을 세운다.

솔이 만든 마트의 가장 혁신적인 포인트는 바로 회원제 운영 방식이었다. 당시 대부분의 백화점과 슈퍼마켓은 누구나 들어가 쇼핑할 수 있었지만 솔의 마트는 달랐다. 일정한 회비를 낸 사람만이 매장에 들어와 물건을 살 수 있도록 문턱을 높인 것이다. 게다가 그는 고객층을 일반 대중이 아니라 군인과 공무원으로 한정했다. 안정적인 소득과 공동체적

♦ 초창기 페드 마트

신뢰를 가진 집단일수록 충성도 높은 고객 기반을 확보하는 데 유리했기 때문이다. 당시 많은 사람들은 마트에 입장료를 받는 건 넌센스라며 고개를 저었지만, 솔은 희소성과 차별화 전략을 믿었다. 결과적으로 이 독특한 모델은 성공적으로 작동했다.

페드 마트는 화려함과는 거리가 멀었다. 솔은 매장을 꾸밀 때 고객의 시선을 끌기 위한 장식이나 광고에 투자하기보다 가격 경쟁력 자체를 브랜드의 핵심 가치로 내세웠다. 인테리어 대신 투박한 철제 선반에 물건을 층층이 쌓아 올렸고, 가격표는 직원들이 손 글씨로 직접 적어 붙였다. 어설퍼 보일 것이란 우려와 달리 그 진심이 충분히 고객들에게 전달됐다. 고객 응대 방식에서도 비용 절감이 돋보였다. 기존의 마트가 직원들이 제공하는 서비스의 질을 높이기 위해 고군분투하는 것과 달리 페드 마트는 셀프 쇼핑을 기본 방침으로 정했다.

특히 마진을 5%로 제한하며 승부수를 던졌다. 당시 대부분의 소매업체들이 20~30%대의 마진을 붙이던 것과 비교하면 파격적인 수치였다. 표면적으로는 수익성이 낮아 보였지만 이는 박리다매 전략으로 반전의 결과를 냈다. 재고가 빨리 소진되고 수익이 극대화되면서 두 마리 토끼를 잡는 데 성공한 것이다.

결과적으로 솔은 가치 중심의 가격 포지셔닝 전략을 성공적으로 구사했다. 페드 마트의 이용자들은 스스로를 합리적인 소비자로 의식하기 시작했다. 이는 곧 브랜드 아이덴티티가 됐고 포장과 광고를 줄이는 대신 '싸고 좋은 제품'을 파는 마트라는 이미지가 구축됐다.

페드 마트는 여러 유통 혁신을 바탕으로 오픈과 동시에 대성공을 거뒀다. 불과 몇 년 만에 매장은 수십 개로 늘어났다.

그러나 성장 과정에서 투자자들과의 갈등이 발생했다. 특히 대규모 확장을 추진하면서 자본이 필요해졌고, 외부 투자자들이 다수 유입되면서 경영권 분쟁이 불거졌다. 결국 1970년대 초반 솔은 자신이 만든 회사를 떠나게 됐다. 그가 창업한 페드 마트는 이후 다른 대기업에 인수되며 역사 속으로 사라졌다.

마트 두 곳을 창업하며 만난 성실한 인재

한참의 시간이 흐른 1976년, 노년에 접어든 솔은 자신의 철학을 온전히 실현할 수 있는 마트를 다시 한번 구현한다. 자신의 성을 딴 '프라이스 클럽(PriceClub)'를 창업한 것이다. 공교롭게도 프라이스라는 단어엔 가격이란 뜻도 포함되어 있다. 가격의 마법사. 그의 이름이 가진 이중성이 빛이 나는 순간이었다. 한차례의 창업 경험을 바탕으로 그는 곧바로 연착륙에 성공한다.

솔은 다시 한번 고급스러운 매대 인테리어 대신 플라스틱 팔레트를 택했다. 상품들은 마치 창고의 짐처럼 쌓여있었다. 그는 당시 보편화되기 시작한 에어컨조차 사용하지 않았는데, 필요한 냉방을 최소화해 쾌적한 쇼핑환경을 제공하는 대신 더 싸고 합리적인 가격을 택한 것이었다. 가격 경쟁력이 최고의 서비스라는 철칙 때문이었다.

그리고 그가 이미 시도한 바 있는 회원제 서비스를 다시 한번 도입한다. 싸게 사려면 회원에 가입하라는 프라이스의 원칙은 예외 없이 적용됐다. 그리고 회원제는 우려와 달리 고객들의 로열티를 향상시켰고 판매량을 높이는 결과를 낳으며 안정적으로 수익을 창출했다.

그리고 솔의 앞엔 눈에 띄는 한 직원이 있었다. 그의 이름은 제임스 더넬 시네갈이었다. 제임스는 솔이 페드 마트를 운영하던 당시 아르바이트생으로 일하던 학생이었다. 1936년 오하이오주에서 태어난 제임스는 평범한 중산층 노동자 가정에서 성장했다. 샌디에이고 주립대에서 경제학을 전공하던 그는 방학을 맞아 우연히 한 마트에서 창고 정리와 상품 진열 아르바이트를 했는데, 그곳이 바로 솔이 운영하는 페드 마트였다. 현장에서 배운 유통업은 그에게 천직이었다. 창고 정리와 상품 진열을 담당했던 그는 누구보다 성실했다.

제임스를 유심히 눈여겨보던 솔은 그를 직접 발탁해 마케팅, 상품구매 등의 업무를 맡겼다. 이후 페드 마트의 위기가 찾아오면서 잠깐 회사를 떠났던 제임스는 더욱 성장한 모습으로 프라이스 클럽에 합류했다. 그리고 회사의 핵심 임원으로 성장한다.

제임스는 과거를 회상하며 솔 프라이스야말로 가장 정직한 경영자이자 유통의 본질을 꿰뚫어 보는 인물이라고 평가했다. 또한, 모든 유통업에 대한 핵심 노하우를 솔 프라이스에게서 배웠다고 솔직히 말하기도 했다.

영원하지 못한 사제관계, 스승을 떠나다

솔 프라이스와 제임스 시네갈, 둘의 관계는 영원히 지속되진 못했다. 1980년대 초, 제임스는 프라이스 클럽의 더 큰 발전과 성장을 위해 변화가 필요하다고 강조했다. B2B 소규모 거래를 중심으로 해온 프라이스 클럽의 판매 품목을 늘리고 더욱 고객 친화적인 매장으로 변해야 한다고 주장했다. 하지만 솔의 생각은 달랐다. 보수적인 성격으로 변화를 지양했던 솔은 제임스의 주장을 받아들이지 않았다. 결국 그 갈등은 폭발했고 제임스는 독립을 선언했다.

그렇게 1983년, 제임스는 캘리포니아에서 북부로 올라가 워싱턴주 시애틀의 항구 근처에 한 허름한 창고를 구한다. 이 창고에서 전직 부동산 개발자 제프리 브로트먼과 손을 잡고 새로운 가게를 연다. 그렇게 코스트코 1호점이 문을 연다. 제임스는 창업 직후 마진을 14% 이하로 제한하고 광고도 일절 하지 않았다. 가격이 마케팅이란 스승의 철학을 갖고 정면돌파를 선언한 것이다.

이러한 전략으로 인해 초기엔 웃지 못할 해프닝도 많았다. 오픈

◆ 시애틀에서 개업한 코스트코 1호점

초기 고기 코너를 찾은 고객이 "포장 상태가 엉망이다"라고 지적하자 그는 "우리는 포장을 파는 게 아니라 고기를 판다"고 답한 적도 있었다. 직원 할인을 요구하는 직원에게는 "이미 가격이 가장 싼데, 어떻게 더 할인하냐"고 반문했다.

갈등과 화해의 끝, 스승을 계승한 제자

유통업계에 새롭게 등장한 코스트코는 일반적인 식료품이나 잡화뿐만 아니라 자동차 타이어, 대형 텔레비전처럼 그간 마트에서 볼 수 없었던 별별 제품을 팔았다. 또, 주유소를 운영하는 등 다양한 고객의 니즈에 맞춰 유연하게 운영했다. 그리고 이러한 제임스의 전략은 그의 예상대로 성공적으로 먹혀들었다. 특별한 광고나 마케팅 없이도 빠르게 입소문을 탄 코스트코는 창고형 회원제 마트 시장을 장악하기 시작했다.

반대로 프라이스 클럽의 사업은 지속적으로 주춤했다. 노회한 경영자 솔은 코스트코와 경쟁하는 것조차 버거워했다. 계속 사업이 어려워지면서 위기의 순간이 닥친다. 그리고 이러한 위기에서 구세주가 등장한다. 그는 다름 아닌 제임스 시네갈이었다.

1993년, 코스트코는 경영 스승이자 라이벌이 된 프라이스 클럽과의 합병을 발표한다. 합병 초기 회사 이름은 '프라이스 코스트코'라고 지으며 동행을 선언했지만, 합병 이듬해인 1994년 솔 프라이스는 경영 일선에서 은퇴를 선언하며 제자가 나아갈 길을 내주었다.

사실 프라이스 클럽은 1996년 신세계 그룹을 통해 한국에도 진출한 바 있다. 이때는 이미 코스트코와 합병을 마친 상태였지만 각자 브랜드를 유지하고 있었다. 그러나 솔 프라이스의 아들 로버트 프라이스는 마지막까지 코스트코와의 합병을 반대했고, 결국 1996년 회사를 떠나 '프라이스마트'라는 새로운 회사를 차린다. 이 회사는 현재 남미를 중심으로 사업을 이어가며 창고형 유통기업의 명맥을 이어가고 있다. 결국 프라이스 가문의 사람들이 회사를 모두 떠나면서 회사 이름은 '코스트코 홀세일'로 바뀐다. 한국에 진출했던 프라이스 클럽도 금세 사업을 접는다.

코스트코에서 프라이스의 이름은 빠졌지만 오히려 스승에 대한 존중은 더해졌다. 1983년 창업한 코스트코는 회사의 창업연도를 1976년으로 고쳐잡는다. 1976년은 다름 아닌 프라이스 클럽이 설립된 해다. 스승과 경쟁하고 갈등했던 제임스가 종국엔 코스트코가 프라이스 클럽을 계승했음을 직접 인정하고 공표한 셈이다.

2,000원짜리 핫도그 세트에 담긴 신뢰

프라이스 클럽의 계승자로서 사실상 전 세계 최초의 창고형, 회원제 마트인 코스트코는 이제 세계 최초의 가장 큰 창고형 마트로서 지위를 공고히 하고 있다. 전 세계 유통업 브랜드 중 코스트코는 월마트 다음 가는 회사로 성장했다. 특히 10만 가지 이상의 제품을 파는 월마트와 달리 코스트코의 제품 가짓수는 단 4,000개 이내다. 무엇보다 연회비가 수익의 절반 이상을 차지하며, 상품 가격의 마진은 여전히 최소화하고 있다.

제품 하나하나에 '신뢰'를 걸고, 불필요한 마케팅은 하지 않고 있다.

이러한 경영 철학이 반영된 대표적 사례는 핫도그와 콜라 세트다. 1.5달러에 판매되는 해당 세트는 1985년 처음 출시된 이후 지금까지 약 40년간 가격을 한 번도 올리지 않았다. 같은 기간 미국의 소비자물가지수는 226% 증가했다. 당연히 원재료 가격과 인건비도 올라 회사 내부에서는 수차례 가격 인상을 검토했지만 시네갈은 최고재무책임자의 압박에도 단호했다. 핫도그 값을 올리는 순간, 우리의 철학은 무너진다는 신념 때문이었다.

이 고집은 경영 철학의 선언과 같다. 코스트코는 저마진·고회전 구조로 운영되는 기업이다. 이 구조의 핵심은 고객에게 절대로 불필요한 비용을 전가하지 않는 것이다. 핫도그 세트의 가격은 코스트코의 자부심이자 브랜드 정체성의 상징이다.

코스트코의 가격 고정 전략은 그 자체가 하나의 브랜드 메시지로 작동한다. 소비자는 이를 통해 코스트코의 경영 철학을 신뢰할 수 있다고 생각한다. 이 감정은 곧 브랜드 신뢰로 연결돼 반복 구매와 회원 갱신으로 이어진다. 다시 말해 핫도그는 작은 상품이지만 코스트코 전체 회원제 구조를 떠받치는 보이지 않는 기둥 역할을 한다.

이러한 신뢰 형성 전략은 여러 기업들도 유연하게 활용했다. 여러 글로벌 기업들이 '작은 약속'을 통해 장기적 신뢰를 구축해 왔다. 맥도날드는 2000년대 초반 '1달러 메뉴'를 내놓으며 소비자에게 "언제 와도 부담 없는 가격"이라는 이미지를 심었다. 햄버거와 아이스크림콘이 대표적이다. 비록 수익성은 낮았지만 맥도날드가 제공하는 기본적 가치를 상징하는 메뉴가 되었다.

이케아 역시 매장 끝에 자리한 저가 푸드코트로 같은 효과를 노렸다. 가구를 사러 온 김에 1달러짜리 미트볼과 치킨을 먹고 나오는 경험은, '싸고 실용적'이라는 이케아 철학을 가장 직접적으로 체험하게 만든다. 가구 자체보다 저가 음식이 이케아의 정체성을 더 강렬하게 각인시키는 셈이다.

디지털 구독 모델에서도 유사한 전략이 발견된다. 아마존은 '프라임 멤버십'을 상대적으로 낮은 가격에 유지하면서 무료 배송과 영상 및 음악 서비스까지 묶어 제공했다. 소비자는 배송비만 생각해도 이득이라는 확신을 갖게 되고, 이는 곧 장기적인 고객 락인 효과로 이어진다.

핫도그, 1달러 메뉴, 미트볼, 프라임 멤버십 등은 겉으로 보면 사소한 제품과 서비스지만, 이들은 모두 브랜드가 고객과 맺은 신뢰의 약속이다. 기업은 단기적 손해를 감수하면서도 약속을 지키고 소비자는 이를 기억한다. 결과적으로 이 작은 약속들은 거대한 수익 구조와 장기적 충성도를 만든 핵심 열쇠다. 이처럼 고객이 코스트코에서 사가는 것은 물건만이 아니라 믿음이라는 무형의 가치다.

회원제 사업의 독보적인 모델

코스트코의 회원제 기반 사업 모델은 전 세계 유통업계에서 독보적인 수익 구조로 자리매김하고 있다. 2024년 기준 코스트코의 연간 회원들로부터 벌어들인 수입은 약 48억 달러에 이른다. 같은 해 순이익 74억 달러의 66% 수준이 회원 제도로부터 발생했다. 이는 코스트코가 저마진 상품 판매 구조 속에서도 회원제를 통해 안정적이고 고마진의 캐시카우를 확보하고 있다는 뜻이다. 특히 글로벌 유료 회원 수는 2024년 기준 약 1억 3,700만 명에 달하고, 미국·캐나다 기준 회원 갱신율은 90%를 훌쩍 넘긴다. 이러한 '고객 락인 효과'와 함께 회원들의 반복 구매, 신규 매장 확장, 브랜드 신뢰도 강화 등 다양한 시너지가 발생하므로 회원제 전략은 코스트코의 가장 핵심적인 성공 요인이라 할 수 있다.

유사한 회원제나 구독 기반 모델은 여러 글로벌 기업들이 도입하고 있다. 대표적으로 월마트는 코스트코와 같은 회원제 창고형 마트 샘스클럽(Sam's Club)을 통해 코스트코와 경쟁하고 있다. 또 세계 1위 전자상거래회사 아마존은 프라임 서비스라는 구독 회원 한정으로 무료배송 혜택뿐만 아니라 프라임 비디오, 뮤직 등 양질의 콘텐츠를 제공한다. 아마존 역시 프라임 회원들을 묶어두어 판매 수익 외에도 안정적인 수입원을 확보했다. 이처럼 회원제 또는 구독 기반의 서비스 모델은 기업의 성장 동력과 장기적 수익 구조, 그리고 고객과의 관계 강화에 핵심적으로 작용하고 있다.

유통업계의 워런 버핏, 믿음을 팔다

2012년, 짐 시네갈은 코스트코의 CEO 자리에서 스스로 물러나며 30여 년간 이어온 경영 일선을 떠났다. 창업하는 순간부터 회사와 함께한 그는 "이제는 회사를 후배들에게 맡길 때"라며 평온하게 은퇴를 선언했다. 이후 그는 교육과 공익사업에 전념했다. 워싱턴주립대학교에 재산의 상당액을 기부하고 자신의 이름을 건 장학재단을 운영하며 젊은 세대의 배움과 성장에 힘을 보탰다. 사람들은 그를 두고 "유통업계의 워런 버핏"이라 불렀다. 단순히 돈을 잘 버는 경영자가 아니라, 장기적 안목과 인간적인 신뢰로 존경을 받은 인물이었기 때문이다.

코스트코는 단순히 '창고형 할인 매장'이 아니라, 윤리적 자본주의를 실험하고 실천해 온 하나의 거대한 무대였다. 제임스가 세운 코스트코의 원칙은 단순했다.

"싸게 판다고 싸구려를 팔아선 안 된다."

이는 코스트코 철학을 압축적으로 나타내는 문장이다. 코스트코의 진짜 힘은 숫자나 매출이 전부가 아니다. 그것은 소비자가 매장을 나서며 느끼는 신뢰의 감정이다. 화려한 마케팅 대신 작은 약속이라도 반드시 지키고 단기적인 이익보다 장기적인 신뢰를 택한 그의 경영 방식은 지금도, 앞으로도 유통업계의 모범사례로 영원히 기억될 것이다.

팔레트 위에 쌓인 상품, 매대 끝에 놓인 1.50달러짜리 핫도그, 환하게 웃는 직원의 인사. 이 모든 것에는 창업자들의 철학이 녹아있다. 이렇게 코스트코는 소비자가 돌아오게 만드는 '믿음'을 팔고 있다.

> "If the price of the hot dog ever goes up, what will it mean?
> That I'm dead."
>
> 핫도그 세트 가격을 올리면 그게 무슨 의미일까요?
> 내가 죽었다는 의미죠.

― 제임스 시네갈

캐리어
포드
켈로그 형제와 포스트
돌
하리보
리바이스
라코스테
버켄스탁
컨버스

7장

혁신과 모험:
기술과 기록의 개척자들

맥도날드
웬디스
배스킨라빈스
카네기 스틸
JP모건
모건 스탠리
다우존스
스탠리
코스트코
코닥
힐튼
미쉐린

20

필름 카메라의 시대를 연 혁신가
코닥

코닥 (Eastman Kodak Company)	
창업자	조지 이스트먼 (George Eastman)
창업연도	1888년
본사	미국 뉴욕주 로체스터
지점 수	전 세계 100여 개국 이상에 지사·판매망 보유
직원 수	약 3,900명 (2024년 기준)
매출	약 11억 달러 (2024년 기준)

　최근 패션업계 트렌드 중 하나는 다름 아닌 '어패럴 브랜드'다. 어패럴 브랜드는 특히 타산업 브랜드의 상표권만 사서 라인업을 구축하는 일종의 라이선스 사업이다. 특히 캘리포니아대학교 로스앤젤레스(UCLA)나 예일대학교와 같은 미국 명문 대학교 로고는 최근 어패럴 브랜드에 새바람을 불러일으키기도 했다. 이처럼 패션과 전혀 무관한 브랜드에서 로고만 따와 활용하는 의류 브랜드가 끊임없이 등장하고 있다.

패션업계 중에서도 어패럴 브랜드가 눈에 띄는 분야는 다름 아닌 아웃도어 시장이다. 주말 등산이나 트래킹, 캠핑 등 야외 활동을 즐기는 사람들이 늘어나면서 아웃도어 브랜드가 우후죽순 늘어나고 있다. 대표적으로 패션 브랜드와 협업한 곳으로는 자연 다큐멘터리 채널인 〈디스커버리〉나 〈내셔널 지오그래픽〉 등이 있다. 아웃도어 의류 브랜드의 이미지와 찰떡궁합을 자랑하는 다큐멘터리 텔레비전 채널과의 협업은 어패럴 업계에선 신의 한수로 불린다. 이러한 아웃도어 어패럴 브랜드 중 눈에 띄는 브랜드가 바로 '코닥'이다.

예전엔 아버지의 서랍 속에 있던 필름통을 구경하거나 문방구에서 팔던 일회용 카메라로 소풍날 친구들의 얼굴을 꾹꾹 눌러 담곤 했다. 지금에야 스마트폰 하나면 모든 게 가능하지만 예전엔 그럴 수 없었다. 추억을 사진으로 평생 간직하려면 필름이 필요했다. 그리고 필름 시대의 대명사로 불리던 브랜드가 바로 코닥이다. 요즘엔 코닥을 아예 의류 브랜드로 알고 있는 사람들도 있지만, 코닥은 카메라 기업으로 화려한 전성기를 보냈던 브랜드다. 코닥의 정확한 사명은 '이스트먼 코닥'으로 이 회사를 만든 창업자가 바로 조지 이스트먼이다.

사진 촬영의 대중화, 휴대용 카메라의 아버지

조지 이스트먼은 1854년 7월 12일 미국 뉴욕주 북부에 위치한 워터빌에서 태어났다. 이곳은 농업과 상업이 고루 발전한 조용한 도시였다. 아버지 조지 워싱턴 이스트먼은 사업가로, '이스트먼상업학교'라는 비즈니스 학교를 운영했다. 하지만 조지가 7세가 되던 해, 아버지가 병으로 세상을 떠나며 가세는 급격히 기울기 시작했다. 어머니 마리아 킬버른 이스트먼은 홀로 세 남매를 키워야 했다.

조지는 어린 시절부터 책임감이 컸다. 가족 생계를 위해 학업과 일을 병행해야 했다. 그러나 너무 버거웠던 그는 결국 14세 무렵 학교를 자퇴한다. 곧바로 사회에 발을 들인 그는 닥치는 대로 일하기 시작했다. 보험회사의 사환으로 일하면서 하루하루를 버텨냈고 이후 로체스터의 한 은행에서 자리를 잡으며 조금씩 안정을 찾아갔다. 은행 경리직 생활은 훗날 사업가가 될 그의 인생에 의외의 밑거름이 됐다. 수학과 회계,

♦ 조지 이스트먼

숫자에 대한 감각을 키웠던 경험은 자본을 다루는 역량을 키우는 데 큰 도움이 됐기 때문이다.

20대가 된 조지는 잠시 숨을 고를 수 있을 만큼 여유를 찾았다. 어느 날 그는 오랜 친구와 함께 여행을 떠나기로 계획한다. 그는 추억을 기록으로 남기고 싶다는 생각이 들었고, 큰맘 먹고 사진 장비를 구입했다. 하지만 당시에는 지금처럼 스마트폰 버튼 하나로 사진이 촬영되지 않았다. 그 당시 사진 장비는 어깨에 메기도 힘들 만큼 크고 무거웠다. 사진을 찍으려면 먼저 유리판 위에 감광유제를 직접 발라야 했고, 촬영 이후엔 현장에서 곧바로 암실을 만들어 현상까지 마쳐야 했다. 조금이라도 순서가 어긋나거나 시간이 지체되면 사진 한 장조차 얻을 수 없었다. 이 기술은 '콜로디온 습판법'이라 불리는 방식이었다. 이는 1851년, 영국의 화학자 프레더릭 스콧 아처가 개발한 기술로, 19세기 중반부터 사진계의 표준처럼 쓰이고 있었다. 정밀하고 뛰어난 화질을 자랑했지만, 사용자 입장에선 번거롭기 그지없었다. 이처럼 복잡하고 불편한 사진 기술은 조지에게 오히려 기회를 가져다줬다. "왜 이렇게 복잡하지? 좀 더 간단한 방법은 없을까?" 그렇게 그는 불편함을 직접 해결하기로 결심했다. 그리고 그 결심은 그의 인생을 완전히 뒤바꾸는 결정적 계기가 되었다.

사진 기술의 세계에 몰두한 그는 낮에는 성실한 은행원으로 일하고 밤이 되면 작은 실험실로 향하는 이중생활을 병행했다. 직접 화학약품을 배합하고, 새로운 방식의 감광유제를 실험하며 수많은 실패와 마주했다. 그렇게 긴 시간 끝에 마침내 그는 '건식 사진건판'을 개발하는 데 성공한다. 이 기술은 기존 습판법과 달리, 미리 건조시킨 유리판을 사용해 사진을 찍고 언제든지 현상할 수 있게 해주었다. 조지는 1879년 이 기술로 특허를 출원하여 사진 기술의 미래를 완전히 바꿔놓는다. 이듬해인 1880년, 그는 아예 '이스트먼 드라이 플레이트 컴퍼니'라는 자신의 이름을 딴 회사를 차렸다. 사진을 더 쉽고, 누구나 다룰 수 있는 일로 바꾸고 싶다는 꿈이 현실이 된 순간이었다. 회사는 빠르게 성장했고, 미국을 넘어 유럽 시장까지 그 영역을 넓혔다.

1888년 그는 세상을 바꿀 발명품을 세상에 내놓았다. 바로 세계 최초의 휴대용 카메라, '코닥'이었다. 제품은 단순했다. 무게는 줄었고, 작고 튼튼했으며, 버튼 하나만 누르면 촬영이 가능했기 때문에 누구라도 사용할 수 있었다. 여기에 다 쓴 필름을 카메라에 끼워 통째로 보내면 인화된 사진과 새로운 필름이 장착된 카메라를 다시 배송해 주는 파격적인 서비스를 제공했다. 정말 버튼만 누르면 모든 게 해결됐다. 전문가의 전유물이었던 사진이 모두의 손끝으로 옮겨가는 순간이었다.

♦ 코닥 초창기 카메라 (출처 : 코닥 박물관)

이렇게 카메라에 대한 장벽을 완전히 깨트린 코닥 카메라는 단순하면서도 도발적인 광고 카피를 내세웠다.

"You press the button, we do the rest."

그가 내놓은 해법은 혁명적이었다. "당신은 버튼만 누르세요, 나머지는 우리가 합니다"라는 메시지 속에는 사용자의 부담을 제거한 경험 설계가 담겨 있었다. 코닥은 기술을 전면에 내세우는 대신, 소비자가 느끼는 편리함과 즐거움을 핵심 가치로 삼았다. 사용자의 경험을 중심으로 제품을 설계했을 뿐만 아니라, 과정을 단순화해 진입 장벽을 제거한 것이다.

코닥의 접근은 기술 혁신을 넘어 시장 설계의 성공 사례로도 읽힌다. 단순히 뛰어난 기술을 개발하는 것이 아니라, 누가 이 제품을 쓰는

♦ "You press the button, we do the rest"

지, 어떤 상황에서 사용하는지, 어떤 가치를 느끼는지를 먼저 설계했기 때문이다. 조지는 그렇게 세상에 추억을 남기는 새로운 방식을 가져왔다. 그 결과, 코닥이라는 이름은 이후 한 세기 이상 동안 전 세계인의 일상에 스며들게 된다.

> **이스트먼이 사랑한 이니셜 'K'**
>
> 코닥의 이름에는 그의 특별한 K 사랑이 자리한다. 조지의 사업이 나날이 확장되면서 그는 새로운 고민에 빠졌다. 사명에 들어간 자신의 이름이 미국이 아닌 외국에서는 발음이 어렵다는 사실을 알았기 때문이었다. 그는 자신의 회사가 글로벌 시장에 편안하게 다가갈 수 있도록 고민을 거듭했고, 그렇게 탄생한 단어가 바로 '코닥'이었다.
>
> 놀랍게도 코닥에는 특별한 뜻이 없다. 단지 조지가 'K'라는 알파벳을 좋아했는데, 시각적으로 강렬하고 분명한 발음으로 사람들에게 기억되기 좋다고 생각했기 때문이다. 그래서 브랜딩 과정에서 K라는 알파벳을 살리기로 했다. 두 음절을 직접 입으로 소리 내어 반복해 보며 이런저런 변형을 가했다. 맨 앞 글자와 마지막 글자에 K를 배치한 뒤 단순하면서도 독특한 발음을 가진 이름을 만들어낸 것이다. 그렇게 'KODAK'이 탄생했다. 코닥은 그 자체로서 유니크하고 특별한 브랜드가 되었다.

그는 예술과 교육, 의료 분야에 기부하며 사회적 책임을 다했다. 로체스터공과대학교(RIT)와 메사추세츠공과대학교(MIT), 하버드대학교 등 유수한 대학에 수백만 달러를 기부했고, 자신의 고향인 뉴욕주 로체스터에는 '이스트먼음악학교'를 설립했다. 하지만 그의 말년은 건강이 악화되면서 어두워졌다. 1932년 3월 14일, 그는 요추협착증으로 추정되는 만성 통증에 시달리며 삶의 의욕을 잃었다. 이스트먼은 탁월한 경영자였지만, 개인적으로는 외로운 삶을 살았다. 한 번도 결혼하지 않았고, 자식도 없었다. 사업과 혁신, 그리고 친구들과의 관계에 자신의 모든 에너지를 집중한 만큼 내면 깊은 곳에는 정서적 공허함이 자리하고 있었다.

그리고 자신의 저택에서 권총으로 스스로 생을 마감했다. 향년 77세였다. 그의 죽음은 당시에도 큰 충격을 안겼다. 사업적으로도, 인격적으로도 완벽해 보였던 이스트먼의 사인은 삶의 균형과 고독에 대해 다시 생각하게 했다.

필름 시장의 절대강자, 코닥 제국의 쇠퇴

조지 이스트먼이 떠난 후에도 코닥은 20세기 내내 사진 산업의 절대강자로 군림했다. 1930년대 코닥은 뉴욕 다우존스 산업지수를 이끄는 핵심 기업 중 하나였다. 또한, 제2차세계대전 중에는 군수 관련 광학 기술을 개발하고 필름을 공급하며 국가 기간산업의 핵심 기업으로 위상을 높였다. 1976년 미국 필름 시장의 90% 이상을 차지한 기업이 바로 코닥이었다. 뚜렷한 경쟁자도 없는 절대적이고 독보적인 기업이었다. 심지어 컬러 필름이 등장했을 때도 코닥이 기술 규격과 국제 표준을 만들어냈다.

특히 1990년대는 코닥에게 있어 최고의 전성기였다. 이 시기 코닥은 일회용 카메라들은 전 세계 여행지와 가족 행사, 졸업식, 결혼식 등에서 소중한 순간들을 기록하는 데 쓰였다. 코닥 필름은 따뜻한 색감과 부드러운 명암 표현으로도 유명해 사진 애호가들과 전문가들 사이에서 높은 평가를 받았다.

1990년대까지도 코닥은 여전히 미국 20대 기업 안에 이름을 올렸고, 월가에서는 코닥을 장기적 성장성과 안정성을 모두 갖춘 기술 기반 소비재 기업으로 평가했다. 이 시기 코닥의 브랜드 가치는 그야말로 압도적이었다.

코닥은 디지털 기술 분야에도 선도적으로 뛰어들었는데, 실제로 세계 최초의 디지털카메라 프로토타입은 1975년 코닥의 기술자 스티브 새슨이 개발한 것이다. 하지만 당시 코닥 경영진은 이 기술이 자사의 필름 사업을 위협할 것이라 판단해 의도적으로 상용화를 지연시켰다.

이후 코닥은 본격적으로 위기를 맞이했다. 2000년대 초반, 디지털카메라가 보급되며 필름 시장이 급격히 축소한 데 반해 코닥이 이에 제대로 대응하지 못했기 때문이다. 그리고 마침내 2012년 1월, 코닥은 미국 뉴욕 법원에 파산보호를 신청하며 공식적으로 전성기를 마감했다. 이후 코닥은 '혁신 실패의 사례'로 손꼽히며 경영학 교과서에 오르내리게 되었다.

코닥의 위기는 사실 2000년대에 갑자기 닥친 것이 아니었다. 이미 1990년대 후반부터 필름 중심 사업 구조의 한계가 드러나기 시작했고, 디지털 기술로의 전환이 거스를 수 없는 흐름으로 다가오고 있었다. 일본의 캐논, 니콘, 소니 같은 기업들이 디지털카메라 시장에서 빠르게 점유율을 넓히면서 코닥에게 서서히 위기가 다가오기 시작했다. 코닥은 자사의 기술자를 통해 세계 최초의 디지털카메라 프로토타입을 만든 회사였지만, 경영진은 기존 필름 사업을 해칠 수 있다는 우려 때문에 이를 상품화하지 않았다. 결국 코닥은 혁신을 두려워한 대가를 혹독하게 치른 것이다.

하지만 코닥은 10여 년이 지난 지금까지도 완전히 사라지지 않았다. 파산 이후 구조조정을 거친 코닥은 현재까지 그래픽 인쇄, 산업용 필름, 패키징, 의료 영상 기술 등을 중심으로 사업을 계속하고 있다. 다만 최근 또 다시 위기설이 재점화되며 아직까지도 위기는 현재진행형이다.

> **라이선스 비즈니스로의 전환, 브랜드 자산 재활용 전략**
>
> 필름 시장의 급격한 축소와 디지털 전환 실패로 파산 위기에 처한 코닥은 생존을 위해 방향을 전환했다. 제조와 유통 중심의 사업 구조에서 벗어나 브랜드 자산을 다른 산업에 제공하는 '라이선스 비즈니스 모델'로 확장한 것이다.
>
> 그 대표적인 예가 의류와 아웃도어 어패럴 분야다. 과거 카메라와 필름이 주었던 추억과 감성을 로고와 색채, 디자인 요소로 재현해 새로운 소비자층을 공략했다. 이른바 '감성 전이 전략'이었다. 제품 카테고리가 달라도, 브랜드가 가진 이야기와 정서적 가치가 소비자의 기억 속에서 재해석되면 새로운 시장에서 동일한 신뢰와 호감을 얻을 수 있다.
>
> 코닥은 위기 상황에서 브랜드 역사와 문화적 상징성을 새로운 수익원으로 전환해 무형 자산을 재활용했다. 이는 물리적 자본보다 상징 자본이 장기적으로 더 높은 수익률을 창출할 수 있다는 사실을 보여준다. 이처럼 장기 존속 브랜드는 제품뿐만 아니라 자산의 활용 방식에도 혁신이 필요하다는 교훈을 남긴다.

다시 돌아오지 않을 그 시절, '코닥 모멘트'

한때 전 세계에서 가장 사랑받았던 카메라 브랜드 코닥은 이제 기억 한 켠에 자리 잡았다. 디지털 시대 이전, 필름 한 통에 담긴 36장의 사진은 여전히 우리들의 추억 서랍함에 보관되어 있다. 그래서 사람들은 특별한 순간이 오면 이렇게 말한다.

"이건 코닥 모멘트(Kodak Moment)야."

'코닥 모멘트'는 광고 문구 중 하나였지만 한 시대의 감성과 문화를 대변하는 말이 되었다. 당시는 지금처럼 스마트폰 하나로 수백 장의 사진을 찍고, 편집하고, 공유할 수 있는 시대와는 달랐고, 느림과 기다림의 미학이 존재하던 시절이었다. 모든 것을 저장하는 것보단 정말 소중한 순간을 신중하게 선택해 영원히 기억하는 것이 어쩌면 더 낭만적이지 않을까? 예전 세대들에겐 추억의 브랜드이고 MZ세대에겐 의류 브랜드로만 기억되는 코닥이지만 제각각 우리들의 코닥 모멘트는 바로 지금 이 순간이다.

"The idea of invention is not enough, it must be made practical."

발명의 아이디어만으로는 충분하지 않으며,
반드시 실용적으로 구현되어야 한다.

- 조지 이스트먼

21

숙박 시설에서 체험 공간이 된 호텔 힐튼

힐튼 (Hilton Hotels & Resorts)	
창업자	콘래드 힐튼 (Conrad Hilton)
창업연도	1919년
본사	미국 버지니아주 매클린
지점 수	전 세계 122개국 이상에서 약 7,500여 개 호텔·리조트 운영
직원 수	약 18만 1,000명 (2024년 기준)
매출	약 111억 달러 (2024년 기준)

전 세계 여행 수요가 다시 한번 정점을 향해 치닫고 있다. 휴가철 항공권은 조기 매진되고, 인기 관광지의 숙소는 몇 달 전부터 예약이 마감되고 있다. 여행업계에선 코로나19 팬데믹 이전의 수준을 넘어섰다는 평가까지 나온다. 특히 SNS의 확산으로 여행이 인생의 중요한 경험이자 일종의 인증 수단이 되면서 '경험 소비 세대'에게 여행이 주는 가치는 더욱 높아지고 있다.

호텔업계 역시 이런 변화에 발맞춰 새 단장에 나서고 있다. 이제 호텔은 과거처럼 '하룻밤 머무는 공간'이 아닌 미식, 예술, 웰니스, 브랜드 체험까지 포함한 라이프스타일 플랫폼으로 발전하는 중이다. 이에 하얏트, 포시즌스, 페어몬트 등 글로벌 호텔 체인들은 잇따라 고급화와 리브랜딩에 나서며 치열한 경쟁을 펼치고 있다. 미쉐린스타 셰프를 영입해 레스토랑 경쟁력을 강화하거나 현대미술 전시를 내세워 차별화를 꾀하는 호텔도 속속 등장하고 있다.

그 중 20세기 초반부터 이어져 온 전통과 안정감을 앞세워 수많은 여행자들의 선택을 받아온 호텔이 있다. 바로 '힐튼'이다. 힐튼은 100년이 넘은 세계 호텔업계의 선구자로, 호텔 산업의 살아있는 역사라 불린다. 실제 힐튼은 호텔 최초로 에어컨을 설치하고 예약 시스템을 도입하는 등 지금은 당연해진 호텔 서비스의 표준을 세운 기업이다.

이러한 글로벌 호텔 체인 힐튼에 자신의 이름을 아로새긴 위대한 창업가가 바로 콘래드 힐튼이다. 특히 힐튼은 미국 서부 확장과 대공황, 제2차세계대전, 전후 경제 부흥기 등 격동의 현대사와 그 궤를 같이 했다. 힐튼 제국을 세운 '호텔왕' 콘래드 힐튼은 그 이름 자체로 역사가 됐다.

전 세계 7,000개 호텔을 보유한 '호텔왕'의 시작

2025년 기준 힐튼 그룹은 19개 브랜드, 122개국에 7,000개가 넘는 호텔을 보유한 글로벌 호텔 체인이다. 하지만 그 시작은 매우 미미했다.

    1887년, 미국 뉴멕시코주에서 독일계 이민자의 아들로 태어난 콘래드 힐튼은 독실한 기독교 가정에서 성장했다. 특히 그는 어린 시절 아버지가 운영하던 작은 잡화점에서 점원으로 일하며 장사의 기초를 몸에 익혀나갔다. 대학에서는 공학을 전공했고, 뉴멕시코 주의회에서 공화당 소속 의원으로 활동하기도 했다. 그러다 제1차세계대전이 발발하자 육군 소속으로 참전해 복무를 마쳤다. 전역 직후 안타깝게도 그의 아버지가 세상을 떠났고 그 역시 뉴멕시코주를 떠나 텍사스주의 시스코란 곳으로 거처를 옮겼다.

    콘래드는 원래 큰돈을 버는 은행가를 꿈꿨다. 그러나 마음과는 달리 손을 댈 때마다 실패를 반복했다. 그렇게 좌절에 빠져있던 시기 그는 우연히 한 호텔에 투숙한다. 그리고 그의 인생은 그날을 기점으

♦ **콘래드 힐튼**

로 송두리째 바뀌었다. 호텔 주인과 이야기를 나누던 콘래드는 주인이 누군가한테 호텔의 경영권을 넘기려 한다는 사실을 알아챘다. 콘래드가 봤을 땐 호텔 영업 상황이 나쁘지 않았다. 고심 끝에 그는 해당 호텔을 직접 인수해 운영하기로 결정한다. 그렇게 친구와 은행으로부터 빌린 자금과 그간 모은 돈 5,000달러를 긁어모아 1919년에 호텔을 인수했다. 그 호텔이 바로 힐튼 그룹의 출발점이 된 모블리 호텔이다.

콘래드는 모블리 호텔을 자신만의 스타일로 경영하기 시작했다. 당시 호텔은 단순히 잠만 자던 공간이라는 인식이 강했지만, 그는 '서비스' 개념을 도입하며 차별화를 꾀했다. 우선 방의 개수를 늘려 더 많은 손님을 받을 수 있도록 했고, 로비에는 작은 상점을 설치해 칫솔, 신문, 잡지, 면도기를 팔았다. 어린 시절 아버지의 잡화점에서 일한 경험이 호텔 경영에 큰 도움이 됐다. 이 작은 가게는 콘래드에게는 쏠쏠

♦ 모블리 호텔 (출처: 힐튼 홈페이지)

한 수익을, 투숙객에게는 다른 호텔에서 접해보지 못한 편안함을 안겨주었다.

숙박 공간에서 체험 공간으로

콘래드 힐튼이 호텔업에 남긴 가장 큰 혁신 중 하나는 '호텔'을 바라보는 고정관념을 완전히 깨뜨렸다는 점이다. 이전까지만 해도 호텔은 단순히 하룻밤을 묵고 가는 숙소, 즉 '잠자는 곳'에 불과했다. 하지만 콘래드는 이 공간을 머무는 동안 고객이 새로운 경험을 하고 생활을 이어가는 곳으로 재정의했다. 단순히 침대와 식사만 제공하는 곳이 아니라, 고객이 머무는 시간 전체를 채워줄 수 있는 복합적 체험 공간으로 변모시킨 것이다.

콘래드가 호텔 한 켠에 마련한 상점은 별것 아닌 것 같지만 당시로선 혁신적인 발상의 전환이었다. 또한, 힐튼은 로비에 쇼핑 시설을 두고, 객실에는 텔레비전과 호텔 외부와 전화를 할 수 있는 직통전화를 설치했다. 모든 아이디어가 당시 호텔에선 생소한 서비스였다. 호텔 객실에서 이를 접한 고객은 힐튼에 머무는 특별한 경험을 강렬하게 기억할 수밖에 없었다. 이렇게 호텔은 숙박시설을 넘어 편안함과 편리함을 제공하는 휴식 공간이 되었고, 힐튼에서의 인상적인 경험을 공유하는 사람들은 크게 늘어났다.

이러한 전략은 경영학에서 말하는 서비스 다각화 전략의 초기 형태로, 단순히 제품이나 서비스를 나열하듯 늘리는 것이 아니라 고객이 브랜드와 접촉하는 순간마다 새로운 경험 가치를 더해주는 것이 특징이다. 힐튼은 고객에게 단순히 방을 빌려준 것이 아니라, '머무는 전체 시간'을 판매한 것이다. 이 경험 가치 확장은 곧 고객 충성도로 이어졌고 힐튼이 100년 넘게 살아남을 수 있었던 근간이 되었다.

글로벌 커피 브랜드 스타벅스 역시 유사한 전략을 구사한다. 스타벅스는 단순히 커피를 파는 매장이 아니라 '제3의 공간'을 표방하며 커피숍을 생활의 중심으로 만들었다. 고객이 집과 직장 사이에서 머무를 수 있는 편안한 장소, 친구를 만나고 업무를 보는 공간, 문화와 취향을 공유하는 장으로 카페를 재정의한 것이다. 고객은 커피 한 잔 이상의 경험을 받으면서 스타벅스를 '커피 브랜드'가 아닌 '라이프스타일 브랜드'로 인식하게 되었다.

> 애플스토어 역시 고객이 직접 체험하고 문제를 해결하며 커뮤니티를 형성하는 공간으로 매장을 설계했다. 지니어스 바에서 제공되는 기술 지원, 자유롭게 만져볼 수 있는 체험 공간, 디자인과 건축을 활용한 브랜드 체험은 모두 고객이 애플을 '하나의 경험 세계'로 받아들이게 했다.

대공황의 위기를 넘긴 콘래드 힐튼

콘래드의 호텔 사업은 나날이 번창했다. 1년 뒤 두 번째 호텔을 인수한 일을 기점으로 그는 점점 호텔 개수를 늘려가며 힐튼 고유의 경영 방식을 접목시켰다. 그리고 첫 호텔을 인수한 지 6년 만인 1925년, 텍사스주의 댈러스에 300실 규모의 '댈러스 힐튼 호텔'을 개장했다. 이 호텔은 최초로 '힐튼'이라는 브랜드명이 사용된 호텔이자 텍사스 최초의 고층 호텔로 기록된다.

특히 댈러스 힐튼은 볕이 들지 않는 서쪽 벽면에는 엘리베이터, 세탁물 운송 장치, 환기구 등을 설치해 공간 활용을 극대화했다. 이어 글로벌 호텔 체인 중 최초로 전 객실에 에어컨을 설치했다.

그러나 힐튼의 성공가도에 위기가 닥쳤다. 바로 1929년 미국 전역을 덮친 대공황이다. 경제가 고꾸라지자 사람들은 더 이상 여행을 떠나지 않았고, 10년간 이어진 호황도 크게 꺾였다. 호텔 사업에 닥친 큰 위기로 인해 전체 호텔업자의 80%가 파산하고 있었고, 힐튼도 그 위기를 피할 수 없었다. 콘래드는 로비로 내려가 직접 고객을 응대하면서 버티고 또 버텼다. 당시 근무하던 벨보이조차 콘래드가 불쌍해 돈을 빌려줬다는 이야기가 있을 정도다.

하지만 가까스로 이 위기를 넘긴 뒤, 힐튼 그룹은 다시 한번 성공 가도를 달린다. 제2차세계대전 이후 미국 경제가 부흥하며 호텔 산업도 다시 활기를 띠게 된 것이다.

'업계 최초'를 주도한 호텔왕의 철학

1943년, 콘래드 힐튼은 마침내 호텔업의 심장부라 불리는 뉴욕 맨해튼에 진출했다. 그는 그곳에서 플라자 호텔과 루즈벨트 호텔을 인수하며 대담한 도전을 시작했다. 당시 맨해튼은 세계 관광과 비즈니스의 중심지였고, 이곳에 발을 들인다는 것은 세계 최고의 무대에 오르는 것과 다름없었다. 콘래드에게 뉴욕은 여타 도시와는 다른 의미를 가졌다. 그는 뉴욕이 힐튼의 가치를 세계 최고 수준으로 끌어올릴 교두보라고 생각했다. 그리고 그는 맨하튼에서 사업을 성공적으로 안착시킨다. 불과 2년 뒤인 1945년에는 시카고의 스티븐스 호텔을 인수하며 업계를 놀라게 했다. 객실만 3,000개에 달하는 당시 세계 최대 규모였던 호텔과 이를 운영하던 콘래드 힐튼의 이름은 단숨에 세계 무대에 각인됐다. 이때부터 콘래드에겐 '호텔왕'이라는 별칭이 따라붙기 시작했다.

이 무렵부터 콘래드는 '최초'라는 타이틀을 차례로 써 내려갔다. 1927년 텍사스주 웨이코의 힐튼 호텔은 세계 최초로 로비 등 공용 공간에 캐리어 에어컨을 설치했다. 1946년에는 뉴욕증권거래소에 호텔업계 최초로 힐튼을 상장했다. 이는 호텔업이 서비스업에서 벗어나 본격적인 투자 산업으로 인정받는 순간이었다. 호텔이 하나의 금융 자산이

◆ 호텔 최초로 객실에 텔레비전을 설치한 힐튼 (출처: 힐튼 홈페이지)

자 글로벌 산업으로 자리매김하게 된 것도 이맘때쯤이었다.

    1947년에는 호텔 객실에 세계 최초로 텔레비전을 설치했다. 당시 텔레비전은 미국 가정에 막 보급되던 시점이었다. 콘래드는 그것을 객실로 끌어들였다. 고객이 객실 안에서 머무는 동안 세상과 연결되는 새로운 경험을 할 수 있도록 과감한 시도를 선보였다. 이는 '호텔은 단순히 잠을 자는 공간이 아니라, 생활과 문화가 이루어지는 공간'이라는 콘래드의 철학을 보여주는 사례다.

    1949년, 콘래드는 미국의 권위 있는 잡지 《타임》의 표지 모델로 선정됐다. 호텔 경영인이 잡지 커버를 장식한 것도 당연히 콘래드가 처음이었다. 이는 그를 호텔 경영의 아이콘으로 전 세계에 알리는 계기가 되었다.

    1955년에는 세계 최초로 객실 예약 시스템인 '힐크론'을 도입했다. 이는 오늘날 전산화 예약 시스템의 원형이다. 당시만 해도 각 호텔에서 전화나 서면으로 예약을 처리했는데, 힐튼은 전산망을 통해 전 세계 힐튼 체인 호텔의 객실을 한눈에 확인하고 예약할 수 있는 시스템을 구축했다. 이 혁신은 호텔업을 하나의 글로벌 네트워크 산업으로 확장시켰다. 여행과 출장 수요가 급증하던 시대의 흐름을 정확히 읽어낸 결정으로 힐튼 체인을 전 세계 어디서나 이용할 수 있게 했다.

이어 1959년에는 샌프란시스코국제공항 인근에 세계 최초의 공항 호텔을 개장했다. 비행기 여행이 대중화되던 시점에 힐튼은 이동과 숙박을 연결하는 새로운 패러다임을 제시한 것이다. 공항 옆에 호텔을 세워 장거리 비즈니스 여행객과 환승객들이 편리하게 머무를 수 있게 했고, 이는 이후 전 세계 주요 공항에 공항 호텔이 들어서는 계기가 됐다. 사람들의 여행 패턴을 바꾸는 혁신을 일으킨 셈이었다.

업계 최초의 기록들은 고객의 편리와 행복을 위한 선택이었다. 객실에 텔레비전을 넣은 것도, 예약 시스템을 만든 것도, 공항 옆에 호텔을 지은 것도 모두 고객의 삶을 더 편리하고 즐겁게 만들기 위한 결정이었다. 콘래드의 철학은 업계에 새로운 기준을 세웠고, 동시에 호텔업을 글로벌 산업으로 격상시켰다.

콘래드가 내세운 경영철학은 단순했다. "가볍고 따뜻한 접대". 그가 말하는 '가벼움'은 겉치레가 아닌 실용성을, '따뜻함'은 인간적 배려를 의미했다. 로비에는 작은 쇼핑 시설을 마련해 투숙객이 굳이 외부에 나가지 않고도 필요한 물품을 구입할 수 있게 했고, 객실에는 외부와 직접 연결되는 직통전화를 도입했다. 이처럼 그는 고객의 사소한 불편 까지도 개선하려 애썼다.

이러한 일련의 도전들은 업계의 기준을 완전히 새롭게 세웠다. 콘래드의 이름은 곧 혁신의 상징이 되었고, 경쟁사들은 그의 모델을 뒤따르기 시작했다. 결국 콘래드의 혁신은 오늘날 전 세계 호텔업계의 서비스 표준으로 자리 잡았다.

> **고객 접점 설계, 옴니채널의 원형을 만든 힐튼**
>
> 1950년대 호텔 산업은 '고립된 섬'과 같았다. 호텔은 각기 독립적으로 운영되었고 예약은 해당 호텔에 직접 전화를 걸어 방이 남아 있는지를 물어봐야 했다. 여행객이 다른 도시로 이동하려면 새로운 호텔을 찾고, 또 다시 같은 절차를 반복해야 했다. 고객 경험은 단절적이고 불확실했다.
>
> 하지만 콘래드 힐튼은 달랐다. 그는 호텔을 단순한 숙박업이 아니라 하나의 연결망으로 보았다. 고객은 뉴욕에서 묵든, 시카고에서 묵든, 로스앤젤레스에서 묵든 '하나의 힐튼'을 경험해야 한다는 철학이 있었기 때문이다.
>
> 이 철학은 오늘날의 경영학 용어로 말하면 옴니채널 사고방식이다. 콘래드의 옴니채널적 사고는 일관된 서비스 품질, 객실 크기, 편의시설, 서비스 매뉴얼 등을 표준화해 어디서 묵든 '힐튼'의 가치를 증명했다. 로비 상점, 호텔 레스토랑과 같은 고객 경험은 머무르는 공간으로서 호텔의 매력을 확장시켰다. 이는 오늘날 마케팅에서 말하는 고객 경험 관리의 전형으로, 서비스를 이용하는 모든 순간마다 브랜드의 숨결을 불어넣어 고객이 자연스럽게 녹아들게 하는 핵심 전략이다.

세대를 넘어 이어진 힐튼의 철학

콘래드의 철학은 세대를 넘어 이어졌다. 1964년, 콘래드 힐튼은 아들 배런 힐튼에게 미국 내 호텔 체인 운영을 맡기며 은퇴를 선언했다.

그러나 완전한 퇴장 대신 또 다른 길을 택했다. 그는 글로벌 체인 사업 확장으로 눈을 돌려 말년까지도 호텔업 발전을 위한 아이디어와 비전을 제시했다.

1970년대 들어 힐튼은 또 한 번 새로운 시도를 감행한다. 라스베이거스의 플라밍고 호텔을 인수해 호텔과 게임사업을 결합한 최초의 상장사를 만들어낸 것이다. 이는 오늘날 라스베이거스를 세계적인 엔터테인먼트 도시로 만든 결정적 계기 중 하나가 됐다.

콘래드 힐튼은 1979년, 향년 92세의 나이로 타계했다. 우연히 뉴멕시코의 작은 호텔에서 출발해 세계 호텔업을 현대화한 힐튼은 그렇게 글로벌 호텔 산업의 상징이 됐다. 그가 세상을 떠난 지 3년 뒤인 1982년, 배런 힐튼은 아버지를 기리며 새로운 럭셔리 호텔 브랜드 '콘래드 호텔'을 론칭했다. 이 브랜드는 창업자의 이름을 그대로 계승해 고급스러움과 세련된 서비스의 정수였다. 오늘날 콘래드 호텔은 런던, 뉴욕, 도쿄, 서울 등 세계 주요 상업 중심지에 자리 잡아 그의 철학을 이어가고 있다.

힐튼 가문은 호텔 기업을 세운 창업자 집안일 뿐만 아니라, 미국 자본주의 역사에서 재산 상속과 기부 문화를 상징하는 집안이기도 하다. 콘래드 힐튼은 생전에 이미 자산의 상당 부분을 사회에 환원할 뜻을 밝혔고, 사후에도 재산의 대부분을 콘래드 N. 힐튼 재단에 남겼다. 그 결과, 힐튼 가문은 부유한 가문이라는 명성에 비해 개인 자녀들에게 돌아간 유산은 극히 일부에 불과했다. 가문을 이끌었던 아들 배런 힐튼 역시 생전 인터뷰와 유언을 통해 아버지의 뜻을 계승해 전 재산의 97%를 힐튼 재단에 기부하겠다고 발표했다. 당시 약속 금액은 약 41억 달러, 한화로는 4조 원 이상으로, 이는 미국 역사상 가장 큰 규모의 자선 기부 중 하나로 기록된다. 결국 2019년 그가 별세한 뒤에도 이 계획은 유지되어 힐튼 재단은 막대한 자금을 관리·운용하며 사회적 활동을 이어가고 있다.

이러한 결정으로 인해 배런 힐튼의 자녀와 손주들에게는 전체 재산의 3%만 상속됐다. 배런 힐튼의 손녀인 패리스 힐튼 역시 할아버지로부터 직접적으로 받은 상속은 거의 없었던 것으로 알려졌다. 결과적으로 패리스 힐튼이 대중에게 잘 알려진 '재벌 상속녀'라는 이미지는 가문의 이름과 상징적 배경에서 비롯된 것이지, 실제로 막대한 유산을 직접 물려받은 것은 아니라고 한다.

기부와 사회 환원, 브랜드의 또 다른 자산

힐튼 가문이 만든 기부 문화는 자본주의 시대에 기부가 지닌 양면성을 잘 보여준다. 창업자 콘래드 힐튼과 그의 아들 배런 힐튼은 재산 대부분을 콘래드 N. 힐튼 재단에 기부하는 길을 택했다. 겉으로는 가문의 부를 사회에 환원하는 모습을 보였지만 그 안에는 전략적 계산과 현실적 이해관계가 교차해 있었다.

우선, 이러한 선택은 브랜드 자산을 물리적인 자본에서 사회적 자본으로 확장시켰다는 데 의의가 있다. 호텔업의 핵심 가치인 '신뢰와 품격'을 사회 환원을 통해 강화하면서 힐튼은 사회와 함께 성장하는 브랜드라는 이미지를 구축했다. 이는 고객에게 호텔 체류 경험 그 이상의 상징성을 제공했고 브랜드 프리미엄을 높이는 데 기여했다. 실제로 빌 앤드 멀린다 게이츠 재단, 워런 버핏의 기부와 마찬가지로, 힐튼 가문의 기부 역시 사회적 책임이 곧 기업 신뢰도로 이어지는 전형적 패턴을 보여준다.

그러나 동시에 이러한 기부에는 비판적인 시선도 존재한다. 미국은 상속세가 높은 나라다. 거대 자산가 입장에서 재산을 재단에 기부하면 세금 부담은 피하면서 재단 운영을 통해 자산에 간접적으로 영향력을 유지할 수 있다. 다시 말해 재단 기부는 세무·자산 관리 전략이기도 했던 것이다. 더구나 자녀와 손주에게 돌아간 몫이 3%에 불과했기 때문에 일부에서는 "가문 내부 상속 갈등을 피하고 이미지 관리에 치중한 결정"이라는 평가도 나왔다.

이처럼 힐튼 가문의 기부는 '꼼수'와 '전략' 사이의 회색지대에 놓여 있다. 순수 자선으로만 포장하기에는 절세와 브랜드 관리의 의도가 분명했고, 반대로 단순한 꼼수로 치부하기에는 그 효과가 사회적 가치와 브랜드 신뢰로 이어졌다는 점을 부정하기 어렵다. 힐튼의 기부는 사회적 자본을 축적하기 위한 전략적 선택이었으며, 그 과정에서 기부와 브랜딩, 절세와 사회 환원의 경계가 얼마나 모호한지를 보여준다.

기업의 사회적 책임이 진정성인지 전략인지에 대한 질문은 늘 따라붙는다. 하지만 중요한 점은 결과적으로 이러한 행위가 브랜드를 장수하게 하는 무형의 자산이 되었다는 사실이다. 힐튼이라는 이름은 단순히 호텔 기업을 넘어 '사회적 기여와 책임을 지닌 브랜드'라는 신뢰의 상징으로 남았고, 이는 오늘날까지도 고객의 선택에 영향을 미치는 강력한 힘으로 작동하고 있다.

"A hotel is not just a building; it is a stage where people's dreams are lived and memories are made."

호텔은 단순한 건물이 아니다.
그것은 사람들이 꿈을 실현하고 기억을 만드는 무대다.

- 콘래드 힐튼

22

맛집 리스트를 만든
세계 1위 타이어 미쉐린

미쉐린 (Michelin)	
창업자	앙드레 미슐랭 (André Michelin), 에두아르 미슐랭 (Édouard Michelin)
창업연도	1889년 5월 28일
본사	프랑스 끌레르몽페랑
지점 수	전 세계 170개국 이상에서 영업 (공식 타이어 판매 및 서비스 네트워크 기준)
직원 수	약 12만 500명 (2024년 기준)
매출	약 270억 유로 (2024년 기준)

　맛있는 음식점에서 기나긴 기다림 끝에 마주한 미식의 기쁨은 그 어떤 것과도 바꾸기 힘든 행복이다. 먹는 게 일이라지만 그만큼 즐거운 일이 어디 있을까. 텔레비전 프로그램과 유튜브 등 각종 미디어에서는 끊임없이 새로운 맛집을 소개하고, 요리경연대회를 열고, 먹는 방송(먹방)을 하며 보는 이를 대리만족시킨다. 주기적으로 유행하는 먹방 트렌드 가운데 2024년엔 대한민국 특유의 계급 문화를 녹여낸 〈흑백요리

사〉라는 요리경연대회 프로그램이 인기몰이를 한 바 있다. 이 프로그램에 심사위원으로 출연한 안성재 셰프는 당시 대한민국에서 유일한 3스타 미쉐린 식당의 오너셰프라는 점에서 사람들의 눈길을 끌었다. 그렇게 미식의 대명사인 미쉐린에 대한 관심도 덩달아 커졌다. 그런데 이쯤에서 많은 이들이 한 번쯤 의문을 품게 된다.

"왜 요리와 무관한 타이어 회사가 맛집 가이드를 만들게 된 거지?"

세계에서 가장 미식에 진심인 타이어 회사 미쉐린의 이야기는 19세기 프랑스에서 시작한다.

화가와 고무공장 상속자의 아들, 공학도로 성장하다

미쉐린의 창업자 앙드레 미슐랭은 1853년 1월 16일 프랑스 남동부 클레르몽페랑이란 지역에서 쥘 미슐랭과 아델 바비에의 장남으로 태어났다. 그의 아버지 쥘 미슐랭은 프랑스의 대표적인 석판화 화가였다.

평소 손재주가 좋고 지적 호기심이 풍부했던 앙드레는 수학과 과학에 특히 관심이 많은 소년이었다. 파리의 유명 고등학교인 리세루이르그랑을 졸업한 그는 파리로 유학해 프랑스를 대표하는 이공계 고등교육기관(그랑제콜)인 에콜상트랄파리를 졸업했다. 에펠탑과 자유의 여신상을 설계한 귀스타프 에펠 역시 에콜상트랄파리를 졸업한 동문이다.

졸업 후 파리에서 성공적인 엔지니어로서의 정착한 앙드레는 어릴 적부터 꿈꿔온 파리지앵의 삶에 만족하고 있었다. 그러나 33세가 되던 1886년, 그의 삶을 180도 뒤바꿀 '별의 순간'이 찾아온다. 앙드레가

외가에서 가업처럼 이어오던 고무 사업을 인수하게 된 것이었다.

사실 그의 어머니 아델 바비에는 고무 공장의 상속자였다. 1832년, 에두아르 도브레라는 사내와 그의 사촌 아리스티드 바비에는 클레르몽 페랑에서 고무 농기구 제품을 판매하는 회사 '바르비에 도브레'라는 회사를 창업한다. 창업 아이템을 고무로 정한 것은 도브레의 아내 덕이 컸다. 도브레의 아내 엘리자베스 푸그-바커라는 고무가 벤진에 녹는다는 사실을 발견한 화학자 찰스 매킨토시의 조카였기 때문이다. 엘리자베스는 삼촌이 만들어줬던 통통 튀는 고무공을 남편의 작업장에서 직접 만들었고, 이는 클레르몽 페랑 지역에 고무가 들어온 역사적 사건으로 이어졌었다.

♦ 미쉐린의 창업자 앙드레 미슐랭(왼쪽)과 에두아르 미슐랭 (출처: 미쉐린 홈페이지)

아내로부터 아이디어를 얻은 도브레는 고무 호스, 고무 벨브, 고무 조인트 등 고무를 활용한 각종 농기구를 개발하고 생산해 지역에서 이름을 알렸다. 좋은 품질과 기술 덕에 그들 제품은 국제 무역 박람회와 전시회에 소개되며 큰 명성을 얻었다.

도브레의 사촌이자 공동 창업자인 아리스티드 바비에에겐 딸 아델 바비에가 있었다. 그 딸이 바로 앙드레 미슐랭의 어머니였다. 즉 아리스티드 바비에는 앙드레 미슐랭의 외할아버지인 셈이다.

탄탄했던 회사는 도브레와 바비에가 각각 1863년, 1864년 연달아 사망하면서 기울기 시작한다. 창업자 두 명이 동시에 떠났으니 어쩌면 당연한 일이었다. 졸지에 고무 회사의 상속자가 된 아델 바비에는 20여 년간 회사를 운영하며 버텨왔지만 한계에 도달했다. 결국 그녀가 도움을 청한 대상은 다름 아닌 아들 앙드레 미슐랭이었다.

귀향을 결심한 아들, 굳건한 동업자와의 동행

사실상 파산 수순에 들어가던 어머니의 회사를 보며 앙드레는 고심 끝에 귀향을 택한다. 행복했던 파리를 떠나 고향에서 가업을 잇기로 결심한 것이다. 그렇게 클레르몽 페랑으로 돌아간 앙드레는 가장 먼저 자신의 6살 터울 동생 에두아르를 회사의 전무이사로 불러들인다.

1859년생인 에두아르는 미술과 공학에 관심이 큰 청년이었다. 아버지의 예술적 감각을 더 타고난 건 오히려 동생 에두아르였다. 그는 파리에서 예술적 영감이 충만한 건축학도로 성장했다. 머릿속에는 항상 상상력이 가득한 사업 아이디어가 흘러넘쳤다.

그렇게 두 형제가 의기투합해 고향으로 돌아왔지만 이들에게 고무란 생소한 것이었다. 사실 고무에 대해서 아는 것이라곤 아무것도 없었다. 형제는 고무의 물성을 공부하기 시작했고 기술을 익혀가며 사업을 부흥시킬 방법을 고심했다. 이와 동시에 그들은 회사 이름을 자신들의 이름을 따 '미슐랭 앤 코'로 바꿨다. 그 이름은 2세대 위인 도브레와 바비에에서 시작된 사업을 미슐랭가에서 새롭게 시작하겠단 의지를 담은 것이었다. 둘은 역할부터 분배했다. 형 앙드레는 경영과 판매를 담당했고, 에두아르는 제조와 연구 운영 전반을 관장했다. 그리고 두 형제는 함께 머리를 맞대고 회사의 성장을 위해 사업 다각화 방안과 신사업을 구상하느라 밤을 새웠다.

우연히 찾아온 손님, 펑크 난 자전거가 준 기회

기회는 우연히 찾아왔다. 1889년 어느 날, 한 손님이 펑크가 난 자신의 자전거를 가져오며 고무 타이어를 고쳐 달라고 요청했다. 이제 막 고무에 익숙해지던 미슐랭 형제들에게 타이어는 완전히 새로운 영역이었다. 그들은 잠깐 고민에 빠졌다.

타이어의 원형인 '바퀴'의 역사는 수천 년 이상 이어졌다. 하지만 그 긴 시간에 비해 바퀴의 혁신은 생각보다 더뎠다. 나무로부터 시작해 금속으로 재질이 바뀌었을 뿐 딱딱하고 불편한 건 여전했다. 오죽하면 바퀴가 이동 수단 중에서 가장 피로도가 높기 때문에 피곤하다(Tierd)와

어원이 같은 타이어(Tire)라는 명칭이 붙었다는 우스갯소리까지 나올 정도였다.

피곤했던 바퀴의 혁신은 19세기에 개화하기 시작한다. 바로 고무 덕분이었다. 바퀴에 사용할 수 있는 고무를 발명한 인물은 찰스 굿이어다. 굿이어는 1844년 천연고무에 황을 혼합한 가황고무 기술로 특허를 받았다. 1847년 스코틀랜드의 로버트 톰슨이 바퀴에다 이 고무를 붙이며 세계 최초의 타이어를 발명했다.

처음 개발된 고무 타이어는 없는 것보단 나았지만 썩 만족스럽진 않았다. 그렇기에 많은 사람들이 이를 개선하고자 애썼다. 1887년 영국의 수의사 존 던롭은 아들이 자전거를 탈 때마다 엉덩이가 너무 아프다고 하소연을 하자 잔디에 있던 축구공을 바라보며 아이디어를 떠올렸다. 고무에다가 공기를 주입해 바퀴를 감싸면 훨씬 안정적이고 푹신한 바퀴를 만들 수 있겠단 생각이었다. 그렇게 세계 최초의 접착식 공기압 타이어가 탄생했다. 존 던롭은 직접 해당 아이디어를 사업화해 1889년 회사를 차렸다. 이게 바로 '던롭 타이어'다. 그리고 우연히 미슐랭 형제 앞에 등장한 그 펑크 난 자전거 바퀴에는 바로 던롭이 발명한 공기주입형 고무 타이어가 부착되어 있었다.

공기주입식 타이어 자체를 처음 접했던 미슐랭 형제는 아이디어에 먼저 놀랐다. 그리고 펑크 난 자전거 타이어를 본 미슐랭 형제는 무릎을 탁 치게 된다. 바퀴에 접착제를 발라 공기압 타이어를 부착하는 대신 아예 타이어를 교체하는 방법이 떠올랐기 때문이다. 기존 접착식 타이어는 수리를 위해서 바퀴 자체를 바꿔야 했기에 시간도 오래 걸리고 비용도 많이 들었다. 그들은 이 문제를 해결하기 위해 바퀴는 그대로 둔 채 타이어 자체를 교체할 수 있는 아이디어를 냈다. 이렇게 된다면 훨씬 편리하고 효율적으로 문제를 해결할 수 있을 것이라고 판단했기 때문이다. 동생 에두아르는 오랜 연구 끝에 분리할 수 있는 타이어를 개발해냈다. 이제 오랜 시간 동안 타이어를 수리하거나 바퀴째 교체할 필요가 없이 타이어만 쏙 빼내어 교환하면 됐다. 고장 난 타이어를 갈아 끼우는 데 15분이면 충분했다. 이들은 1891년 자신들의 교체형 고무 타이어를 특허로 등록했다.

이들의 발명품은 금세 입소문을 타고 자전거 라이더들 사이에 퍼졌다. 게다가 하늘이 그들을 도왔는지 마침 그 해에 새로운 자전거 대회가 개최됐다. 파리에서 프랑스 서부 해안가 도시 브레스트까지 왕복으로 달리는 '파리-브레스트 자전거 레이스'였다. 왕복 1,200km에 달하는 엄청난 거리 탓에 과연 타이어가 버틸 수 있느냐가 관건인 경기였다.

미슐랭 형제는 당시 최고의 자전거 스타였던 샤를 테롱 선수에게 접근한다. 그리고 그의 자전거에 자신들이 개발한 탈착식 고무 타이어를 장착시키는 데 성공했다. 결과는 당연히 1위였다. 던롭의 타이어를 사용한 2위 선수보다 8시간 앞서며 압도적으로 우승한 것이다. 사실상 자전거 수리 시간이 승패를 결정한 셈이다.

두 번째 승부수, 실패를 딛고 성공한 자동차 타이어

샤를 테롱의 우승 소식은 프랑스 전역에 퍼졌고 이와 함께 미슐랭 타이어의 명성 역시 드높아졌다. 이후 1,000명이 넘는 사이클 선수들이 이들 형제를 찾아 타이어를 사갔다. 하지만 미슐랭 형제는 순간의 성공에 만족하지 않았다. 정확하게는 자전거 타이어 시장에 머무르지 않았다. 그들은 이제 막 태동하기 시작한 산업을 바라보고 있었다. 자전거보다 바퀴 2개가 더 달린 운송수단 바로 자동차였다. 자동차 산업이 발전할수록 바퀴와 타이어 산업은 필연적으로 동반성장할 수밖에 없다는 사실은 명백했다.

미슐랭 형제는 이번에도 비슷한 전략을 구사했다. 1895년, 미슐랭 형제는 한 자동차 경주 대회를 노렸다. 이번엔 파리와 보르도를 왕복하는 자동차 경주였는데, 미슐랭은 푸조의 자동차 리클레어에 공기압 타이어를 장착했다. 이 자동차는 훗날 세계 최초로 공압식 타이어를 장착한 차로 기록된다. 미슐랭 형제는 이번에도 성공을 확신했다.

하지만 결과는 처참했다. 자동차가 자전거보다 훨씬 무겁다는 점을 간과했던 것이다. 바퀴가 무려 22번이나 찢어지면서 정상적으로 기능하지 못했다. 하지만 이들 형제는 좌절하지 않고 자동차용 타이어를 발전시키는 데 전력을 다했다. 그 결과, 잘 찢어지는 공압식 타이어의 단점을 보완한 런플랫 타이어를 1934년 세상에 내놓게 된다.

미슐랭 형제는 큰 실패를 성공의 밑거름으로 삼아 본격적으로 자동차용 타이어 기술을 혁신해 나갔다. 실패를 브랜딩 자산으로 활용한 이 접근은 오늘날 테슬라의 초기 결함 사례나 다이슨의 실험 실패들을 극복한 전략과 맞닿아있다. 위기는 성장의 사다리였고 이는 미쉐린 역사에 스토리를 제공해 브랜드의 입체감을 더했다. 만약 미슐랭 형제가 자동차 타이어 실패에 안주했다면 미쉐린 가이드는 차치하고 타이어 제국조차 존재하지 않았을지도 모른다.

귀여운 마스코트, 미쉐린의 전성기를 이끌다

이후 자동차 산업의 발전과 함께 미슐랭 역시 빠르게 몸집을 키워가며 본격적인 타이어 전문 기업으로 성장 궤도에 올라선다. 특히 20세기 초, 미국에서 포드를 중심으로 자동차 대량 생산 시대가 본격화되자 미슐랭은 유럽을 넘어 미국 시장 진출에 나선다. 이때부터 '미슐랭'이라는 프랑스식 발음 대신 '미쉐린'이라는 미국식 발음이 통용되기 시작했다. 이 명칭은 훗날 한국에까지 전해져 오늘날 한국에서도 '미쉐린 타이어'로 공식적으로 불리고 있다.

이 시기, 미쉐린의 상징적 마스코트인 '비벤덤', 일명 미쉐린맨도 탄생한다. 1894년, 미슐랭 형제는 프랑스 리옹에서 열린 국제 전시회에 참가했다. 그 자리에서 동생 에두아르가 쌓여있는 자전거 타이어 더미를 보고 문득 아이디어를 떠올린다. '저 타이어에 팔과 다리를 붙이면 살아있는 캐릭터가 될 수 있지 않을까?' 이 아이디어는 디자이너 오갤럽의 손을 거쳐 1898년 '비벤덤'이라는 이름의 마스코트로 세상에 첫선을 보인다. 비벤덤은 라틴어로 '건배합시다'라는 뜻으로, 미쉐린의 기업 철학과 타이어 브랜드 이미지를 위트 있게 전달해 주는 메신저였다.

하지만 여기서 한 가지 궁금증이 생긴다. 타이어는 모두 검은색인데 미쉐린맨은 흰색이라는 점이다. 그 이유는 탄생 시기의 타이어 기술력 문제였다. 19세기 후반, 당시 대부분의 타이어는 천연고무의 색인 흰색 또는 회색이었다. 따라서 비벤덤 역시 흰색으로 디자인되었다.

그러던 1912년, 미국의 타이어 회사인 BF 굿리치가 고무에 '카본 블랙(Carbon Black)'이라는 탄소 소재를 혼합해 내구성을 10배 이상 향상시키는 기술을 개발했다. 이후 타이어 업계의 상황은 뒤바뀌었다. 대부분의 타이어 회사가 카본 블랙을 사용하면서 세상의 타이어는 검은색으로 바뀌기 시작했다. 하지만 그 이전에 탄생한 비벤덤은 오늘날까지 흰 색을 고수하고 있다.

또 하나 흥미로운 점은 비벤덤의 외모 변화다. 지금의 비벤덤은

◆ 비벤덤 아이디어를 얻었던 전시회의 모습 (출처: 미쉐린 홈페이지)

신생아나 영유아의 귀여운 외모를 표현할 때 언급될 정도로 포동포동한 모습이지만, 탄생 초기 비벤덤은 날렵하고 마른 체형이었다. 이는 미쉐린이 처음에는 자전거 타이어 제조업체였기 때문이다. 초창기 미쉐린의 마스코트는 자동차보다 훨씬 얇은 자전거 타이어의 이미지를 반영해 제

♦ 초창기 비벤덤의 모습 (출처: 미쉐린 홈페이지)

작되었다. 이후 미쉐린이 자동차 타이어에 주력하면서 비벤덤도 점점 살이 붙었고 지금처럼 푸근한 모습으로 변모하게 된 것이다.

비벤덤은 브랜드 정체성과 유머, 감성을 녹여낸 캐릭터 마케팅의 성공 사례다. 미쉐린은 기술 기업이 가지고 있는 딱딱하고 경직된 이미지를 비벤덤을 통해 유쾌하게 해소했다. 시대에 따라 외모를 바꾸되 정체성은 유지한 점 역시 유연한 브랜드 자산 관리 전략으로 평가된다. 비벤덤은 경영 철학의 시각화로도 이해된다. 비벤덤은 '장애물을 마셔버리는 타이어'라는 브랜드 철학을 그대로 옮긴 상징물이다. 실제 초기 광고 문구 중 하나는 라틴어로 "Nunc est bibendum(지금은 건배할 시간)"이었다. 이는 "건배하듯 장애물을 삼켜라"는 위트 있는 표현이자, 타이어의 강인함과 신뢰를 드러내는 일종의 제품 철학 캠페인이었다.

타이어에서 여행으로, 그리고 미식으로

세계적인 타이어 회사가 된 미쉐린은 왜 맛집 가이드북을 만들게 되었을까? 언뜻 보기엔 전혀 관련 없어 보이는 이 두 영역을 연결해 주는 열쇠는 바로 '자동차'와 '여행'이다.

미슐랭 형제는 단순히 타이어만 만드는 기술자가 아니었다. 공학도의 논리성과 함께 예술가적 감성을 지닌 이들은 자동차를 타고 떠나는 경험 자체에 깊은 관심을 가졌다.

초창기 상류층의 전유물이었던 자동차는 대량생산 시스템 덕분에 중산층으로 확대됐다. 이는 주말과 여가를 보내는 방식의 혁신으로 이어졌다. 자동차는 시간과 공간의 제약을 뛰어넘어 더 다양한 장소를 찾아다니고 싶다는 욕구를 불러일으켰다. 미슐랭 형제는 이 변화 속에서 타이어를 만드는 기업으로서 고객들이 더 편리하게 여행할 수 있도록 돕는 것이 자신들의 역할이라고 믿었다. 그렇게 '여행'이라는 새로운 문화의 매개체로서 책임을 다할 방안을 궁리했고, 그 결과 탄생한 것이 바로 《미쉐린 가이드》다.

1900년, 앙드레 미슐랭은 타이어의 관리 방법, 타이어 판매점의 위치, 주유소, 정비소, 호텔, 음식점 정보를 담은 빨간색 소책자를 만들어 타이어 구매 고객에게 무료로 제공했다. 이 책자는 자동차로 여행하는 사람들을 위한 진짜 '가이드'로 기능했고, 곧 사람들의 입소문을 타며 긍정적인 반응을 얻었다.

내친김에 미슐랭 형제는 1908년에는 여행 정보를 전문적으로 제공하는 사무실을 만들었다. 1910년에는 미쉐린 도로 지도가 발행되며 여행자들의 내비게이션 역할도 했다. 가이드북의 인기가 점점 높아지자 1922년부터는 유료 판매로 전환했다. 1926년에는 지금의 미쉐린 스타 평가의 효시라 할 수 있는 '레드 가이드'가 등장한다. 호텔과 식당에 별점을 부여하며 본격적인 미식 가이드로 진화한 것이다. 이와 함께 지역 관광 정보를 담은 '그린 가이드'도 출간해 《미쉐린 가이드》는 점차 미식과 여행을 상징하는 대표 브랜드로 자리매김한다.

브랜드 리포지셔닝 전략: 경험 마케팅의 모범사례

타이어는 이동과 모험, 자유의 상징이라는 미슐랭 형제의 통찰은 브랜드의 본질을 물성에서 경험으로 확장한 사례다. 타이어 제조업체로 출발한 미쉐린이 '여행의 동반자'로 브랜드를 재정의하고, 이를 《미쉐린 가이드》라는 콘텐츠 마케팅 도구로 승화시킨 과정은 오늘날 '경험 마케팅'의 모범적인 예시가 된다.

특히 당시 자동차는 귀한 자산이었고 운전자는 모험가였다. 미쉐린은 이들에게 실질적인 도움이 되는 '정보 콘텐츠'를 제공하며 브랜드 신뢰를 확보했다. 미쉐린 가이드는 유용한 정보를 제공함으로써 소비자의 선택을 도운 것이다. 나아가 고객 경험의 품질을 브랜드가 직접 통제하려 했다는 점에서 고객 여정 중심 전략의 원형이라고 할 만하다.

또한, 미쉐린 가이드는 미쉐린 자체의 브랜드 위상을 높이는 도구가 됐다. 별의 개수는 평가받는 브랜드들의 권위를 상징했다. 미쉐린 가이드는 발상의 전환을 통해 회사를 타인의 브랜드를 평가하는 위치로 끌어올린 것이다. 이는 오늘날 '구글 리뷰', '네이버 평점', '인스타그램 태그'와 같은 플랫폼 생태계의 뿌리와도 맞닿아 있다. 평가하는 브랜드가 평가받는 브랜드보다 유명해진 이 역전 현상은 브랜드 고급화 마케팅의 성공 사례다.

별 3개에 담긴 이동의 철학

《미쉐린 가이드》는 왜 100년 넘게 미식의 기준으로 남았을까? 그 중심에는 미슐랭 형제가 설계한 '이동의 철학'이 자리 잡고 있다. 자동차 타이어를 판매하는 데 그치지 않고, 그 타이어로 더 많은 사람들이 더 멀리, 더 쉽게, 더 즐겁게 떠나도록 돕겠다는 신념이다. 타이어는 결국 여정을 가능케 하는 수단이며, 그 여정에서 마주하는 맛집과 숙소, 길과 지도가 전부 연결되어야 한다는 사고가 브랜드의 근간이 되었다.

에두아르 미슐랭은 이렇게 말했다.

"고객이 원하기 전에, 그가 필요로 하는 것을 제공하라."

이 발언은 단지 기술 혁신의 방향뿐만 아니라, 미슐랭 브랜드 전체의 전략을 함축한다. 교체식 타이어 발명, 여행 가이드, 지도 제작, 음식점 별점 제도 도입까지, 이 모든 건 고객이 아직 필요하다고 느끼기도 전에 미쉐린이 먼저 제안한 서비스였다. 선제적 제공, 즉 미래형 소비자 경험을 설계한 셈이다. 이것이야말로 미쉐린이 19세기 후반부터 21세기까지 살아남은 핵심 전략이다.

그렇게 탄생한 《미쉐린 가이드》는 단지 식당을 평가한 책자가 아니라, 고객 여정을 풍부하게 가꿔주는 브랜드 커뮤니케이션 전략이었다. 오늘날 미쉐린이 타이어 회사이면서도 미식의 대명사로 불리는 이유는 명확하다. 그들은 처음부터 이동의 본질, 그리고 이동 중 만나는 경험 전체를 브랜드의 영역으로 삼았기 때문이다. 그 안에는 기술, 감성, 철학이 모두 있었다.

물론 《미쉐린 가이드》에도 논란은 있다. 사람마다 미식의 기준은 제각각인데 과연 별점을 매기는 방식이 절대적인 기준이 될 수 있느냐는 것이다. 더구나 프랑스에서 시작한 가이드 특성상 서구 중심적인 기준으로 매겨진다는 비판도 있다. 미쉐린 가이드에 선정되기 위한 식당들의 과도한 경쟁이나 루머, 논란 역시 종종 문제로 떠올랐다.

하지만 이러한 비판에도 미쉐린은 100여 년 동안 자동차에서 여행으로, 그리고 미식으로 이어지는 하나의 문화를 만들어왔다. 타이어를 만들며 그 차를 운전하는 사람의 여정 전체를 생각했던 미슐랭 형제의 진심만큼은 지금까지도 별 3개짜리 마음으로 남아있다.

"We don't sell tires. We sell journeys."

우리는 타이어를 파는 것이 아니라, 여정을 판다.

– 미쉐린의 광고 슬로건

브랜드로 남은 사람들

1판 1쇄 인쇄 | 2025년 11월 17일
1판 1쇄 발행 | 2025년 11월 25일

지은이 추동훈
펴낸이 김기옥

경제경영사업본부장 모민원
경제경영팀 박지선, 양영선
마케팅 박진모
경영지원 고광현
제작 김형식

표지 디자인 유어텍스트
본문 디자인 푸른나무디자인
인쇄·제본 민언프린텍

펴낸곳 한스미디어(한즈미디어(주))
주소 04037 서울특별시 마포구 양화로 11길 13(서교동, 강원빌딩 5층)
전화 02-707-0337 | 팩스 02-707-0198 | 홈페이지 www.hansmedia.com
출판신고번호 제 313-2003-227호 | 신고일자 2003년 6월 25일

ISBN 979-11-94777-74-8 (03320)

책값은 뒤표지에 있습니다.
잘못 만들어진 책은 구입하신 서점에서 교환해 드립니다.

이 책은 저작권법에 따라 보호받는 저작물이므로 무단 전재와 무단 복제를 금합니다.